Stämme
des
nordöstlichen
Amazonasgebiets

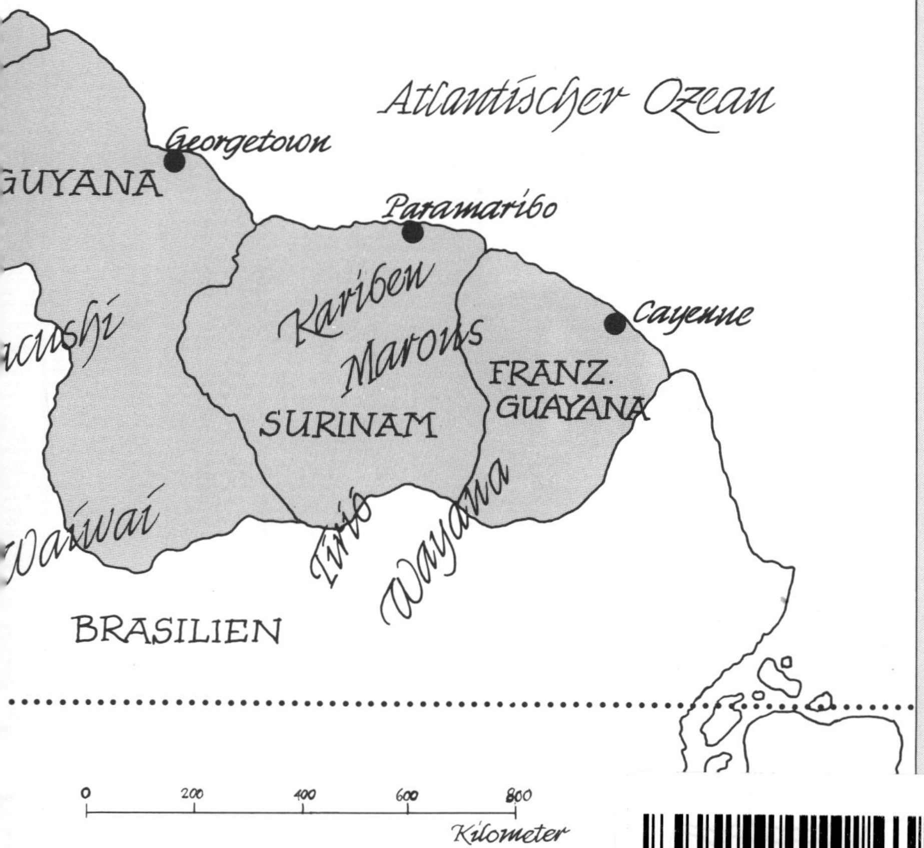

Atlantischer Ozean

Georgetown

GUYANA

Paramaribo

Kariben

Marons

Cayenne

FRANZ.
GUAYANA

SURINAM

cuushi

Waiwai

Tirió

Wayana

BRASILIEN

0   200   400   600   800
                              Kilometer

Der Schatz der Wayana

Mark J. Plotkin

Der Schatz der Wayana

Abenteuer bei den Schamanen
im Amazonas-Regenwald

Scherz

Einzig berechtigte Übersetzung aus dem
Englischen von Hans W. Kothe
Schutzumschlag von Graupner & Partner
unter Verwendung eines
Fotos des Autors

1. Auflage 1994
Die Originalausgabe erschien unter dem Titel
«Tales of a Shaman's Apprentice»
bei Viking Penguin, New York.
Copyright © Mark J. Plotkin 1993
Alle deutschsprachigen Rechte beim
Scherz Verlag, Bern, München, Wien.

Inhalt

Vorwort

Als ich 1941 erstmals in das Amazonasgebiet reiste, lebten wir noch in einer anderen Welt. Damals hielten die meisten Menschen den tropischen Regenwald – sofern sie überhaupt einen Gedanken an diesen Teil der Erde verschwendeten – noch für eine «grüne Hölle», um die man nach Möglichkeit einen großen Bogen machte.

Eine solche Einschätzung spiegelt sich häufig auch in der Literatur wider. So schreibt der kolumbianische Schriftsteller José Eustasio Rivera in seinem 1924 erschienenen Roman *Der Strudel:*

> Mißgestaltete Bäume liegen in den Fesseln hochgewachsener Schlingpflanzen, die sie auf weite Strecken mit anderen Gewächsen verbinden. Wie ausgespannte Netze hängen die Lianen in schwingenden Bogen herab. Jahrelang haben sich darin abgefallene Blätter, Holzstückchen und Baumfrüchte angesammelt; wie einen Sack voller Moder schütten sie alles zugleich mit anderem Getier, rostfarbenen Salamandern und haarigen Spinnen, auf die Erde aus.

Ganz anderer Art sind dagegen die Erinnerungen des britischen Forschers Richard Spruce im Jahre 1849:

Es gab dort gewaltige, dicht belaubte Bäume, auf denen phantastische, parasitische Pflanzen wuchsen und von denen unzählige Lianen herabhingen. Einige dieser ungewöhnlichen Gewächse waren so dünn wie Bindfäden, andere dicker als Pythonschlangen, manche waren rund, andere abgeplattet, und viele hatten sich verknotet oder regelmäßig umeinandergewunden wie ein Tau. Auch gab es prächtige Palmen, von denen einige kaum niedriger waren als die anderen Urwaldriesen, während die Stämme weiterer, sehr viel kleinerer Arten der gleichen Familie kaum fingerdick wurden. Diese bildeten mit anderen Büschen und Sträuchern einen kräftigen Unterwuchs, der aber trotzdem nicht sehr dicht oder schwer zu durchdringen war.

Da ich dreizehn Jahre (1941–1953) fast ohne jede Unterbrechung am Amazonas zugebracht und auch nach 1954 jährlich kürzere Fahrten in diese Region unternommen habe, kann ich ohne Übertreibung behaupten, daß dem Regenwald und seinen Bewohnern ein großer Teil meines beruflichen Interesses gewidmet war. Während dieser Zeit habe ich feststellen können, wie einzigartig, faszinierend und komplex dieser Lebensraum ist – und um was für einen wunderschönen Teil unseres Planeten es sich handelt. Einer der vielen, schwer zu beschreibenden Aspekte des Amazonasgebietes ist die außerordentlich enge Verbindung zwischen den Indianern und dem Regenwald. Die Eingeborenen sind, sofern sie von fremden Kulturen unbeeinflußt geblieben sind, durchaus bereit, wissenschaftliche Untersuchungen mit ihren Kenntnissen zu unterstützen. Die weitverbreitete Auffassung, man müsse den Indianern ihre «Geheimnisse», ihr oft rätselhaftes Wissen über Pflanzen und Tiere mühsam entreißen, trifft in aller Regel nicht zu.

Was Mark Plotkins Buch zu etwas Besonderem macht, ist sein einfühlsamer Umgang mit den Eingeborenen und seine Fähigkeit, freundschaftlich mit ihnen zusammenzuarbeiten. Als er Ende der siebziger Jahre erstmals nach Südamerika reiste, hatte er natürlich noch nicht vor, ein Buch zu schreiben. Damals hatte ich ihn vielmehr in den Nordosten des Amazonasgebietes geschickt, um einige ethnobotanische Studien durchzuführen: Er sollte herausfinden, in welcher Form die dortigen Stämme des Regenwaldes bestimmte Pflanzen verwendeten. Seine Einstellung, die Indianer als Lehrer und sich selbst als Schüler zu betrachten, brachte ihn schließlich dazu, sogar an ihren Zeremonien und Ritualen teilnehmen zu dürfen und so Erfahrungen zu sammeln wie nur sehr wenige Menschen vor ihm.

Mark Plotkin gehört wahrscheinlich zur letzten Generation von Ethnobotanikern, der es vergönnt ist, Indianer zu besuchen, die ein Leben führen, das sich nur wenig von dem ihrer Vorfahren vor Tausenden von Jahren unterscheidet.

Zugute kommt ihm dabei sein außerordentliches Geschichtsverständnis. Denn die Geschichte der Menschheit könnte man eigentlich auch anhand ihrer Nutzpflanzen nachvollziehen, ein Ansatz, der von Historikern normalerweise ignoriert wird (oder über den sie nichts wissen). Im letzten Jahrhundert schrieb der französische Insektenforscher J. H. Fabre:

Die Geschichtsschreibung feiert die Toten der Schlachtfelder, hält es aber nicht für nötig, etwas über die Getreidefelder zu sagen, von denen wir leben; die Historiker kennen die Namen jedes unehelichen Kindes aller möglichen Herrscher, haben aber keine Ahnung, wo der Weizen herkommt.

Mit der ständigen Zunahme der Umweltzerstörung und dem schwindelerregenden Bevölkerungswachstum endet vermutlich noch in diesem Jahrzehnt unsere letzte Chance, die Regenwälder sowie die darin lebenden außerordentlich empfindlichen Kulturen wirkungsvoll zu schützen. Zur Diskussion dieses Themenkomplexes leistet das vorliegende Buch einen wichtigen Beitrag, indem es klarmacht, daß die Erhaltung des Regenwaldes von höchstem Interesse für die ganze Menschheit ist.

Im Jahre 1963 schrieb ich:

Die Zivilisation ist in vielen, wenn nicht sogar schon in den meisten unberührten Regionen der Welt auf dem Vormarsch. Dieser Prozeß ist nicht neu, aber seine Geschwindigkeit verstärkt sich, ein Umstand, der mit den Weltkriegen, mit der Ausweitung wirtschaftlicher Interessen, mit der Steigerung missionarischer Tätigkeit und der Verbreitung des Tourismus zu tun hat. Eines der ersten Dinge, die der Zivilisation zum Opfer fallen, ist das Wissen über Heilpflanzen. Die Geschwindigkeit dieses Verfalls ist beängstigend. Es sollte uns eine Herausforderung sein, soviel wie möglich von dem medizinisch-botanischen Wissensschatz der Eingeborenen zu retten, bevor er mit ihrer Kultur für immer verschwindet.

Elf Jahre nach Erscheinen dieses Artikels nahm Mark Plotkin an einem meiner Kurse an der Harvard-Universität teil. Sein Buch zeigt, daß er meine damalige Aufforderung beherzigt hat.

DR. RICHARD EVANS SCHULTES
Botanisches Museum der Harvard-Universität
Cambridge, Massachusetts, USA

Durch das smaragdene Tor

Der tropische Regenwald ist das größte Reservoir
biologischer Vielfalt auf der Erde.

Thomas Lovejoy, 1983

*Ich folgte dem alten Schamanen nun schon seit drei Tagen
durch den Dschungel, und während dieser Zeit hatte sich
zwischen uns eine recht zwiespältige Beziehung entwickelt. Auf
der einen Seite nahm er mir mein Interesse für die heilenden
Kräfte der Urwaldpflanzen ganz offensichtlich übel. Andererseits schien er aber auch geschmeichelt, daß ich von so weit her
gekommen war – er nannte mich* Pananakiri *(«der Fremde») –,
um etwas über die Pflanzen zu erfahren, an denen der jungen
Generation seines Stammes so wenig gelegen war.*

*Da wir uns nicht ohne fremde Hilfe verständigen konnten,
diente uns ein Angehöriger eines Nachbarstammes als Dolmetscher. Am Ende des dritten Tages wandte sich der alte
Schamane an diesen Indianer und sagte: «Sag dem* Pananakiri, *daß ich ihm alles, was ich weiß, beigebracht habe. Morgen
gehe ich wieder auf die Jagd.» Ich hatte keine Einwände, denn
schließlich gab es noch andere Schamanen in seinem Dorf, von
denen ich etwas lernen konnte.*

*In der folgenden Nacht hatte ich dann einen schrecklichen
Traum: Ein riesiger Jaguar stand in meiner Hütte und starrte
mich an. Dann spannten sich seine kraftvollen Rückenmuskeln, und er setzte zum Sprung an...*

*Das Tier erschien mir so realistisch, daß ich mit einem
Angstschrei erwachte. Ich saß aufrecht in meiner Hängematte,
der kalte Schweiß stand mir auf der Stirn, und ich zitterte am*

11

ganzen Körper. Vorsichtshalber suchte ich die Umgebung der Hütte ab, ohne jedoch Anzeichen für die Anwesenheit eines ungebetenen Besuchers zu finden. Das einzige Geräusch war das Rascheln der Palmblätter im Wind.

Am nächsten Morgen kam kurz nach Sonnenaufgang der junge indianische Dolmetscher in meine Hütte. «Gehen wir wieder in den Dschungel Pflanzen suchen?» fragte er.

«Ja. Aber sag dem alten Schamanen vorher noch, daß ich in der vergangenen Nacht einen Jaguar gesehen habe.» Weitere Angaben machte ich nicht, und der Indianer ging davon. Einige Minuten später kam er zurück.

«Hast du es ihm gesagt?» fragte ich.

«Ja.»

«Und was hat er geantwortet?»

«Er hat gelacht und gesagt: ‹Das war ich!›»

Nur wenige Menschen werden sich an ein Moment erinnern, in dem ihnen schlagartig klar wurde, was sie mit ihrem Leben anfangen wollen. Für mich kam dieser Augenblick während einer Vorlesung an der Harvard-Universität in Boston, die ich an einem kühlen Septemberabend des Jahres 1974 hörte. An diesem Tag wurden die Weichen für die Verwirklichung eines langgehegten Traums gestellt, und es begann ein Abenteuer, das immer noch andauert.

Der Raum, in dem die Vorlesung stattfand, hätte auch zu einem Völkerkundemuseum gehören können: Die Wände waren mit riesigen Landkarten des Amazonasgebietes bedeckt. Daneben hingen Bilder von Künstlern aus dem Südpazifik, die die braune Rinde des Maulbeerbaumes so lange bearbeitet hatten, bis sie weich und geschmeidig war, um sie anschließend mit natürlichen Farben aus den Wäldern ihrer Umgebung zu bemalen. An den Deckenbalken hingen Tanzgewänder von Amazonasindianern – strohgelbe Grasröcke und mahagonifarbene Masken aus Rinde, die mit schwarzglänzenden, furchterregenden Dämonengesichtern bemalt waren. An den Seitenwänden des Raumes standen lange Vitrinen mit weiteren ungewöhnlichen Gegenständen aus aller Welt: silberne Marihuanapfeifen aus Indien, Dosen für halluzinogene Schnupfpulverdrogen aus Brasilien, schwarze Blasrohrpfeile aus Kolumbien, winzige Pfeile und Bogen aus dem Kongogebiet und aus Bambusrohr gefertigte burmesische Opiumpfeifen. Neben diesen Objekten lagen die getrockneten Pflanzen, durch die diese Gegenstände erst ihren Sinn erhielten, wie Marihuana, Kurare und Opium. Auf einigen zerkratzten Holztischen waren weitere Kuriositäten aufgereiht: Seile aus Manilahanf von den Philippinen, längliche Maniokknollen aus dem Amazonasgebiet, Kokosmatten aus der Südsee, winzige, grinsende Totenschädel, geschnitzt aus den Früchten der in den Anden heimischen Steinnußpalme, und weniger bekannte tropische Früchte, die wie Handgranaten, Kerzen oder Sterne aussahen.

Besitzer dieser Sammlung von Urwaldutensilien war Professor Richard Evans Schultes. Er gehörte zu den Autoritäten auf dem Gebiet der Ethnobotanik, also der Wissenschaft, die die Rolle und Bedeutung der Pflanzen bei Naturvölkern und in der Volksheilkunde erforscht, und hatte als junger Mann über dreizehn Jahre unter Indianerstämmen am Amazonas gelebt, von denen einige noch niemals zuvor einen Weißen gesehen hatten. Er sprach ihre Dialekte, aß die gleichen Dinge wie sie, etwa Käferlarven, Alligatorschwänze und Dschungelratten, nahm an ihren religiösen Zeremonien teil und probierte auch die Wirkung ihrer halluzinogenen Drogen. Es wurde behauptet, er wisse ebensoviel über die Heilpflanzen des Regenwaldes wie die Medizinmänner des Amazonasgebietes, und seine Arbeit beeinflußte so unterschiedliche Persönlichkeiten wie den Schriftsteller Aldous Huxley, Timothy Leary, den Drogenpapst der sechziger Jahre, und den Biologen und Pulitzerpreisträger Edward O. Wilson.

Schultes verschaffte sich Gehör, löschte das Licht und begann mit seiner unvergleichlichen Vorlesung. Er versuchte nicht, uns mathematische Modelle oder komplizierte ökologische Theorien zu vermitteln, sondern zeigte uns zeitlose Diapositive aus einer anderen Welt: Wir sahen Medizinmänner, Häuptlinge, Jäger, Stammesmütter und Prinzessinnen, die an religiösen Zeremonien teilnahmen, Waffen herstellten, auf dem Feld arbeiteten oder Nahrung zubereiteten. Makuna-Indianer, die nichts als einen Lendenschurz trugen, jagten mit Pfeil und Bogen Fische, und Barasana-Schamanen saßen am Feuer, tranken ein halluzinogenes Getränk aus der Rinde der *Banisteriopsis*-Liane und erzählten sich ihre Jagderlebnisse. Junge Kuebo-Frauen, deren schwarzes Haar in der tropischen Sonne glänzte, raspelten Maniokknollen oder trugen Flußwasser in Kalebassen zu ihren Hütten, und Jungen vom Stamm der Taiwano pirschten sich mit Pfeil und Bogen an Eidechsen heran.

Neben diesen Aufnahmen zeigte er auch immer wieder Bilder der Pflanzen, die für die Kulturen im nordwestlichen Amazonasgebiet so wichtig sind: Pflanzen, die der Ernährung oder zur Herstellung von Kleidungsstücken dienen, Heil- und Giftpflanzen sowie halluzinogene Pflanzen, die bei religiösen Zeremonien verwendet werden. Diese Gewächse, rankende Lianen mit prächtigen Blüten, dornige Bromelien, anmutige Palmen, riesige Bäume mit baldachinartigen Kronen und gewaltigen Wurzeln, waren anders als alles, was ich bisher gesehen hatte. Eines der Bilder beeindruckte mich ganz besonders und beeinflußte mein Leben nachhaltig: drei mit Grasröcken und Rindenmasken bekleidete Gestalten, die auf einer Urwaldlichtung tanzten.

«Hier sehen Sie drei Indianer vom Stamme der Yukuna, die unter dem Einfluß eines halluzinogenen Trankes einen zeremoniellen Tanz aufführen, durch den sie hoffen, die Mächte der Finsternis zu vertreiben», erklärte Schultes. «Der Mann ganz links hat übrigens einen Harvard-Abschluß. Das nächste Dia bitte!»

Von diesem Moment an war ich gefangen – gefangen von den Pflanzen, gefangen von den Indianern und gefangen vom Amazonas.

Meine Schwärmerei für die Wildnis hatte allerdings schon sehr viel früher begonnen: An einem heißen Sommerabend spielte ich, damals gerade vier Jahre alt, in der Küche meiner

Großmutter, als ich plötzlich eine Smaragdeidechse erblickte, die langsam am Fliegengitter der Küchentür hochkletterte. Ich rannte ins Wohnzimmer und rief: «Ein Dinosaurier! Ein Dinosaurier!» Die Erwachsenen glaubten, ich würde mich fürchten, und versuchten mich zu beruhigen. Sie versicherten mir, es könne sich bei dem Tier nicht um einen Dinosaurier handeln; diese seien längst ausgestorben und damit für alle Zeit von der Erde verschwunden. Mich stimmte diese Nachricht ein wenig traurig. Da jedoch Eidechsen und andere Reptilien nicht davon betroffen waren, galt ihnen in der Folgezeit mein ganzes Interesse.

Solange wir Kinder waren, teilten viele meiner Freunde diese Vorliebe für Reptilien, aber mit zunehmendem Alter verlagerte sich ihre Neugier mehr und mehr auf Dinge wie Fußball, Alkohol oder das andere Geschlecht. Ungeduldig warteten sie darauf, endlich alt genug für den Führerschein zu sein, um dadurch ihre Chancen bei den Mädchen zu verbessern. Auch ich sehnte meinen Führerschein herbei, allerdings aus einem anderen Grund: Ich wollte endlich den Radius meiner Exkursionen erweitern, auf denen ich in den menschenleeren Sümpfen rund um meine Heimatstadt New Orleans nach Schwarzottern und Wassermokassinschlangen suchte.

Nachdem ich die Schule beendet hatte, schrieb ich mich an der Universität von Pennsylvania ein, um Zell- und Molekularbiologie zu studieren. Allerdings stellte ich schon im ersten Semester fest, daß ich kein großes Interesse an dieser Fachrichtung hatte. Als ich etwas später einen in Harvard studierenden Schulfreund besuchte, besichtigte ich auch das Zoologische Museum der Universität, und während ich durch eine den Tropen gewidmete Ausstellung ging, wußte ich plötzlich, daß ich mein Studium nicht in einem sterilen Laboratorium verbringen wollte, sondern lieber in den Regenwäldern am Äquator.

Im September 1974 gelang es mir, eine Stelle am Harvard-Museum zu bekommen, und ich erlebte zum erstenmal eine von Professor Schultes' berühmten Vorlesungen.

15

Schultes hatte die besondere Fähigkeit, seinen Studenten ein Gefühl für den Wert und die Schönheit des Regenwaldes zu vermitteln, versäumte es aber nicht, auch auf das empfindliche Gleichgewicht dieses Lebensraumes hinzuweisen und auf die Probleme der Eingeborenen, die ein unabdingbarer Teil dieses Ökosystems sind. Er war nicht nur Experte auf dem Gebiet der Heilpflanzen, sondern kannte sich auch mit Kokasträuchern und Kokain, halluzinogenen Pflanzen, mexikanischen Pilzkulten, Naturkautschuk, Palmen, Orchideen und Pfeilgiften aus, so daß er oft als Vater der Ethnobotanik bezeichnet wird. Während seines Aufenthaltes in den entlegenen Gebieten des nordwestlichen Amazonas bestimmte er an die 2000 Pflanzenarten, die von Indianern für medizinische Zwecke genutzt werden, und er war überzeugt, daß es noch viel mehr gab, die nur darauf warteten, entdeckt zu werden. Nach seiner Rückkehr gehörte es zu seinen vorrangigen Zielen, mit seinem Wissen eine neue Generation von Ethnobotanikern zu inspirieren, ihnen die Tür zum Reich des immergrünen Regenwaldes zu öffnen und sie für ein Leben zu begeistern, das dem Studium des Dschungels und seiner Menschen gewidmet war.

Regenwälder kommen in Asien, Afrika und Amerika vor, wobei der amerikanische Urwald meist nur mit Brasilien in Verbindung gebracht wird. Tatsächlich bedeckt der Amazonasdschungel, dessen Ausdehnung etwa eine Fläche von der Größe der Vereinigten Staaten erreicht, ein Gebiet, das acht südamerikanische Länder umfaßt. Dort gibt es mehr Pflanzen- und Tierarten als irgendwo sonst auf der Erde: So können in einem einzigen Amazonasfluß mehr Fischarten vorkommen als in allen Binnengewässern Europas zusammengenommen; in einem einzigen Nationalpark, im Manu-Park im Südosten Perus, gibt es mehr Vogelarten als in den gesamten Vereinigten Staaten, und am Amazonas leben die größten Adler, Schlangen, Ameisenbären, Gürteltiere, Spinnen, Süßwasserschildkröten und Süßwasserfische der Welt, wobei einige Tiere mit wahrhaft beeindruckenden Körpermaßen aufwarten können: Die *Cururú*, eine Kröte, wiegt über 3 Kilogramm; die Capybara, ein Nagetier, hat ein Gewicht von bis zu 50 Kilogramm, und der *Piraíba*, der zu den Welsen gehört, kann beinahe 250 Kilogramm schwer werden.

Die Flora des Amazonasgebietes steht der Fauna in nichts nach: Jede vierte Pflanze der Erde, also etwa 60 000 der geschätzten 250 000 weltweit vorkommenden Arten, wächst in dieser Region, wobei man davon ausgehen muß, daß viele Pflanzen noch nicht einmal entdeckt und untersucht wurden. Da auch der Großteil aller Insekten im Regenwald des Amazonas lebt, kann die Tatsache, daß der Wald noch nicht von dieser entomologischen Übermacht vernichtet wurde, als Hinweis darauf gelten, daß viele Pflanzen chemische Abwehrkräfte besitzen.

Pflanzen schützen sich in der Regel durch eine Vielzahl selbstproduzierter Chemikalien, die für zahlreiche Insekten giftig sind. Auf den menschlichen Körper wirken Pflanzen recht unterschiedlich, indem sie beispielsweise Vergiftungen hervorrufen oder halluzinogene und therapeutische Wirkungen zeigen.

Viele der Pflanzenwirkstoffe, die im menschlichen Körper starke Reaktionen hervorrufen, sind Alkaloide, gehören also zu einer Gruppe chemischer Substanzen, die in Tropengewächsen sehr häufig vorkommen. Sie spielen praktisch in allen Kulturen und in vielen Bereichen des täglichen Lebens eine Rolle, sind beispielsweise für die belebende Wirkung unseres Frühstückskaffees (Koffein), für die süchtig machenden Bestandteile in den gefährlichsten Drogen (Kokain, Heroin und Nikotin), für die toxische Wirkung in einigen unserer tödlichsten Gifte (Strychnin und Batrachotoxin), für die schmerzlindernde Wirkung in den meisten Schmerzmitteln (Kodein und Morphin), sowie für das mentale Feuerwerk, das einige der wirkungsvollsten Halluzinogene (Meskalin und Psilocybin) hervorrufen, verantwortlich.

Alkaloide schmecken häufig bitter; dieser strenge Beigeschmack gilt Menschen in aller Welt seit Urzeiten als ein Hinweis auf die Heilkräfte einer Pflanze.

Zu den bittersten Substanzen gehört Chinin, ein Alkaloid

aus der Rinde des Chinarindenbaumes (der deutsche Name dieser Pflanze geht auf die indianische Bezeichnung *Quinaquina* zurück). Die Wirkung des Chinins wurde ursprünglich von südamerikanischen Indianern entdeckt; das Heilmittel ist später praktisch überall auf der Welt verwendet worden, um Malaria zu bekämpfen. Diese gefährliche Krankheit (durch Malaria sind bis heute mehr Menschen umgekommen als durch jede andere Seuche), in deren Verlauf die roten Blutkörperchen zerstört werden, wird durch von Moskitos übertragene Parasiten verursacht. Zwar halten viele Menschen die Malaria für eine typische Dschungelkrankheit, aber in Wahrheit ist sie bezüglich ihrer geographischen Verbreitung nicht so stark eingeschränkt, sondern kam früher beispielsweise auch im Mittelmeergebiet vor. Schon Alexander der Große und Oliver Cromwell sollen an der Malaria gestorben sein.

Seitdem hat uns ein einziges pflanzliches Alkaloid, das wir den südamerikanischen Indianern verdanken, in die Lage versetzt, die Malaria in den gemäßigten Zonen auszurotten und ihr Auftreten in den Tropen zurückzudrängen. Auch wenn der Chinarindenbaum mehr als dreißig Alkaloide enthält, so ist das Chinin doch das therapeutisch wichtigste. Nachdem es jahrhundertelang erfolgreich zur Malariabekämpfung eingesetzt wurde, begann man es 1959 durch ähnliche, künstlich hergestellte Substanzen zu ersetzen. Der Grund dafür war, daß die Vereinigten Staaten ihre Abhängigkeit von «strategischen» Rohstoffen, die nicht auf ihrem eigenen Gebiet wachsen, möglichst gering halten wollten. Allerdings entwickelten sich schon bald Erregerstämme, die gegen diese neuen Substanzen resistent waren, so daß die Ärzte zur Bekämpfung schwerer Fälle häufig wieder Medikamente verschrieben, in denen ein breites Spektrum natürlicher Inhaltsstoffe enthalten war.

Vermutlich gibt es Unmengen von «Wunderdrogen», die im Urwald auf ihre Entdeckung warten. Doch verhalten sich die Industrienationen unglaublich ignorant gegenüber dem chemischen – und damit auch dem medizinischen – Potential tropischer Pflanzen. Bisher sind nur etwa 5000 der rund

250 000 beschriebenen Pflanzenarten in Laboruntersuchungen auf ihre therapeutischen Wirkungen untersucht worden, wobei die schätzungsweise 120 auf Pflanzen basierenden verschreibungspflichtigen Medikamente, die es heute auf dem Markt gibt, von nur 95 verschiedenen Arten stammen. In den Vereinigten Staaten enthalten etwa ein Viertel aller rezeptpflichtigen Arzneien pflanzliche Wirkstoffe, von denen etwa die Hälfte aus tropischen Pflanzen gewonnen wurden. Allein die Bürger der Vereinigten Staaten geben jedes Jahr über sechs Milliarden Dollar für Medikamente aus, die aus diesem Teil der Erde stammen.

Eine sehr wirkungsvolle Arznei, der Ginkgo-Extrakt, der in neuerer Zeit wieder häufiger verwendet wird, stammt aus einer Pflanze, die schon der Volksmedizin des Altertums bekannt war. Gewonnen wird er aus der vermutlich ältesten noch lebenden Baumart der Erde, die schon von Charles Darwin als «lebendes Fossil» bezeichnet wurde (verwandte Arten fand man in Versteinerungen, die mehr als 280 Millionen Jahre alt sind). Zwar waren wildlebende Ginkgobäume bereits ausgestorben, aber glücklicherweise überlebten einige Exemplare in Tempelgärten Chinas und Japans, zwei Länder, in denen der Extrakt von Ginkgoblättern seit über 5000 Jahren verwendet wird, um Krankheiten wie Asthma oder allergische Entzündungen zu behandeln. In den letzten Jahren wird der Ginkgo-Extrakt vermehrt in Europa verkauft; es werden inzwischen jährliche Umsätze von über 700 Millionen Dollar erzielt. Da der Extrakt eine Gefäßerweiterung bewirkt und damit den Fluß des Blutes durch den Körper erleichtert, werden mit diesem Mittel in erster Linie ältere Menschen behandelt, deren Gehirn nicht mehr gut genug durchblutet ist. Der Extrakt scheint außerdem eine therapeutische Wirkung bei Asthma, Nierenkrankheiten, beim toxischen Schocksyndrom und bei Abstoßungsreaktionen transplantierter Organe zu haben.

Nur wenige Medikamente aus der «lebenden Arzneifabrik» kamen durch wissenschaftliche Entdeckungen in unsere Apotheken. Viele Heilpflanzen wurden ebensowenig von Botanikern «entdeckt» wie Amerika durch Kolumbus: In beiden Fällen waren die Indianer die ersten. Ein Beispiel dafür ist die Geschichte des Taxols, einer Substanz, die im Dezember 1992 für die Behandlung von Krebserkrankungen der Eierstöcke zugelassen wurde. Hierbei handelt es sich um ein Alkaloid, das in der Rinde und in den Nadeln der Pazifischen Eibe aus dem Nordwesten Nordamerikas gefunden wurde und das einen hemmenden Einfluß auf die Entwicklung von Krebszellen hat.* Taxol wurde während eines Testprogramms entdeckt, das vom National Cancer Institute (NCI, Nationale Krebsbehörde) der USA durchgeführt wurde und in dem seit 1960 Pflanzen aller Art auf ihre therapeutische Wirkung überprüft werden. Alten ethnographischen Aufzeichnungen zufolge jedoch nutzten Indianer die Pazifische Eibe bereits seit langer Zeit für die unterschiedlichsten medizinischen Zwecke: Die Potawatomi behandelten mit den zermörserten Nadeln Geschlechtskrankheiten, und die Chippewa, Irokesen und Menomini linderten Arthritis- und Rheumatismusschmerzen, indem sie die Zweige und Nadeln der Eibe kochten und den Dampf inhalierten.

Seit 1968, als das Testprogramm umgestellt wurde, um speziell nach Mitteln gegen Krebs und später Aids zu suchen, hat das NCI Tausende Pflanzenproben auf wirksame Substanzen untersucht. Dabei waren gerade im Kampf gegen Aids Fortschritte zu verzeichnen, wenn leider auch noch kein Gegenmittel gefunden wurde. So stieß man beispielsweise auf eine Kletterpflanze aus Kamerun, die ein Alkaloid ent-

---

* Leider werden zur Herstellung von einem Kilogramm Taxol etwa 400 Tonnen Baumrinde benötigt. Da das Vorkommen der Pazifischen Eibe auf den Nordwesten der USA beschränkt ist und die Bäume das Entfernen der Rinde sehr häufig nicht überstehen, gibt es inzwischen starke Beschränkungen bei der wirtschaftlichen Nutzung dieser Pflanze. Vor einiger Zeit wurde allerdings ein Pilz mit dem wissenschaftlichen Namen *Taxomyces andreanae* entdeckt, der diese Substanz ebenfalls synthetisieren kann, wenn auch in sehr geringen Mengen. Durch gentechnische Verfahren sollte es möglich sein, die Ausbeute in den nächsten Jahren deutlich zu erhöhen. (Anm. d. Ü.)

hält, das, zumindest im Reagenzglas, ein breites Wirkungs-spektrum gegen HIV-1- und HIV-2-Viren zeigt. Allerdings werden zum Abtöten der Viren so große Mengen dieser Substanz benötigt, daß ein entsprechendes Medikament ver-mutlich auch für die Patienten giftig wäre. Eine andere Pflanzenprobe, die von einem Baum in Sarawak in Nordbor-neo stammte, enthielt ebenfalls einen Stoff, der sich im Labor als wirksam gegen HIV-1-Viren erwies. Unglück-licherweise waren die Wissenschaftler nicht in der Lage, die Substanz in anderen Proben der gleichen Baumart nachzu-weisen, so daß am Fundort in Borneo nochmals Material gesammelt werden sollte. Leider stellte sich heraus, daß genau dieses Gebiet, einschließlich des gesuchten Baumes, kurz zuvor gerodet worden war.

Zwar gehört bis heute die Nutzung alten ethnobotanischen Wissens nicht zum offiziellen Forschungsprogramm des NCI. Nichtsdestotrotz testete Dr. Paul Cox, eine der führen-den Autoritäten auf dem Gebiet der Ethnobotanik des Süd-pazifiks, eine dem Gummibaum verwandte Pflanze, die von Medizinmännern auf Samoa für die Behandlung von Rük-kenschmerzen, Durchfall und Gelbfieber verwendet wurde. Man entdeckte darauf in dieser Pflanze eine Prostratin genannte Substanz, die, wie sich in Laborversuchen heraus-stellte, in der Lage war, gesunde Zellen vor den Angriffen des HIV-Virus zu schützen. Wenn die Experimente mit dieser Substanz der Forschung auch zu einem besseren Verständnis der Aids-Infektion verhelfen können, so handelt es sich hierbei noch nicht um einen Impfstoff oder gar ein Gegen-mittel.

Viele Ethnobotaniker glauben heute, daß eine Verlage-rung des Forschungsschwerpunktes auf Pflanzen, die von den Naturvölkern angewendet werden, also auf eine Koope-ration mit Ethnobotanikern und Medizinmännern aus den Regenwäldern, in der Zukunft zu weiteren vielversprechen-den Entdeckungen wie Prostratin führen könnte.

Die Vorlesung von Professor Schultes vor beinahe zwanzig Jahren war der Beginn meiner ethnobotanischen Karriere und gleichzeitig eine lebenslange Verpflichtung, das medizinische Wissen, das sich die Indianerstämme des Regenwaldes im Laufe von Tausenden von Jahren angeeignet haben, zu dokumentieren.

Dazu macht sich der Ethnobotaniker auf Exkursionen zunächst Aufzeichnungen über den Gebrauch einer bestimmten Pflanze und sammelt anschließend ein sogenanntes Belegexemplar. Bei einem kleinen Busch oder Kraut (so werden in der Botanik Pflanzen mit einem unverholzten Stiel bezeichnet) kann dies die gesamte Pflanze sein; handelt es sich um einen großen Busch oder einen Baum, besteht das Belegexemplar häufig nur aus einem einzelnem Zweig. In jedem Fall sollte die Probe aber Früchte oder Blüten enthalten, da diese Teile normalerweise notwendig sind, um eine Pflanze genau zu bestimmen.

Die Pflanze wird zwischen zwei Seiten einer Zeitung gepreßt, um überflüssige Feuchtigkeit zu entfernen. Anschließend legt man bis zu dreißig Proben zwischen zwei Sperrholzbretter, zurrt diese mit einem Seil oder einem Gürtel zusammen und hängt das Ganze dann etwa dreißig bis vierzig Zentimeter über einem kleinen Feuer auf. Dadurch trocknen die Pflanzen und können später für lange Zeit in einem Herbarium aufbewahrt werden. Vor dem Einordnen in das Herbarium wird jede Probe auf ein ungefähr dreißig mal vierzig Zentimeter großes Blatt Papier geklebt, auf dem der Name der Pflanze vermerkt ist (sowohl in lateinischer als auch in der jeweiligen Landessprache), das Datum und der Ort, an dem sie gesammelt wurde, der Name des Sammlers und außerdem noch Angaben darüber, wozu die Eingeborenen diese Pflanze benutzen. Ein solches Belegexemplar kann dann als Vergleich für weitere Sammlungen verwendet werden.

Normalerweise wird zur Identifizierung von Pflanzen ein sogenannter Bestimmungsschlüssel verwendet. Dieser besteht aus Anweisungen, anhand derer man feststellen kann, zu welcher Familie, Gattung und Art eine gesammelte Pflanze gehört.

Zur Laboranalyse werden Belegexemplare nur in Ausnahmefällen benutzt, da die Menge des Pflanzenmaterials oft viel zu gering ist und man bei einer Untersuchung die gesamte Probe zerstören würde. Ein weiterer Grund sind mögliche Veränderungen der Pflanzeninhaltsstoffe, die auftreten können, nachdem die Pflanze aus ihrem natürlichen Lebensraum entfernt wurde. Zwar bleiben manche Alkaloide über Hunderte von Jahren in Herbarproben intakt, andere Substanzen erfahren dagegen erhebliche Änderungen. Daher sammeln Wissenschaftler, die Material für chemische Analysen benötigen, nicht nur mindestens ein Kilogramm getrocknetes Pflanzenmaterial, sondern auch ein Kilogramm Frischmaterial, das in Alkohol aufbewahrt wird, um die aktiven Substanzen zu erhalten.

Die meisten Ethnobotaniker fühlen sich nicht verpflichtet, mit pharmazeutischen Firmen zusammenzuarbeiten (die bisher selbst auch nur begrenztes Interesse an einer Zusammenarbeit gezeigt haben), sondern beschränken sich auf das Sammeln von Belegexemplaren und die Aufzeichnung des ethnobotanischen Wissens der Eingeborenen.

Zu den Schwerpunkten meiner Arbeit während der letzten zwölf Jahre gehörten die Pflanzen und Völker des nordöstlichen Amazoniens, eines Gebietes in der Grenzregion zwischen Brasilien, Französisch-Guayana, Surinam und Venezuela. Dieses gehört zu den wenigen Orten der Erde, an denen die Pflanzen des Regenwalds noch ungestört wachsen können; dort gibt es Berge, die noch niemand bestiegen hat, und Flüsse, die noch keinen Namen haben. Hier lebten bis vor kurzem Naturvölker noch fast ungestört und ohne Kenntnis einer anderen als ihrer eigenen, kleinen Welt.

Das Gebiet zwischen der Mündung des Orinoko und des Amazonas, bei den früheren europäischen Entdeckern als «Wilde Küste von Guyana» bekannt, übte auf die Eroberer, die gekommen waren, um Gold und Silber zu suchen, nur geringen Reiz aus, denn an den Küsten gab es nicht nur Wolken blutgieriger Moskitos, sondern auch kannibalische Indianerstämme. Aber auch das Inland galt als sehr gefährlich, da es angeblich von seltsamen Kreaturen bewohnt war: doppelköpfigen Schlangen, Drachen, Amazonen, Männern mit Hundeköpfen oder sogar völlig kopflosen Menschen, deren Augen und Mund an Schultern und Brust saßen.

Statt der Fabelwesen fanden die Europäer Hunderte von Indianerstämmen, die heute von Anthropologen in verschiedene Sprachgruppen eingeteilt werden. Ihre Vorfahren wanderten vor etwa zwanzig- bis fünfzigtausend Jahren über die Beringstraße aus Ostasien ein und entdeckten damit Amerika. In einer der beeindruckendsten Wanderungen seit Beginn der Menschheit zogen die Völkergruppen, die schließlich das Amazonasgebiet besiedeln sollten, von Alaska bis nach Südamerika. Während dieser langen Reise entwickelten sie die unterschiedlichsten Überlebensstrategien.

Die meisten der Stämme, mit denen ich zusammengearbeitet habe – die Tirió, Wayana, Akuriyo, Waiwa und Macushi –, gehören zur Gruppe der Kariben. Dagegen ist die Herkunft der Yanomami aus der brasilianisch-venezolanischen Grenzregion, bei denen ich ebenfalls einige Zeit zugebracht habe, um ihren Gebrauch von halluzinogenen Schnupfdrogen zu untersuchen, noch ungeklärt. Einige Experten glauben, dieser Stamm könnte von der ersten Gruppe abstammen, die seinerzeit die Beringstraße überquerte.

Wenn ein Bewohner der sogenannten zivilisierten Welt in den Urwald kommt, sieht er nichts als eine scheinbar undurchdringliche Mauer von Kräutern, Kletterpflanzen, Büschen und Bäumen. Für einen Indianer bildet der gleiche Wald die Grundlage seines Lebens, versorgt ihn mit Nahrung, Arznei und Material, aus dem er sich eine Behausung bauen, Hängematten flechten und Blasrohre herstellen kann. Aber das Leben der Indianer verändert sich.

Seit der Zeit, da Christoph Kolumbus und andere Eroberer im Lebensraum der Eingeborenen auftauchten, um sie zu unterwerfen und ihre Reichtümer zu rauben, befinden sich die Naturvölker auf Kollisionskurs mit der restlichen Welt. Den Menschen, die fast nackt in Wäldern lebten – einige zündeten ihr Feuer noch bis vor kurzem durch das Aneinanderreiben von Holz an, fällten Bäume mit einfachen Steinäxten und jagten mit Pfeil und Bogen –, mußte der weiße Mann mit seiner Kleidung, seinen Streichhölzern, Macheten, Äxten und Gewehren wie ein überlegenes Wesen erscheinen. Aber in Wahrheit zahlten die Indianer, die ihre Heimat, ihren Glauben, ihre Lebensgewohnheiten und ihre Sprache für die Religion des weißen Mannes, für seinen Moralkodex und für materielle Dinge aufgaben, von Anfang an einen hohen Preis: Sie wurden von fremden Krankheiten angesteckt, man entfremdete ihnen ihre Religion, und sie verloren ihr Land.

Professor Schultes erinnerte seine Studenten regelmäßig daran, daß in Brasilien seit Beginn unseres Jahrhunderts über neunzig Stämme ausgestorben sind. Er glaubt, daß wir die letzte Generation sind, die das Glück hat, mit diesen Stämmen leben und arbeiten zu können, ihren traditionellen Lebensstil aus erster Hand kennenzulernen und ihr großes ethnobotanisches Wissen zu dokumentieren, bevor die Pflanzenarten – und die Menschen, die sie verwenden – dem «Fortschritt» zum Opfer fallen.

Seine Befürchtungen sind leider allzu begründet, denn die Regenwälder gehen ständig zurück. Experten schätzen, daß pro Minute etwa vierzig Hektar Urwald vernichtet werden und bis zum Jahr 2000 weltweit ungefähr zehn Prozent der Pflanzenarten ausgestorben sind. Außerdem finden die Medizinfrauen und -männer – oder Schamanen, wie sie auch genannt werden –, die bisher das Wissen über Heilpflanzen bewahrt und weitergegeben haben, immer weniger jüngere Menschen, die diese Tradition fortsetzen wollen.

Deshalb habe ich während des letzten Jahrzehnts versucht, möglichst viel darüber zu lernen, wie Amazonasindianer die Pflanzen ihrer Wälder nutzen. Dabei hielt ich mich hauptsächlich an Schamanen, die die detailliertesten Kenntnisse besitzen. Als Erben eines Wissens, das durch mündliche Überlieferung teilweise noch aus prähistorischer Zeit stammt, sind die Schamanen eine wichtige Verbindung zwischen den tropischen Regenwäldern und der Apotheke in unserer Nachbarschaft; nach meiner ganz persönlichen Einschätzung stellen sie sogar unsere größte Hoffnung bei der Suche nach Heilmitteln gegen immer noch unheilbare Krankheiten wie Krebs, Aids und Grippe dar.

Nachdem Pflanzen der Menschheit seit Urzeiten als Hauptquelle für therapeutische Substanzen gedient hatten, begann sich das in den dreißiger Jahren unseres Jahrhunderts, mit dem Fortschritt der synthetischen Chemie, zu ändern. In den fünfziger Jahren, als in Laboratorien entwickelte «Wunderdrogen», beispielsweise antibakterielle Sulfonamide, auf den Markt kamen, verstärkte sich diese Tendenz. Als Schultes 1939 nach Abschluß seiner ethnobotanischen Untersuchungen im südlichen Mexiko an die Harvard-Universität zurückkehrte, war keine pharmazeutische Firma und kein einziger Chemiker in den Vereinigten Staaten bereit, mit ihm zusammenzuarbeiten. Sie hielten es für Zeitverschwendung, seine Naturmedizinen zu analysieren. Entmutigt schickte Schultes sein Material einem kooperationswilligen, jungen Schweizer Wissenschaftler, Albert Hoffmann. Er wurde später durch die Synthese von LSD berühmt. Weniger bekannt ist dagegen, daß er auch das halluzinogene Alkaloid Psilocybin aus Pilzen isolierte, die Schultes in Mexiko gesammelt hatte. Nach dieser natürlichen Modellsubstanz synthetisierte er dann die Betarezeptorenblocker, die Millionen von Menschen mit Herzbeschwerden wieder ein lebenswertes Dasein ermöglichen.

Wirkungsvolle, künstliche Medikamente wie die Sulfonamide und das Sedativum Diazepam (besser bekannt als Valium) vermittelten einigen Chemikern die Illusion, die Zukunft neuer Medikamente liege allein in der synthetischen Chemie. Selbstgefällige Wissenschaftler beglückwünschten sich gegenseitig zur «Erfindung» neuer Medikamente, was den Anthropologen Robert de Ropp zu der ironischen Bemerkung veranlaßte: «Manche Chemiker, die ein paar Substanzen synthetisiert haben, glauben, sie seien bessere Chemiker als die Natur; diese aber hat so viele Substanzen synthetisiert, daß man sie nicht einmal alle aufzählen könnte, und sie hat ja schließlich auch die Chemiker selbst synthetisiert.» Wie wir heute wissen, hat die Natur auch das Valium lange vor den Chemikern entwickelt: Es kommt, wenn auch in Mengen, die zu klein sind, um beim Genuß einen Effekt hervorzurufen, in Weizen und Kartoffeln vor.

26

Ein Problem der Ethnobotanik, das mir schon früh Kopfzerbrechen bereitete, ist die Wahrung des geistigen Eigentums an pflanzlichen Arzneien. Nehmen wir einmal an, es gelingt, eine Krankheit durch eine Substanz zu bekämpfen, die ein Ethnobotaniker während seiner Untersuchungen entdeckt hat: Die Naturvölker, von denen das Wissen stammt, haben keinen Nutzen vom Verkauf der neuen Medizin. Ein klassisches Beispiel eines solchen Falles ist die Catharanthe.

Diese rosa blühende, eigentlich auf Madagaskar heimische Pflanze wurde schon sehr früh durch Seefahrer, die die hübschen Blüten schätzten, in den gesamten Tropen und Subtropen verbreitet und bald darauf auch in der Heilkunde asiatischer, afrikanischer, zentral- und südamerikanischer sowie karibischer Naturvölker verwendet, um Augen- und Halsentzündungen, Wespenstiche und Fieber zu behandeln oder um Blutungen zu stillen. Als man 1957 herausfand, daß schwarze Bauern auf Jamaika sie bei Diabetes anwendeten, begann sich auch die Wissenschaft für diese Pflanze zu interessieren.

Man extrahierte die wirksamen Substanzen der Catharanthe und injizierte sie anschließend Ratten, woraufhin bei diesen die Anzahl der weißen Blutkörperchen drastisch abnahm. Da Leukämie mit einer abnormalen Erhöhung der weißen Blutkörperchen verbunden ist, testeten die Wissenschaftler den Extrakt als nächstes an Leukämiezellen im Reagenzglas – und wiederum wurde die Anzahl der weißen Blutkörperchen drastisch reduziert. Daraufhin wurden aus der Pflanze die Alkaloide Vinblastin und Vincristin isoliert, die heute vielfach bei der Krebsbehandlung eingesetzt werden, etwa bei Leukämie und Lymphogranulomatose.

Durch den Verkauf dieser beiden Medikamente wird jährlich ein Umsatz von etwa 100 Millionen Dollar erzielt. Allerdings erhält Madagaskar, immerhin die Heimat der Catharanthe und eines der ärmsten Länder der Erde, von dieser beachtlichen Summe keinen Pfennig.

Zur Zeit werden außerdem häufig sehr zerstörerische Methoden angewendet, um an Pflanzen mit medizinischen Inhaltsstoffen zu gelangen, etwa das Fällen ganzer Bäume oder das vollständige Abschälen der Rinde. Um denjenigen Ländern, die ausschließlich ökologisch vertretbare Methoden bei der Beschaffung des Pflanzenmaterials verwenden wollen, einen Anreiz zu liefern, müßten die verarbeitenden Firmen den Erzeugerländern einen finanziellen Ausgleich bieten. Auf diese Weise könnten die betroffenen Staaten nicht nur ihre wertvollsten Ressourcen erhalten, sondern auch neue Arbeitsplätze schaffen, da man speziell ausgebildete Pflanzensammler benötigen würde. Außerdem müßte ein gewisser Prozentsatz des Gewinnes, der aus einem neuen Produkt erwirtschaftet wird, an die Ursprungsländer und die Eingeborenen abgeführt werden. Ist erst einmal ein ökonomischer Anreiz für die Erhaltung der Regenwälder geschaffen, kann das Überleben dieser Gebiete auch garantiert werden.

Das große botanische Wissen der Naturvölker ist nicht auf medizinische Belange beschränkt, sondern erstreckt sich auch auf andere Nutzpflanzen. Den Ureinwohnern Amerikas verdanken wir über die Hälfte der wichtigsten heute genutzten Feldfrüchte, nämlich den Mais, die Kartoffel, die Batate (Süßkartoffel) und den Maniok, aber auch Tomate, Erdnuß, Paprika, Schokolade, Vanille, Ananas, Papaya, Passionsfrucht und Avocado. Allein der Marktwert des jährlich weltweit produzierten Maises beträgt ungefähr 12 Milliarden Dollar – das ist mehr als alles Gold und Silber, das die habgierigen Konquistadoren seinerzeit erbeuteten. Aber nicht nur die Menge der Feldfrüchte, die wir den Indianern verdanken, ist beeindruckend, sondern auch die landwirtschaftlichen Anbaumethoden. Als der Anthropologe Alan Kolata zusammen mit Indianern aus Bolivien versuchte, die Anbaumethoden aus der Zeit vor der Entdeckung Amerikas wieder zum Leben zu erwecken, versiebenfachte sich der Ernteertrag.

Auf der anderen Seite müßten sich die Bewohner Nordamerikas, wenn sie auf den Anbau einheimischer Pflanzen beschränkt wären, von Erdbirnen, Pekannüssen, Schwarznüssen, Sonnenblumenkernen, Blaubeeren, Kranbeeren,

Himbeeren und Johannisbeeren ernähren. Oder, wie es der kenianische Volkswirtschaftler Calestous Juma ausdrückt: Die Nutzung tropischer Pflanzen durch die Vereinigten Staaten von Amerika hat einen Kontinent von Beeren in eine landwirtschaftliche Großmacht verwandelt.

Mir war schon sehr bald klar, daß ich nur einen Bruchteil des ethnobotanischen Wissens der Schamanen des Amazonasgebietes dokumentieren konnte. Da es mir außerdem sinnvoll erschien, dafür zu sorgen, daß das ethnobotanische Wissen langfristig auch den Indianerstämmen erhalten blieb, entwickelte ich zusammen mit den Eingeborenen ein Projekt, das wir das «Schamanen-Ausbildungsprogramm» nannten. Dessen Ziel ist es, meine Aufzeichnungen, also die unschätzbaren Informationen, die mir der Stamm zur Verfügung gestellt hatte, in die jeweilige Stammessprache zurückzuübersetzen, so daß eine Verbindung zwischen der mündlichen Tradition und einer Zukunft mit schriftlichen Aufzeichnungen geschaffen wird. Auf diese Weise soll den Eingeborenen ermöglicht werden, ihr Schicksal selbst in die Hand zu nehmen und ihr traditionelles Wissen zu erhalten.

Auf der Suche nach
dem Schwarzen Kaiman

Einige der größeren Krokodilarten sind ganz augenscheinlich nicht in der
Lage, die Besonderheit des Tieres Mensch zu erkennen, so daß sie sich von
Zeit zu Zeit schon einmal an einem solchen vergreifen.
Archie Carr, 1940

Die Fahrt auf dem abgelegenen Dschungelfluß glich einer
Reise durch die Jahrtausende. Unser kleines Boot wurde zur
Zeitmaschine, wobei der Kompaß auf das Zeitalter der Reptilien eingestellt war. Lediglich eine dünne Holzwand
trennte uns von den menschenfressenden Krokodilen, die
unter unserem Kanu lauerten. Und während die Sonne am
Himmel emporstieg, machten uns die vom Wasser aufstei-
genden Nebelschwaden, das Schreien, Pfeifen und Heulen
der Tiere im nahen Urwald und der süße, betäubende
Geruch der fremden und üppigen Vegetation bewußt, daß
wir menschliches Herrschaftsgebiet verließen, um eine
andere Welt zu betreten.

Es war meine erste Reise nach Südamerika, und das Ziel
dieser von Russ Mittermeier, einem Biologen, geleiteten
Expedition war die Suche nach dem Schwarzen oder Moh-
ren-Kaiman, einer akut vom Aussterben bedrohten Krokodilart. Obwohl erst 30 Jahre alt, galt Mittermeier an der
Harvard-Universität in Boston bereits als eine Art lebende
Legende. Er sprach fließend Spanisch, Portugiesisch und
Sranangtongo, die Sprache der farbigen Einwohner Surinams, und hatte sich auf seinen Expeditionen, die ihn nach
Brasilien, Kolumbien, Französisch-Guayana, Peru und Surinam führten, eine Artenkenntnis angeeignet wie wohl nur
wenige Biologen vor ihm. Mit seinem Arbeitszimmer voller

30

Blasrohre, Schildkrötenpanzer, Affenschädel, Faultierske-
lette und Giftpfeile war Russ Mittermeier für die Mitarbeiter
des Harvard-Museums das Urbild des Dschungelforschers –
vom fehlenden Tropenhelm einmal abgesehen.

Ich machte Mittermeiers Bekanntschaft, schon kurz nachdem ich angefangen hatte, am Harvard-Museum zu arbeiten. Damals wurde mir gesagt, man hätte eine besondere
Überraschung für mich: Ich dürfe einem langjährigen Mitarbeiter, der von einem eineinhalbjährigen Aufenthalt am
Amazonas zurückkehrte, beim Auspacken seiner Sammel-
objekte behilflich sein – eine Aufgabe, die Neulingen vorbehalten war, denn natürlich packt niemand gern tote, in
Formalin eingelegte Tiere aus. Mich faszinierten die Sam-
melobjekte jedoch ebenso wie Mittermeiers Schilderungen
seiner Abenteuer. Diese gab er so zum besten, als habe es sich
im Grunde um die selbstverständlichsten Dinge der Welt
gehandelt, wodurch mir seine Expeditionen und auch er
selbst nur noch faszinierender erschienen. Als er mich später
fragte, ob ich ihn als Exkursionsassistent begleiten wolle,
sagte ich auf der Stelle zu.

Das kleine Flugzeug machte eine Kehrtwende über dem
böigen grauen Atlantik und begann dann mit dem Anflug auf
die Hauptstadt Cayenne. Kurz darauf landeten wir in Französisch-Guayana, einem der vergessensten Winkel der Erde.
Als wir von Bord gingen, waren wir 14 Stunden unterwegs
gewesen und hatten viermal das Flugzeug gewechselt. Die
ungewohnte tropische Hitze und die flammendrote Sonne,
die hinter dem Dschungel am Rande des Flugfeldes unterging, ließen mich die Müdigkeit allerdings schlagartig vergessen: In den Baumkronen über uns begannen sich blaue
und goldene Aras, deren laute Rufe und leuchtendbuntes
Gefieder die Vitalität des tropischen Lebensraumes widerzu-
spiegeln schienen, zur Nacht niederzulassen. Als kurz darauf
die Dunkelheit hereinbrach, setzte aus den umliegenden
Wäldern ein Heulen, Zirpen, Schnauben, Brüllen, Kreischen, Rufen, Quaken und Schreien ein – Lautäußerungen,
die Mittermeier zu meinem Erstaunen alle irgendwelchen

Vögeln, Affen, Fledermäusen, Fröschen und Insekten zu-
zuordnen wußte.

Während der Fahrt ins Zentrum Cayennes klärte mich
Mittermeier über die Geschichte Französisch-Guayanas auf.
Zwar landeten die Spanier als erste Europäer an der Nordostküste von Südamerika, aber es waren Franzosen, die
Anfang des 17. Jahrhunderts die ersten Ansiedlungen errichteten und Plantagen anlegten, auf denen sie Sklaven aus
Westafrika arbeiten ließen. Im Gegensatz zu Guyana und
Surinam erlangte Französisch-Guayana aber nie seine Un-
abhängigkeit, sondern behielt bis heute den Status eines
französischen Übersee-Departements. Wegen seiner unmit-
telbaren Nähe zum Äquator eignet es sich gut zur Überwa-
chung von Weltraumsatelliten, so daß man im Jahre 1967 in
der Nähe von Kourou ein französisches Raumforschungs-
zentrum errichtete, von dem aus später auch die Ariane-
Raketen gestartet wurden.

Die Technologie des Weltraumzeitalters steht in starkem
Kontrast zum Rest des Landes. Obwohl Französisch-Guayana ungefähr so groß ist wie Österreich, hat es nur 75 000
Einwohner, bei denen es sich vorwiegend um farbige Nachfahren der Sklaven handelt, die während der Kolonisation ins
Land gebracht wurden. Mehr als 95 Prozent der Bevölkerung
lebt in der Küstenregion, die etwa 20 Prozent der Landmasse
ausmacht. Die restlichen 80 Prozent sind von nahezu unbe-
rührtem Regenwald bedeckt und spärlich von Indianern und
Schwarzen besiedelt.

Die Nacht war bereits hereingebrochen, als wir das Hotel
Montabo erreichten, eine vornehme Unterkunft auf einem
Hügel, von dem aus man ganz Cayenne überblicken konnte.
Wir betraten die Eingangshalle und mußten uns durch
elegant gekleidete französische Touristen einen Weg zum
Empfang bahnen. Wir hatten keine Zimmer reserviert –
Mittermeier hatte geschworen, es sei nicht nötig –, aber nun
schüttelte der Empfangschef bedauernd den Kopf. Man
befand sich mitten in der Urlaubssaison für die Angestellten
des Raumforschungszentrums, berichtete er, und alle Hotels
der Stadt seien vollständig belegt.

32

In diesem Moment tippte jemand auf Mittermeiers Schulter. Hinter uns stand ein kleiner, stämmiger, mit einem roten T-Shirt und einer weißen Baumwollhose bekleideter Guyaner. Seine Haut war so schwarz, daß sie fast blau wirkte, sein Mund enthielt eine Reihe von Goldzähnen, die jedesmal funkelten, wenn er sein breites, aber doch eher oberflächliches Lächeln zeigte, und seine Augen waren hinter einer reflektierenden Sonnenbrille verborgen. «Ich heiße Gerard», sagte er in einem Englisch, das von einem starken Akzent gefärbt war. «Ich bin Taxifahrer. Wie wäre es, wenn ich Sie zum Hotel Imperial bringe?» Wir waren müde, hungrig, schmutzig, und wir hatten keinen Platz zum Schlafen; mir erschien Gerard wie von Gott gesandt. Mittermeier hatte aber noch nie etwas von einem Hotel Imperial gehört, so daß er ein wenig mißtrauisch war. Da wir keine Wahl hatten, stiegen wir schließlich doch in das Taxi.

Gerard fuhr uns ins Hafenviertel und hielt vor einem alten Gebäude. HOTEL IMPERIAL stand in verblichenen weißen Buchstaben an der schäbigen Fassade. «Messieurs, nous arrivons!» ließ sich Gerard würdevoll vernehmen. Wir bezahlten ihn, luden unser Gepäck aus und gingen zum Empfang. An der Decke bewegte ein altersschwacher elektrischer Ventilator aus Mahagoni träge die heiße, stickige Luft. Alte Kalenderblätter mit Fotos spärlich bekleideter Mädchen zierten die Wand hinter dem Empfang, und in der Halle saßen einige großgewachsene, schlanke farbige Männer und rauchten filterlose Zigaretten.

Schließlich schob ein kräftiger Schwarzer einen Vorhang beiseite und betrat von einem dahinterliegenden Zimmer aus den Empfang. Wieder ein breites Lächeln. «Herzlich willkommen, meine Herren!» sagte er. «Ich habe zwei ausgezeichnete Zimmer für Sie!» Wir bedankten uns, erklärten ihm dann aber, wir seien zwei Studenten mit eingeschränktem Reisebudget, so daß wir uns nur ein einziges, gemeinsames Zimmer leisten könnten. Sein Lächeln verschwand auf der Stelle, und statt dessen erschien ein strenger, unfreundlicher Ausdruck auf seinem Gesicht. «Hören Sie, Messieurs», sagte er. «Wir haben zwei ausgezeichnete Zimmer für Sie.

33

Sie wollen doch sicher keinen Ärger machen, oder?» In dieser Art ging das Gespräch einige Zeit hin und her – er bot uns zwei Luxussuiten an, während wir einwandten, daß wir uns nur ein Zimmer leisten konnten. Zuletzt zog Mittermeier einige Geldscheine aus der Tasche, legte sie auf den Tresen und erklärte, wir würden jetzt auf unser Zimmer gehen und dann am nächsten Tag wieder abreisen. Der Mann, der zwar empört, aber auch ein wenig unsicher dreinblickte, händigte uns darauf widerwillig einen Zimmerschlüssel aus.

Am nächsten Morgen frühstückten wir im Stadtzentrum. Die kleinen Cafés an der Place des Palmistes hätten sich ebensogut in einer beliebigen Küstenstadt Frankreichs befinden können. Eine hübsche Kellnerin servierte uns Croissants, frische Baguettes, Camembert und starken Zichorienkaffee. An den Wänden warben Plakate für Kronenbourg-Bier und die neusten französischen Filme, während aus der Musikbox die Stimme von Edith Piaf erklang. An einem der Nachbartische saßen Raumfahrtingenieure, die ihre Taschenrechner traktierten und lautstark in pariserisch gefärbtem Französisch diskutierten, während auf der anderen Seite einige versteinert aussehende, braungebrannte Männer in der Uniform der Fremdenlegion Platz genommen hatten. «Die Küstenregion unterscheidet sich im Grunde nicht sehr von Frankreich», erklärte Mittermeier. «Aber keine Angst, das Binnenland gehört ganz dem Amazonas.» Wir bezahlten die Rechnung und gingen auf den Wochenmarkt, um Vorräte einzukaufen.

Der größte Teil der Gebäude in Cayenne stammt aus dem 18. Jahrhundert. Die engen Straßen, die dicken grauen Mauern, die schwarzen, schmiedeeisernen Balkone und die versteckten Patios mit ihren plätschernden Springbrunnen haben große Ähnlichkeit mit dem French Quarter meiner Heimatstadt New Orleans. Einen Wochenmarkt wie den in Cayenne findet man allerdings nur in den Tropen. Füllige, dunkelhäutige Frauen in Kattunkleidern und farbenprächtigen Tüchern boten die unterschiedlichsten Dinge zum Kauf an, angefangen bei hölzernen Skulpturen über Macheten bis hin zu Amuletten. Indianer aus den Wäldern verkauften kreischende junge Tukane, während portugiesisch sprechende Fischer aus Brasilien ihren morgendlichen Fang feilboten. Den überwältigendsten Eindruck hinterließ bei mir allerdings die riesige Auswahl exotischer Früchte: bittersüße Purpurgranadillen, sahnige Paranüsse, die honigsüßen Hülsen der Ingabäume und herbe Guajaven.

Ein anderer Teil des Marktes bestand aus Souvenirständen. Dort gab es Aschenbecher aus den kobaltblauen Flügeln des Morphofalters, künstliche Blumen aus den Federn des vom Aussterben bedrohten Roten Sichlers, Lesezeichen aus der Haut der *Boa constrictor*, getrocknete Piranhas, die an kleinen hölzernen Gestellen aufgehängt waren, und ausgestopfte junge Kaimane, die auf ihren Hinterbeinen standen, in leuchtend rosa Pyjamas gekleidet waren und gleichfarbige Schirme trugen. Bestürzend war weniger die Tatsache, daß hier Tiere für das Kunsthandwerk ihr Leben lassen mußten – schließlich zählen manche Elfenbeinschnitzereien zu den größten Kunstschätzen der Welt –, sondern daß sie in so dilettantischer und entwürdigender Art und Weise verarbeitet wurden. Gleich darauf entdeckte ich hüfthohe, mit toten Papageien gefüllte Papiersäcke. Es waren Hunderte von Vogelkadavern – die «Ernte» eines einzigen Tages.

«Wozu werden die denn gebraucht?» fragte ich schockiert.

«Ich stopfe sie aus und verkaufe sie an französische Touristen», antwortete eine in der Nähe sitzende farbige Frau von enormer Leibesfülle. «Wenn Sie morgen früh wiederkommen, können Sie einen besonders schönen und großen Hellroten Ara kaufen, den ich ganz speziell für Sie anfertige!»

Es war früher Nachmittag, als wir die benötigten Ausrüstungsgegenstände wie Hängematten, Macheten, Moskitonetze, Kochtöpfe und Nahrungsmittel wie Reis, Cracker und gesalzenen Fisch endlich beisammen hatten. In der Stadt hielt man hinter den geschlossenen Fensterläden bereits Siesta; viele Geschäfte waren zu, und es befanden sich nur noch wenige Menschen auf den Straßen. Die Hitze und die hohe Luftfeuchtigkeit begannen auch bei uns ihren Tribut zu fordern, und so flüchteten wir uns in eines der Cafés zu einem großen, kühlen Bier.

Wir waren die einzigen Gäste, nur an einer Ecke der Bar saß noch ein kleiner, alter Franzose. Er war ganz in Schwarz gekleidet, trug eine schmuddelige graue Baskenmütze und trank Schnaps. Die Kellnerin, die unsere Blicke bemerkt hatte, flüsterte uns zu: *«Le bagne, messieurs»* – die Strafkolonie. Der alte Mann war einer der letzten Überlebenden jenes schrecklichen Ortes, der als Teufelsinsel bekannt geworden ist.

In der Mitte des 19. Jahrhunderts wußten die Franzosen nicht recht, wie sie mit Französisch-Guayana, ihrer unterbevölkerten und unterentwickelten Kolonie auf dem südamerikanischen Kontinent, verfahren sollten. Schließlich verfielen sie auf die gleiche Lösung, die sich die Engländer für Australien ausgedacht hatten: Man schickte Sträflinge in die Kolonie. Damit entledigte man sich nicht nur der unerwünschten Elemente, sondern gewährleistete gleichzeitig einen regelmäßigen Zustrom von Menschen französischer Nationalität nach Übersee und stellte sicher, daß das Land nicht von Brasilien annektiert wurde. Zwischen 1852 und 1938 wurden auf einem alten, mit Käfigen ausgestatteten deutschen Frachter 70 000 Gefangene in die Kolonie verschifft. Um Aufruhr und Rebellion zu unterbinden, waren Dampfventile an den Käfigen angebracht, mit denen man aufsässige Gefangene verbrühen konnte – ein unmißverständlicher Vorgeschmack auf die Hölle, die ihnen bevorstand.

In der Kolonie wurde den Gefangenen selbst die notwendigste medizinische Versorgung vorenthalten, so daß viele einen langsamen und elenden Tod starben, verursacht durch Parasiten, Ruhr, Malaria, Vitaminmangel, Elephantiasis und andere tropische Krankheiten. Brutale Wärter folterten die Häftlinge oft zu Tode, so daß letztlich nur wenige das Martyrium der Gefangenschaft überlebten, was Victor Hugo dazu veranlaßte, Französisch-Guayana als «Trockene Guillotine» zu bezeichnen.

Die Schwerverbrecher wurden auf drei kleine Inseln verbannt, die etwa 15 Kilometer vor der Nordostküste liegen.

Die Ile Royale war für die Unverbesserlichen bestimmt, St-Joseph beherbergte diejenigen, die zu Einzelhaft verurteilt waren, und die Teufelsinsel war politischen Gefangenen und Ausbrechern vorbehalten. Die Teufelsinsel war das kleinste der Eilande – nur etwa 1200 mal 400 Meter groß – und von den anderen Inseln durch gefährliche Meeresströmungen getrennt. Um Fluchtversuche zu erschweren, aber auch um sich der Toten zu entledigen, wurden die Leichen der Sträflinge in die Meeresarme zwischen den Inseln geworfen, so daß sich dort stets Haie aufhielten. Auf dieser Insel mußte Alfred Dreyfus seine Strafe absitzen, der unberechtigterweise des Verrats bezichtigt worden war, ebenso wie Henri Charrière (besser bekannt als Papillon), der einen Zuhälter ermordet hatte. Charrière gelang es schließlich, auf einem Kokosnußfloß zu entkommen.

Die armen Teufel, die ihre Zeit in Französisch-Guayana absitzen mußten, wurden oft doppelt bestraft. Hatte ein Mann beispielsweise eine zehnjährige Strafe wegen Totschlags verbüßt, mußte er häufig noch ein weiteres Jahrzehnt in der Kolonie bleiben, um den Beweis anzutreten, daß seine Wiedereingliederung in die Gesellschaft gute Aussichten auf Erfolg hatte und somit einer Rückkehr nach Frankreich nichts entgegenstand. Das Ergebnis dieses Verfahrens war natürlich, daß die Mehrzahl der Gefangenen zwischenzeitlich entweder verstorben oder ihren Familien physisch und emotional so entfremdet war, daß sie es vorzogen, in Französisch-Guayana zu bleiben. Auch in dem von Falten durchzogenen Gesicht des alten Cafébesuchers hatten die Jahre des Leids und der Einsamkeit tiefe Spuren hinterlassen.

Wir brachten die Vorräte für unsere Expedition zum Hotel zurück und begannen für die bevorstehende Abreise zu packen. Während wir unsere Habseligkeiten ausbreiteten und dabei waren zu entscheiden, wie das Gepäck am besten zu verteilen sei, wurde plötzlich die Tür geöffnet. Im Türrahmen lehnte eine bildhübsche Mulattin, vermutlich Nachfahrin schwarzer, chinesischer und französischer Ahnen. Sie hatte hoch angesetzte Wangenknochen, glatte schwarze Haare und eine Hautfarbe, die der von *café au lait* glich, und trug nichts als einen seidenen Morgenmantel. Die junge Frau forderte uns auf, sie und ihre Freundinnen in den anderen Räumen des Stockwerks zu besuchen; sie alle wollten die amerikanischen Besucher in ihrem Land willkommen heißen. Mit einem spitzbübischen Lächeln drehte sie sich um und schloß die Tür wieder hinter sich.

Mittermeier und ich schauten uns überrascht an, um dann in lautes Gelächter auszubrechen. Nach Luft schnappend fragte er: «Meinst du, wir kriegen unsere Ausgaben auch erstattet, wenn die Uni herausfindet, daß wir in einem Bordell übernachtet haben?»

Die Sonne war noch nicht aufgegangen, als wir unsere Rucksäcke schulterten und das Hotel verließen, um den Führer zu treffen, den Mittermeier noch am Tag zuvor angeheuert hatte. Wir überquerten den Marktplatz, der um diese Zeit völlig verwaist war, sah man von ein paar Geiern ab, die sich lautstark um einige Stücke Abfall stritten.

Georges erwartete uns bereits am Hafen. Er war schwarz, von gewaltigen Körperausmaßen und nur mit einer roten Badehose bekleidet, die allerdings fast vollständig von seinem mächtigen Bauch verdeckt wurde. Mit einem «Bonjour», einem schüchternen Lächeln und einem kräftigen Händedruck begrüßte er uns und dirigierte uns in Richtung eines Bootsstegs. Bei seinem Gefährt handelte es sich um einen etwa drei Meter langen Einbaum mit einem 9-PS-Außenbordmotor. Als mir klar wurde, daß wir mit diesem winzigen Gefährt auf den Atlantik hinausfahren sollten und dann den Kaw-Fluß hinauf, um nach Riesenkrokodilen zu suchen, blickte ich Mittermeier ungläubig an. «Bist du verrückt geworden?» fragte ich ihn.

Er lächelte beruhigend und sagte: «Tut mir leid, aber die Queen Mary war bereits ausgebucht. Also, steig ein!»

Wir beluden das Kanu, lösten das Tau, und Georges stieß mit einem zerbrochenen Paddel vom Bootssteg ab. Nachdem wir tieferes Wasser erreicht hatten, zog er mehrmals das Startseil, bis der Motor ansprang und wir auf den Ozean hinaustuckerten. Salzgeruch stieg mir in die Nase, und schon nach kurzer Zeit setzte ein kalter Regen ein. Bis zu einem Meter hohe Wellen schlugen über dem Bug zusammen, und das Boot begann sich mit Wasser zu füllen. Das winzige Gefährt war ebensogut zu manövrieren wie ein Korken in einem Wildwasserbach. Ich wurde seekrank und mußte mich über die Bootswand hinauslehnen. Im Augenblick machte ich mir noch wenig Sorgen über die Krokodile; es waren vielmehr die Haie, die mir Kopfzerbrechen bereiteten.

Nach etwa zwei Stunden drehte Georges hart nach rechts ab, und wir fuhren in die Mündung des Kaw-Flusses ein. Hier war das Wasser ruhiger, und auch der Regen hatte eine Pause eingelegt. Dafür verschluckte ein unheimlicher Nebel die Welt um uns herum. *«Bienvenue à la terre du caiman noir»*, sagte Georges. «Willkommen im Land des Schwarzen Kaimans!»

Als sich der Nebel lichtete, sah ich, daß der Fluß mit winzigen Augen übersät war, die wie kleine Periskope von Unterseebooten über die Wasseroberfläche lugten. Sie gehörten den Vieraugen, kleinen Fischen, deren Augen durch eine horizontale Hautfalte in eine obere und eine untere Hälfte geteilt sind. Mit dem oberen Teil des Auges können sie über Wasser, mit dem anderen Teil unter Wasser sehen, so daß sie perfekt an die trüben Gewässer der Flußmündungen, wo sie nach auf dem Wasser treibenden Insekten suchen, angepaßt sind. Wenn sie aufgeschreckt werden (Georges demonstrierte das durch Werfen eines Stocks), schlittern sie wie wild geworden über die Wasseroberfläche, unbeholfenen fliegenden Fischen ähnlich, die es nicht schaffen, sich in die Luft zu erheben.

Am Ufer tauchte langsam der Wald aus dem Dunst auf. Kleine und große, dicke und dünne, blühende und abgestorbene Bäume standen in einem lautlosen Kampf um das lebenspendende Sonnenlicht ineinander verschlungen und verkeilt. Die Vegetation war dicht und unvorstellbar vielfältig – Bäume, Kräuter, Pilze, Kletterpflanzen, Orchideen, Farne, Würgefeigen, Büsche, Flechten und Moose –, dabei waren wir noch nicht einmal in den eigentlichen Urwald vorgedrungen.

Verantwortlich für eine derartige Vielfalt unterschiedlicher Lebensformen sind die feuchtwarmen Klimabedingungen des Regenwaldes. In diesem natürlichen Gewächshaus mit regelmäßigen Regenfällen und einer hohen Luftfeuchtigkeit können Pflanzen und Tiere das ganze Jahr über wachsen und sich fortpflanzen, denn es gibt keinen Winter, der den Lebenszyklus brutal unterbricht.

Das Alter des Ökosystems Regenwald ist ein weiterer Faktor, der zum Reichtum tropischer Lebensformen beiträgt. Der Regenwald existiert schon seit Millionen von Jahren, so daß es ausreichend Zeit für die ständige Entwicklung neuer Arten gab. Im Laufe dieser großen Zeitspanne haben natürlich auch Klimaänderungen stattgefunden. Während der Trockenperioden wurden aus großen, zusammenhängenden Waldflächen einzelne Waldinseln, die durch Savannen voneinander getrennt waren. In den isolierten Gebieten entwickelten sich häufig neue Arten. Wenn dann die Trockenheit endete, wuchsen die Inseln wieder zusammen, mit dem Ergebnis, daß es jetzt mehr Tier- und Pflanzenarten gab als zuvor.

Die unterschiedlichen Bedingungen in sogenannten Mikrobiotopen spielen ebenfalls eine Rolle bei der schnellen Entwicklung neuer Arten. Mikrobiotope sind spezielle, in ihrer Größe begrenzte und voneinander getrennte Lebensräume. In einem großen Urwaldbaum können beispielsweise fünf Mikrobiotope vorhanden sein. Das oberste wäre die Wind und Wetter ausgesetzte Baumkrone, in der nur wenige kleine Epiphyten wachsen. Solche «Aufsitzerpflanzen» decken ihren gesamten Nährstoff- und Feuchtigkeitsbedarf aus der Luft, dem Regen und aus herabfallenden organischen Bestandteilen. Die Zone direkt darunter ist bereits besser vor den Unbilden des Wetters geschützt, so daß dieses Biotop häufig von größeren Epiphyten dominiert wird. Danach folgt der oberste, zumeist recht trockene Teil des Baumstammes, an dem nur einige kleinere Krustenflechten wachsen können. Im darunterliegenden Mikrobiotop findet man ein sehr viel reichhaltigeres Wachstum von Moosen und Flechten, und im letzten Abschnitt, also an der Basis des Stammes, gedeihen besonders Moose sehr üppig, speziell in den schattigen Nischen zwischen den typischen Brettwurzeln, die von den großen Urwaldbäumen gebildet werden, um sich im nicht sehr tiefen Boden verankern zu können. Jedes dieser Mikrobiotope stellt einen Lebensraum für unterschiedliche Gruppen von Insekten, Amphibien und anderen Tieren dar. Und wie bei den bekannten russischen Matroschkas kann jede Art wieder ihr eigenes Kleinstbiotop innerhalb des Mikrobiotops bewohnen. So leben beispielsweise bestimmte Milben ausschließlich im Nasen-Rachen-Raum einer bestimmten Papageienart, kommen also nirgendwo sonst auf der Erde vor. Auf diese Weise vervielfacht sich der beachtliche Artenreichtum also nochmals.

Mittermeier bat Georges, das Boot zu einem riesigen Feigenbaum zu lenken, der am Ufer stand. Unter dem Baum nahm Mittermeier seine Machete und schlug einen der untersten Äste ab. Darauf wuchs eine Pflanze, die Ähnlichkeit mit dem Fruchtschopf einer reifen Ananas hatte. Mittermeier erklärte, daß es sich um eine Bromelie handelte mit einer typischen, stets mit Wasser gefüllten, becherartigen Vertiefung in der Mitte. Auch diese «Zisterne» ist ein kleines Biotop, und tatsächlich zappelten in dem kleinen Blattbecher winzige Mückenlarven und kleine, schwarzgraue Kaulquappen.

Wie ich erfuhr, kommen in diesen Zisternen neben den beiden genannten Tierarten auch noch verschiedene Algen, Protozoen, Libellenlarven und zahlreiche andere Insekten vor. Außerdem dienen sie Salamandern, Schlangen und Fröschen als Lebensraum, von denen einige nur auf solchen Bromelien leben. Als Gegenleistung erhalten die Bromelien einen Teil ihrer Nährstoffe aus den Ausscheidungen ihrer Bewohner und durch verwesende Kadaver. In einer in Costa Rica durchgeführten Studie konnte gezeigt werden, daß insgesamt über 250 unterschiedliche Lebewesen in einer einzigen Bromelienart vorkommen oder zumindest in irgendeiner Form von ihr abhängig sind.

Als wir um eine Flußbiegung kamen, lösten wir einen riesigen Spektakel aus – ein Kreischen und Flügelschlagen, wie ich es noch nie gehört hatte. Drei etwa fasanengroße Vögel saßen auf den Ästen eines abgestorbenen Baumes. Irgendwie sahen diese plumpen Tiere aus, als seien sie aus einer Kreuzung zwischen einem Huhn und einem Flugsaurier hervorgegangen – vor allen Dingen aber strömten sie einen üblen Geruch aus.

Diese, als Schopfhühner oder Hoatzins bekannten Vögel haben lange braune und orangefarbene Schwanzfedern, einen ebenso gefärbten Schopf und eine weiße Brust. Am auffälligsten sind jedoch ihre winzigen Köpfe mit dem glatten hellblauen Gesichtsgefieder und den leuchtendroten Augen. Als unbeholfene Flieger reagierten die Vögel bei unserem Auftauchen mit Geschrei und einer halbherzigen Flucht in die nächsten Büsche.

Gleich darauf deutete Mittermeier auf einige junge Hoatzins, die bei unserem Auftauchen kopfüber in den Fluß gestürzt waren. Als sie jetzt versuchten, auf den Baum zurückzugelangen, auf dem noch kurz zuvor ihre Eltern gesessen hatten, benutzten sie nicht nur ihre Füße, sondern außerdem noch Klauen am Ende jedes Flügels! Irgendwie sahen sie aus wie lebende Exemplare des Archäopteryx, des ältesten uns bekannten Vogels, der in der Jurazeit vor etwa 200 Millionen Jahren lebte und ebenfalls Klauen an den Flügeln hatte. Mittermeier versicherte mir, daß wir keine lebenden Archäopteryxe vor uns hatten, sondern seltsame, entfernte Verwandte des Kuckucks. Trotzdem gehört der Hoatzin wohl zu den urtümlichsten Vögeln, denn man vermutet, daß es ihn schon seit etwa 26 bis 54 Millionen Jahren gibt.

Nachdem wir die vorsintflutlichen Vögel hinter uns gelassen hatten, schnitt Mittermeier die weniger erfreulichen Aspekte unserer Suche nach dem Schwarzen Kaiman an: Als eines der größten Raubtiere des Amazonasgebietes erreicht er eine Länge von über neun Metern und verschmäht auch Menschenfleisch nicht. Als der große britische Naturforscher Henry Walter Bates Mitte des 19. Jahrhunderts das brasilianische Amazonasgebiet bereiste, wurde er Zeuge einer besonders grausigen Begebenheit:

Ein Schiff mit Handelsware war [in Caicara] angekommen, und die Besatzung verbrachte wie gewöhnlich die ersten ein oder zwei Tage nach der Ankunft im Hafen mit ausschweifenden Trinkgelagen. Während der größten Hitze des Tages, als sich fast alle Bewohner ein Mittagsschläfchen genehmigten, kam einer der angesäuselten Männer auf die Idee, ganz allein ein Bad zu nehmen. Der einzige Zeuge war... ein altersschwacher Mann, der in seiner Hängematte lag... und dem angetrunkenen Indianer noch zurief, sich vor den Schwarzen Kaimanen in acht zu nehmen. Bevor er seine Warnung wiederholen konnte, kam der Mann ins Stolpern, und ein aufgerissenes Maul, das plötzlich an der Wasseroberfläche erschien, ergriff ihn bei der Taille und zog ihn unter Wasser. Ein Todesschrei «Ai Jesus!» war das letzte Lebenszeichen des unglücklichen Opfers. Das Dorf geriet in Aufruhr. Die jungen Männer ergriffen ihre Harpunen und rannten zum Ufer hinunter, aber es war zu spät. Außer einer gewundenen Blutspur auf der Wasseroberfläche war nichts mehr zu sehen. Rachedurstig bestiegen die Männer ihre Kanus: Das Ungetüm wurde verfolgt, und als es nach einiger Zeit zum Atmen an die Oberfläche kam – ein Bein des Mannes schaute noch aus dem Maul heraus –, wurde es unter heftigen Flüchen getötet.

Wir waren nach Französisch-Guayana gekommen, um festzustellen, ob der Schwarze Kaiman auch in diesem Gebiet vorkam. Nach der gültigen zoologischen Auffassung waren diese Krokodile nur im Amazonasbecken heimisch und nicht in den Guayanaländern, die durch ein Gebirge zumindest teilweise vom Amazonastiefland getrennt sind. Da der Schwarze Kaiman in vielen Teilen seines eigentlichen Verbreitungsgebietes so gut wie ausgestorben ist, wäre das Auffinden einer neuen, gesunden Population, die durch Schaffung eines Schutzgebietes erhalten werden könnte, eine ausgezeichnete Möglichkeit, das Überleben dieser Reptilienart zu sichern.

Bei vorangegangenen Expeditionen nach Französisch-

Guayana hatte Mittermeier gehört, der *caiman noir* sei in abgelegenen Gebieten des Inlandes gesichtet worden. Es gelang ihm, die Quelle dieser Gerüchte ausfindig zu machen – einen ehemaligen Jäger, der sich zum Naturschützer gewandelt hatte. Gerade Jäger entwickeln sich oft zu den leidenschaftlichsten Umweltschützern (Theodore Roosevelt und sein Zeitgenosse William Hornaday, der schließlich Direktor des Zoologischen Gartens in der New Yorker Bronx wurde, sind zwei bemerkenswerte Beispiele für eine solche Wandlung). Da Berufsjäger – schon aufgrund ökonomischer Zwänge – die von ihnen gejagten Tiere in der Regel sehr gut kennen, hielt Mittermeier eine genaue Nachforschung durchaus für angebracht, als er hörte, es sei ein «großer weißer Jäger» gewesen, der behauptet hatte, die Kaimane würden auch in Französisch-Guayana vorkommen.

Mancher wird es vielleicht unverständlich finden, daß jemand vom Aussterben bedrohte Krokodile schützen und untersuchen möchte. Schließlich sind Reptilien in vielen Teilen der Erde verhaßt und gefürchtet, gleichsam Symbole des Bösen und Ursache für den menschlichen Sündenfall im Paradies. Die Einstellung der europäischen Siedler, die sich im 19. Jahrhundert am Amazonas niederließen, spiegelt diese einseitige, gegen Reptilien gerichtete Denkweise wider, und Henry Walter Bates beschreibt, was für Folgen sie hatte:

> Während einer fünftägigen Reise, die ich seinerzeit auf einem Amazonasdampfschiff unternahm, waren am Ufer fast auf Schritt und Tritt Schwarze Kaimane zu sehen, und die Passagiere unterhielten sich von morgens bis abends damit, auf sie zu schießen.

In den sechziger Jahren des letzten Jahrhunderts waren, wie Bates schreibt, die Schwarzen Kaimane am Amazonas so häufig wie Kaulquappen in einem englischen Tümpel. Dann gerieten sie allerdings durch die ausgezeichnete Qualität ihrer Haut und des damit verbundenen kommerziellen Interesses an den Rand des Aussterbens. 1950 exportierte allein

44

der brasilianische Bundesstaat Pará etwa fünf Millionen Häute des Schwarzen Kaimans.

Das Ergebnis der übermäßigen Bejagung war die fast völlige Ausrottung dieser Reptilien. Als Mittermeier in den siebziger Jahren das brasilianische Amazonasgebiet bereiste, sah er in acht Jahren nur einen einzigen Schwarzen Kaiman.

Unser besonderes Interesse an dieser Krokodilart, die wir als Umweltschützer natürlich erhalten wollten, lag auch darin begründet, daß sich der Rückgang der Schwarzen Kaimane negativ auf die Lebensbedingungen der Bevölkerung des Amazonas auszuwirken schien. Für die dort wohnenden Menschen ist Fisch die Hauptproteinquelle. Erstaunlicherweise gab es mit dem Verschwinden der Schwarzen Kaimane in Brasilien auch einen einschneidenden Rückgang in der Population eßbarer Fische. Die Tatsache, daß der Amazonas in weiten Teilen ein nährstoffarmer Fluß ist, hat den deutschen Ökologen E. J. Fittkau zu der These veranlaßt, Schwarze Kaimane hätten bisher eine wichtige Rolle bei der Nährstoffkonzentration gespielt. Die Reptilien leben normalerweise in Tümpeln und Sümpfen neben dem eigentlichen Flußbett. Dort reichern sich ihre Exkremente an und bilden so die Hauptnahrungsquelle für das am Anfang der Nahrungskette stehende Plankton, also der im Wasser treibenden Kleinlebewesen, von denen sich wiederum ein großer Teil der Fischbrut ernährt. Durch die Ausrottung der Kaimane verschwanden auch die natürlichen «Kinderstuben» der Fische und als Folge davon die Fische selbst. Dieses Beispiel unterstreicht die außerordentlich komplizierten Wechselbeziehungen des tropischen Lebensraumes und zeigt, wie menschliche Eingriffe einen negativen Einfluß auf das gesamte Ökosystem und damit auch auf das menschliche Wohlergehen selbst haben können.

Während wir unsere Fahrt fortsetzten, mußte ich mehr und mehr feststellen, wie sehr ich unseren kreolischen Bootsführer unterschätzt hatte. Georges war mir ursprünglich wie ein gutmütiger, wohlgenährter Stadtmensch vorgekommen, der sich das Boot eines Freundes geliehen hatte, um einmal den Urwaldführer zu spielen und sich zusätzlich einen kleinen Nebenverdienst zu sichern. Das Gegenteil war der Fall, denn Georges entpuppte sich während unserer Reise als ausgezeichneter Naturkenner, der beispielsweise in der Lage war, sämtliche Tiere an ihren Lautäußerungen zu erkennen. Kurz vor einer Flußbiegung sagte er, wir sollten unbedingt einen Blick auf die Roten Sichler werfen, deren Nester sich auf einem abgestorbenen Baum hinter der nächsten Kurve befinden würden. Wir fuhren um die Biegung, und da waren sie – Vögel von einem so leuchtenden Rot, wie ich es noch nie gesehen hatte. Sie saßen auf den Ästen eines Avocadobirnbaumes, der dadurch fast wie ein geschmückter Weihnachtsbaum wirkte.

Plötzlich wurde die Stille durch zwei ohrenbetäubende Explosionen unterbrochen. Mittermeier und ich beugten uns erschreckt nach vorn und hielten uns die Ohren zu. Als wir uns einen Moment später umdrehten, sahen wir, daß Georges ein Gewehr im Anschlag hatte. Er lachte und deutete auf einige Farbflecke, die vor uns im Fluß trieben. Es waren zwei Rote Sichler, die er von dem Baum heruntergeschossen hatte. Die großartigen Vögel, die noch Augenblicke zuvor Teil eines Naturschauspiels gewesen waren, glichen nun, inmitten der ausgerissenen Federn und des vielen Blutes, zerbrochenem Spielzeug, das jemand fortgeworfen hatte.

Mittermeier und ich waren sprachlos, aber Georges drosselte in aller Ruhe den Motor und lenkte das Kanu mit dem Paddel näher an die Vögel heran. Dann zog er sie ins Boot und legte sie zu seinen Füßen nieder. «Mein Abendessen!» sagte er mit einem verlegenen Lächeln, um dann wieder Gas zu geben und die Fahrt flußaufwärts fortzusetzen.

Während wir weitertuckerten, hielt Mittermeier am Bug des Bootes nach Schwarzen Kaimanen Ausschau. Plötzlich bedeutete er Georges anzuhalten. Mittermeier stierte über den Bug, die Augen weit aufgerissen – und dann sprang er kopfüber in den Fluß. Ich erinnere mich genau, daß ich in diesem Augenblick glaubte, er müsse den Verstand verloren haben.

Kurz darauf tauchte er wieder auf und wuchtete mit einem

Triumphschrei eine große Schildkröte ins Boot. Es war eine Fransenschildkröte, ein grotesk aussehendes Reptil, das nur im Amazonasgebiet vorkommt. Diese Tiere, die ein wenig so aussehen, als zeigten sie ein immerwährendes, verschmitztes Lächeln, haben einen abgeflachten, vorn in einen biegsamen Schnorchel auslaufenden Kopf mit herabhängenden, zottigen Hautlappen, winzige Augen und drei Längsreihen großer Höcker auf ihrem Panzer.

Wenn Fransenschildkröten regungslos auf dem Flußgrund liegen, erinnern Jungtiere an ein abgestorbenes Blatt, ältere Exemplare dagegen eher an alte Autoreifen. Ihre Nahrung besteht fast ausschließlich aus Fischen, die sie auf recht ungewöhnliche Weise fangen: Der Unterkiefer der Schildkröte endet in einem knorpeligen Anhängsel, das Fische leicht mit einem Stück faulenden Pflanzenmaterials verwechseln. Nähert sich nun ein Fisch, um von dem vermeintlichen Pflanzenrest zu fressen, reißt die Fransenschildkröte ihr Maul weit auf, wodurch ein starker Sog entsteht, der das überraschte Opfer in den Schlund des Reptils reißt.

Mittermeiers Freude, diese Schildkröte gefunden zu haben, war nur allzu verständlich, denn wie der Schwarze Kaiman gehört auch die Fransenschildkröte zu den Tierarten, die angeblich in Französisch-Guayana nicht vorkommen. Mittermeier glaubte allerdings, es könnte eine Art «Leck» existieren, durch das Pflanzen und Tiere aus dem eigentlichen Amazonasbecken nach Französisch-Guayana «einsickerten». Der östliche Teil der Tumucamaque-Berge zieht sich nämlich nicht ganz bis zur Küste hin, so daß möglicherweise Arten aus dem Amazonasbecken nach Französisch-Guayana einwandern könnten. In gespannter Erwartung fuhren wir weiter flußaufwärts.

Inzwischen befand sich die Sonne senkrecht über unseren Köpfen. Die Hitze und die hohe Luftfeuchtigkeit waren erdrückend, wobei wir die Wahl zwischen zwei Übeln hatten: Entweder konnten wir unsere Hemden ausziehen und uns einen Sonnenbrand holen, oder wir konnten sie anlassen und uns zu Tode schwitzen. Wir schütteten den Inhalt der mitgeführten Feldflaschen über unseren Köpfen aus, um uns so ein wenig Abkühlung zu verschaffen, während wir unablässig dabei waren, die Ufer des Flusses nach den Anzeichen der großen Reptilien abzusuchen. Aufgrund der unzähligen Tarzan-Filme, die ich als Kind gesehen hatte, erwartete ich, die Krokodile regungslos auf irgendeiner Sandbank liegen zu sehen, jederzeit bereit, sich ins Wasser zu stürzen, um unser Boot anzugreifen.

Schließlich lenkte Georges das Kanu ans Ufer und befestigte das Tau am Stamm eines abgestorbenen Guajave-Baumes. Wie sich herausstellte, wollte er in den Wald gehen, um einige Vogelschlingen zu kontrollieren, die er ein paar Tage zuvor ausgelegt hatte. Er forderte uns auf, ihm zu folgen, aber da ich immer noch von dem Erlebnis mit den Roten Sichlern schockiert war, blieb ich beim Boot zurück, während Mittermeier ihn begleitete.

Ich setzte mich in den weichen Sand und genoß die sanfte Brise, die den Fluß hinaufwehte und die Oberfläche des Wassers kräuselte. Grüne Libellen jagten über die Sandbank, und eine riesige Hummel schwirrte vorüber. Dunkle Kaulquappen schwammen im flachen Wasser umher, und eine Gruppe gelbköpfiger Geier bewegte sich kreisend nach Süden und zeigte die Existenz eines Kadavers an. Noch während ich die Vögel beobachtete, sah ich aus den Augenwinkeln heraus eine Bewegung am Flußufer.

Mein erster Gedanke galt dem Schwarzen Kaiman, und ich begann augenblicklich nach einem geeigneten Baum Ausschau zu halten, um mich in Sicherheit zu bringen. Doch bevor ich auch nur eine Bewegung machen konnte, teilte sich das hüfthohe Gras, und ein Tapir trat zum Trinken ans Wasser.

Der Tapir sieht mit seinem schweinsähnlichen Körper, den pferdeartigen Hufen, den Ohren eines Flußpferdes und der Schnauze eines Nashorns aus, als sei er aus den überzähligen Teilen einer Tierpräparatorenwerkstatt zusammengesetzt worden. Ein ausgewachsenes Exemplar kann bis 250 Kilogramm wiegen und ist damit das größte Säugetier im südamerikanischen Regenwald. Da er bei den Indianern als

Delikatesse gilt, ist dieses friedliche, vorwiegend nachtaktive Tier in vielen Gegenden bereits ausgerottet. Daher sind Tapire auch außerordentlich scheu, so daß man sie in offenem Gelände nur sehr selten zu sehen bekommt. Irgendwie fühlte ich mich in eine Zeit zurückversetzt, in der es noch die Möglichkeit gab, die Natur so zu beobachten, wie sie war, bevor der Mensch begonnen hatte, sie zu zerstören.

Das Gras am Ufer bewegte sich erneut, und das Junge des Tapirweibchens kam ebenfalls ans Wasser getrottet. Ausgewachsene Tapire sind von graubrauner Farbe, während das Fell der Jungen braun ist und an den Seiten weißlich-gelbe Punkte und Streifen trägt. Ich war froh, daß Georges und sein Gewehr weit fort waren.

Zwanzig Minuten später kehrten Mittermeier und unser Führer zurück. Die Fallen waren leer gewesen, und Georges murmelte in dem singenden Tonfall seiner kreolischen Sprache einige derbe Flüche. An Mittermeiers süffisantem Lächeln konnte ich erkennen, daß er meine heimliche Freude darüber teilte, Georges mit leeren Händen zurückkehren zu sehen. Wir stiegen wieder in unser Boot und legten ab.

Stunde um Stunde fuhren wir weiter flußaufwärts. Die Sonne brannte gnadenlos auf uns nieder, und unser Gefährt war viel zu langsam, als daß uns der Fahrtwind hätte Kühlung verschaffen können. Die geringe Geschwindigkeit und die erbarmungslose Hitze gaben uns das Gefühl, als seien wir schon tagelang unterwegs, obwohl wir Cayenne erst vor weniger als acht Stunden verlassen hatten. Plötzlich nahm Georges das Gas völlig zurück. Vor uns befand sich ein großes, geheimnisvolles Objekt, das auf uns zutrieb. «*Regardez ça*», flüsterte Georges. «Nun schaut euch das an!»

«Was ist das? Was schwimmt denn dort?» fragte ich in meinem stockenden Französisch.

«C'est un caiman noir!»

Mein Adrenalinspiegel begann zu steigen, während das Krokodil näher und näher herantrieb. Das Tier war tot, denn es schwamm mit der Bauchseite nach oben, und es war so riesig – beinahe doppelt so lang wie unser Boot –, daß es mir eher wie ein toter Dinosaurier vorkam. Georges manövrierte das Kanu an den Kadaver heran, und wir hielten Ausschau nach einer Schuß- oder Speerwunde, da ein Tier dieser Größe keine natürlichen Feinde hat. Die glatten perlweißen Schuppen der Bauchhaut waren unverletzt, ebenso die glänzenden ebenholzfarbenen Schuppen, die den Kopf, die Seiten und den Rücken bedeckten. Aus der Tatsache, daß keine Wunde sichtbar war, mußten wir schließen, Zeuge eines in der Natur sehr seltenen Vorgangs geworden zu sein – des natürlichen Tods eines Tieres. Wir waren beim Anblick des gewaltigen Krokodils so von Ehrfurcht ergriffen, daß wir weiter nichts tun konnten, als es anzustarren. Sogar die Vögel hörten auf zu singen, als wollten sie dem Ableben dieses Königs der Urwaldflüsse ihren Respekt erweisen.

Der heisere Schrei eines Reihers durchbrach die Stille und erinnerte uns daran, daß wir gekommen waren, um wissenschaftliche Daten zu sammeln, und nicht, um Maulaffen feilzuhalten. Mittermeier holte das Maßband heraus, und wir begannen mit der Arbeit. Allerdings war das Maßband zu kurz und das Reptil so schlecht zu manövrieren, daß es sich als unmöglich erwies, den Kaiman vom Boot aus zu vermessen. Da keiner von uns ins Wasser gehen wollte, überlegten wir gerade, was wir sonst tun könnten, als uns Georges zu Hilfe kam. Er nahm das Maßband und begann, damit die Länge seines Paddels auszumessen. Es war ziemlich genau 135 Zentimeter lang. Damit hatten wir nun eine Meßlatte, mit der wir unseren Fund vom Boot aus vermessen konnten: Das Ungeheuer war fast sechs Meter lang.

Mittermeier teilte Georges mit, daß wir den Schädel des Tieres abtrennen wollten, um ihn als Ausstellungsstück für unser Museum mitzunehmen. Georges verdrehte die Augen; angesichts des Sumpfes um uns herum wäre es eine mühselige Prozedur gewesen, und er wollte auch nicht ein einziges Stück dieser übelriechenden Kreatur in seinem Boot haben. Widerwillig verzichteten wir auf unsere Beute, und als ich über die Schulter zurückblickte, sah ich, wie der Kadaver des großen Krokodils seine Reise zum Meer fortsetzte, um dort als Futter für die Haie zu enden, die hungrig in der Mündung des Kaw-Flusses lauerten.

Im Hochgefühl unserer Entdeckung fuhren wir weiter. Wenige Stunden später erreichten wir Georges' Heimatdorf Kaw, das auf einem leicht erhöhten Teil des Ufers am Rande eines bewaldeten Hügels liegt. Kaw besteht aus schätzungsweise zwanzig Hütten und wird von etwa sechzig Kreolen bewohnt, farbigen Nachfahren der Sklaven, die Ende des 19. Jahrhunderts in die Freiheit entlassen worden waren. Die Behausungen stellen eine seltsame Mischung aus primitiven und modernen Elementen dar. So gibt es beispielsweise viele Strohhütten mit Wellblechdächern, aber auch strohgedeckte Holzhäuser. Später erfuhr ich, daß eine solche Mischung an Orten, an denen der Urwald mit der «zivilisierten» Welt zusammentrifft, nicht ungewöhnlich ist.

Georges setzte das Kanu auf das sandige Ufer und brachte uns zu einer Hütte. Wie es schien, gab man uns die beste Unterkunft, denn es handelte sich um ein hölzernes Gebäude mit Wellblechdach. Leider mußten wir feststellen, daß das moderne Dach sich während des Tages mit Sonnenhitze aufheizte, die dann nachts in die Hütte abgestrahlt wurde. Und wenn es regnete, erinnerte der Lärmpegel an einen Hagelsturm.

Georges entlud das Boot, wobei das willkommenste Mitbringsel ein Sack mit Salz war, das sorgfältig unter den Dorfbewohnern aufgeteilt wurde. Anschließend griff er unter seinen Sitz und holte eine runde Blechbüchse von der Größe einer Thunfischdose hervor. Er öffnete den Behälter, goß eine dickflüssige, ebenholzfarbene Masse in seine Handfläche und zog die Flüssigkeit mit der rechten Nasenöffnung auf. Gleich darauf verdrehte er die Augen, und es schien, als würde er jeden Moment mit Krämpfen zusammenbrechen. Einige Minuten später lächelte er aber bereits wieder, rückte seine Mütze gerade und begann, die restlichen Vorräte ins Dorf zu bringen.

«Georges, was ist das für ein Zeug?» fragte ich, während ich hinter ihm herlief.

«Man stellt es aus der *Mahot-cochon*-Pflanze her», antwortete er.

«Und warum nimmst du es?»

«Es raubt einem für kurze Zeit die Sinne!» Mit dieser wenig ergiebigen Antwort, die von einem schrägen Grinsen begleitet wurde, verschwand er in seiner Hütte.

Nachdem auch ich in unsere Unterkunft zurückgekehrt war, packten Mittermeier und ich die Ausrüstung aus, befestigten unsere Hängematten und nahmen ein aus trockenen Crackern und Ölsardinen bestehendes Abendessen ein. Als es dunkel wurde, kam Georges herüber, um sich davon zu überzeugen, daß wir gut untergebracht waren. Dann sagte er noch, wenn wir einen wirklich großen Kaiman sehen wollten, also nicht so ein halbwüchsiges Tier wie am Nachmittag, sei es am besten, die Suche bei Vollmond durchzuführen. Ich erinnere mich, daß ich damals dachte, dann sei es aber auch am besten, ein Unterseeboot statt eines schwankenden Kanus zu benutzen.

Von einem langen und heißen Arbeitstag erschöpft, krochen wir in unsere Hängematten, und obwohl die Sonne gerade erst unterging, war ich bereits nach wenigen Augenblicken eingeschlafen.

Als wir am nächsten Morgen erwachten, herrschte im Dorf bereits eine rege Geschäftigkeit. Die meisten der Männer, Georges eingeschlossen, waren schon zum Fischen aufgebrochen, die Kinder planschten im Fluß, die Frauen heizten die Kochstellen an, Mädchen saßen singend beim Korbflechten, und einige alte Männer, die nicht zum Fischfang mitgegangen waren, reparierten Boote und erzählten sich die Erlebnisse lang zurückliegender Jagdausflüge.

Ich wäre gern noch ein wenig im Dorf geblieben, um diese fremdartige Kultur auf mich wirken zu lassen, aber Mittermeier sagte, seine teutonische Abstammung ließe es nicht zu, «herumzusitzen und zu faulenzen». Er bestand darauf, den Dschungel zu gehen und nach Affen Ausschau zu halten. Recht angetan von der Aussicht, den Regenwald endlich einmal aus der Nähe betrachten zu können, stimmte ich zu, und so brachen wir kurz danach auf.

In ihren Berichten verglichen viele der ersten Europäer den Urwald mit einer Kathedrale: Die gewaltigen Stämme erschienen ihnen wie Säulen, während das riesige grüne Laubdach wie ein Kirchenschiff wirkte. Dazu kam, daß die enormen Ausmaße der Bäume die Unbedeutendheit des Menschen zusätzlich unterstrichen.

Eigentlich hatte ich geglaubt, der Urwald sei dunkel, aber in Wirklichkeit erreichten trotz des dichten Blätterdachs zahlreiche Sonnenstrahlen den Boden. Irgendwie erinnerte das vielfach vom Laub gefilterte Licht an die Atmosphäre, die an einem späten Sommernachmittag in einem Raum mit Fenstern aus Buntglas herrscht.

Der feuchte Waldboden war mit verfaulenden, braunen und schwarzen Blättern bedeckt, auf einigen abgestorbenen Ästen oder Baumstümpfen wuchsen weiße Pilze, und nur die vereinzelten Polster des winzigen Moosfarns sorgten für etwas Grün. Lianen von der Dicke meines Handgelenks hingen von den oberen Ästen der Bäume bis auf die Erde herab und liefen dann häufig wieder hinauf, so daß es beinahe so aussah, als würden sie den Wald zusammenhalten. Mittermeier wies darauf hin, daß die reiche Vegetation die frühen Entdecker zu der Annahme verleitet hatte, der Urwalduntergrund gehöre zu den besten Böden auf der Erde. Tatsächlich ist genau das Gegenteil der Fall. Der Grund für das reiche Wachstum des Urwaldes ist allein darin zu sehen, daß es sich hier um ein geschlossenes Ökosystem handelt. Wenn Blätter oder abgestorbene Pflanzen herabfallen, setzt sehr schnell die Kompostierung ein, und die Nährstoffe werden sofort wieder in das Ökosystem zurückgeführt. Großflächig abgeholzter Regenwald wächst daher nicht wieder nach, weil die Nährstoffe von den starken tropischen Regenfällen schnell ausgewaschen werden. Aber auch bei vorsichtiger Abholzung erreicht der tropische Regenwald meist nicht wieder seinen ursprünglichen Artenreichtum.

Aufgrund der Mittagshitze herrschte im Wald eine unheimliche Ruhe. Jagd oder Futtersuche finden im Urwald in den frühen Morgenstunden oder am späten Nachmittag statt. Ganz offensichtlich wird die Siesta von allen Lebewesen der Tropen geschätzt.

Eine Ausnahme bildeten rotbraune Ameisen, die rastlos

am Rande des Weges entlangliefen und in ihren hoch in die Luft gestreckten Mandibeln grüne Blattstückchen trugen: die Blattschneiderameisen. Nachdem sie die gesammelten Blätter in ihren Bau getragen haben, zerkauen die Tiere sie zu einem Brei, um anschließend Pilze darauf zu kultivieren, die ihnen als Nahrung dienen. Ganz augenscheinlich können die Insekten nicht ohne ihre Pilze leben, wie auch die Pilze auf die Pflege der Ameisen angewiesen sind, denn bei der Bearbeitung der Pilzgärten legen die Tiere, deren Kolonie über eine Million Mitglieder umfassen kann und die beim Bau ihres Nestes bis zu zwanzig Kubikmeter Erde bewegen, große Sorgfalt an den Tag: Sie entfernen konkurrierende Pilzarten, sie düngen ihre Kulturen, und man nimmt an, daß sie sogar Antibiotika benutzen, um unerwünschte Bakterien fernzuhalten, sowie Hormone, um das Pilzwachstum zu verbessern.

Mittermeier erklärte, daß diese Art der Beziehung zwischen Pflanzen und Tieren im Urwald eher die Regel als die Ausnahme ist. Als weiteres Beispiel kann die Bestäubung gelten, also der Transport des Pollens von der männlichen zur weiblichen Blüte, der meist durch den Wind oder durch Insekten gewährleistet wird. Im Urwald herrscht aber normalerweise so wenig Wind, daß die Pflanzen fast vollständig auf Tiere angewiesen sind. So «benutzen» die Pflanzen des Regenwaldes nicht nur Bienen für die Übertragung des Pollens, sondern noch zahlreiche andere Tiere, etwa Fliegen, Käfer, Fledermäuse, Lemuren, Schmetterlinge, Vögel und sogar Nagetiere.

Die Art der Zusammenarbeit ist oft unglaublich raffiniert: Beispielsweise produzieren Orchideen der Gattung *Gongora* eine berauschende Flüssigkeit, die Bienen nicht nur anlockt, sondern auch betrunken macht. Zusätzlich sind die Blüten so gebaut, daß die «angetrunkenen» Insekten anschließend fast zwangsläufig in den Teil der Pflanze geraten, wo sich die Staubgefäße und der Fruchtknoten befinden. Während die orientierungslosen Insekten nach einem Ausgang suchen, befruchten sie nicht nur die Pflanze, sondern nehmen auch wieder Pollen auf, um ihn zu einer weiteren Blüte zu tragen.

Bei anderen Orchideen sind einige Blütenblätter so geformt und gefärbt, daß sie an weibliche Fliegen erinnern. Männliche Raupenfliegen lassen sich durch diese geschickte Täuschung hinters Licht führen: Während sie versuchen, die vermutete Partnerin zu begatten, bestäuben sie in Wahrheit die Orchidee.

Einige der Substanzen, die viele Pflanzen produzieren, um Blütenbesucher anzulocken, werden von den Menschen schon seit Zehntausenden von Jahren für ihre eigenen Zwecke verwendet, zum Beispiel ätherische Öle, die als Parfüms oder Gewürze benutzt werden.

Inzwischen war es später Nachmittag geworden. Der Wald hatte sich etwas abgekühlt, und die ersten Tiere erwachten zum Leben. Über unseren Köpfen flog ein Schwarm kreischender Sittiche auf, und gleich darauf entdeckten wir frische Capybaraspuren. Mittermeier schien zu überlegen, ob er ihnen folgen sollte, verwarf diesen Gedanken aber wieder. «Wenn wir uns heute nacht noch auf die Suche nach den Kaimanen machen wollen, ist es sicher besser, jetzt ins Dorf zurückzugehen», entschied er.

Georges wartete bereits auf uns. Er saß auf einem Baumstumpf, trug nur eine Turnhose und einen Hut, den er mit einer eleganten roten Papageienfeder geschmückt hatte. «Ich habe einige *Ayumara*-Fische gefangen», sagte er. «Meine Frau wird sie für uns kochen. Gehen wir heute noch auf die Suche nach den Kaimanen, oder wollt ihr lieber bis morgen warten?!»

«Wir können sofort aufbrechen!» antwortete Mittermeier, immer noch ganz der Teutone.

Wir gingen zum Fluß hinunter und stiegen in unser Boot. Ich setzte mich fast auf Georges' Gewehr. «Wofür brauchen wir das denn?» fragte ich. «Es ist doch schon zu dunkel für Vögel.»

«Ich nehme es nicht wegen der Vögel mit, *mon cher*», antwortete er, «sondern wegen des *caiman noir*.»

«Ich habe gar nicht gewußt, daß du Schwarze Kaimane jagst, Georges», sagte Mittermeier.

«Ich will sie nicht jagen. Es ist mehr, um sie ... abzuschrekken!» Mit diesen Worten warf er den Motor an und lenkte das Boot auf den Fluß hinaus.

Vor uns sprangen zahlreiche kleine, silberne Fische aus dem Wasser. Wir schreckten einen Silberreiher auf, der im seichten Wasser nach Futter suchte, und als die Sonne unterging, wurde das Quaken der Frösche so laut, daß das Geräusch unseres kleinen Motors kaum noch zu hören war.

Ich lehnte mich zurück und fragte Georges: «Weißt du, ob irgendwelche der Pflanzen, die hier am Fluß wachsen, als Heilpflanzen benutzt werden?»

«Ich glaube nicht», antwortete er. «Aber wenn du es genau wissen willst, mußt du meine Großmutter fragen.»

Georges stellte den Motor ab und ließ unser Boot auf das Ufer zutreiben. «Was ist los?» wollte Mittermeier wissen. «Hast du irgend etwas entdeckt?»

Ich reckte meinen Hals.

«Dort ist ein *Wapa*!» sagte Georges.

Da ich glaubte, er meine ein Tier, suchte ich weiter das Ufer ab. «Wo?» fragte ich schließlich.

«Dort», sagte er und deutete auf einen dunkelbraunen Baum mit rissiger Rinde. An den Ästen hingen längliche, abgeflachte Schoten, wie sie für Hülsenfrüchtler typisch sind.

«Was ist das?»

«Ich hab's doch gesagt», antwortete Georges. «Ein *Wapa*-Baum!»

Langsam begann ich zu verstehen. «Wird er bei Krankheiten angewendet?»

«Ja. Als ich noch ein Kind war und Zahnschmerzen hatte, gab mir meine Großmutter einen Tee aus der Rinde dieses Baumes zu trinken, und danach hörten die Schmerzen auf.»

Ich nahm mein kleines Notizbuch heraus, schrieb diese ethnobotanische Kostbarkeit auf und beschloß, auf jeden Fall Georges' Großmutter aufzusuchen, sollte ich irgendwann einmal wiederkommen, um Heilpflanzen zu sammeln.

«Hier habe ich mein Boot festgemacht, als ich heute fischen war», sagte Georges.

Ich schaute mich um, konnte aber keinen Grund ausma-

chen, der diesen Platz besonders geeignet erscheinen ließ.
«Warum ausgerechnet hier?»

«Wenn die Fische hören, daß die Hülsen aufspringen,
kommen sie herangeschwommen, um die Samen zu fressen», erklärte er.

«Das ist doch wohl ein Witz», sagte ich ungläubig.
Aber augenscheinlich war es ernst gemeint. Mittermeier
erklärte, daß es ein deutlich hörbares Plop gab, wenn die
Hülsen platzten. Er hielt es aber für wahrscheinlicher, daß
die Fische auf die Vibrationen reagierten, die entstanden,
wenn die Samen auf die Wasseroberfläche fielen.

Da Pflanzen sich ja nicht fortbewegen können, müssen sie
auf irgendeine Weise dafür sorgen, daß ihre Samen von dem
Standort, an dem sie selbst wachsen, entfernt werden, um
den Jungpflanzen eine Überlebenschance zu geben und die
Ausbreitung der Art zu gewährleisten. Wie schon bei der
Bestäubung sind sie dabei häufig auf «Helfer» angewiesen
wie Ameisen, Vögel, Fledermäuse, Affen, Schildkröten und
sogar Elefanten. Wenngleich einige Tiere die «Absicht» der
Pflanzen durchkreuzen und die Samen nicht nur fressen,
sondern auch verdauen und damit eine Ausbreitung verhindern, so sind doch viele Früchte so konstruiert, daß nur die
zumeist fleischige Hülle verdaut wird, während die Samen
selbst unbeschädigt wieder ausgeschieden werden. Dadurch
haben sie dann sogar oft die Möglichkeit, in einem Haufen
Dünger zu keimen. Manchmal sind die Pflanzen und Tiere
so sehr aufeinander angewiesen, daß die Samen nicht aus-
keimen, wenn sie nicht zuvor durch den Verdauungstrakt
eines bestimmten Tieres gewandert sind.

Die Dunkelheit brach jetzt schnell herein. Innerhalb weniger Minuten war es stockfinster, und das fahle, durch die
Baumwipfel fallende Licht des Mondes warf gespenstische
Schatten auf das Wasser. Der Wald, der tagsüber wild und
vital erschien, wirkte nun geheimnisvoll. Viele der Tiere
schliefen bereits, etwa die Brüllaffen, deren Rufe, mit denen
sie sich gegenseitig über den Standort ihrer Schlafnester
informieren, schon vor geraumer Zeit verklungen waren.
Andere Lebewesen hatten dagegen jetzt ihre aktivste Phase.

Fischfledermäuse huschten über die Wasseroberfläche, stets bereit, nach einer Beute zu tauchen, unzählige Frösche quakten, und Leuchtkäfer malten Muster vor dem dunklen Hintergrund des Waldes. Die Gerüche des Dschungels wehten zu uns herüber, und ich fühlte mich, als seien wir auf einer zeitlosen Bootsfahrt durch das Paradies, wie es vor dem Sündenfall gewesen sein mußte.

Georges stellte erneut den Motor ab und leuchtete mit einer Taschenlampe in den Fluß. Im Lichtstrahl waren reflektierende goldene Augen zu erkennen. Georges' Hand schoß ins Wasser, und gleich darauf lag ein Brillenkaiman in unserem Boot. Ihren Namen erhielten diese Krokodile, die im gesamten tropischen Amerika vorkommen, wegen einer brillenstegartigen Querleiste zwischen den Augen, die sie aussehen läßt, als trügen sie einen Kneifer. Wenngleich einige dieser Kaimane eine Länge von zwei Metern und mehr erreichen, so findet man in der Regel doch deutlich kleinere Exemplare, und auch unseres war nur etwa sechzig Zentimeter lang. Die Echse versuchte uns durch ein weites Aufreißen des Mauls Angst einzujagen, aber es war nicht schwer zu erkennen, daß dieses kleine Krokodil ziemlich harmlos war. Mittermeier ergriff das Tier fachmännisch hinter dem Kopf, wog und vermaß es, notierte die Daten und entließ es dann unversehrt wieder in den Fluß.

Im Kaw-Fluß kommen vier Krokodilarten vor: der Schwarze Kaiman, der Brillenkaiman und zwei Unterarten des Glattstirnkaimans. Außer an der Farbe ihrer Haut und an ihrer Größe kann man die Arten auch an ihren Augen unterscheiden. Der Brillenkaiman hat eine gelbe Iris, die der Glattstirnkaimane ist orange, und der Schwarze Kaiman besitzt eine leuchtend rote Regenbogenhaut, wodurch er recht bösartig wirkt. Wenn wir also eine orangefarbene oder gelbe Iris aufleuchten sahen, konnten wir davon ausgehen, daß das Tier kleiner war als wir selbst – erblickten wir dagegen eine rote, dann war Gefahr im Verzug.

In dieser Nacht sahen wir sieben Krokodile, darunter auch zwei Schwarze Kaimane. Nachdem wir einmal gelernt hatten, die Tiere im Schein der Taschenlampen auseinanderzuhalten, entwickelten wir schnell eine gewisse Routine: Sahen wir ein gelbes, orangefarbenes oder nicht allzu großes rotes Augenpaar, dann fuhren wir darauf zu, fingen das Tier, vermaßen es und entließen es wieder in die Freiheit; tauchten große rote Augen auf, dann fuhren wir ebenfalls darauf zu, in der Hoffnung, das dazugehörige Krokodil möge rechtzeitig wegtauchen. Georges behauptete, Schwarze Kaimane könnten nur deswegen so riesig werden, weil sie so scheu sind; Tiere, die sich nicht schnell genug davonmachten, wenn ein Boot auftauchte, würden sehr schnell zu Krokodilleder verarbeitet. Daher gehörten Angriffe auf Menschen auch eher zu den Ausnahmen.

Wir kamen in dieser Nacht so spät zurück, daß wir den größten Teil des nächsten Tages verschliefen. Schließlich wurden wir durch ein Klopfen an der Tür geweckt. Draußen stand Georges' Frau, eine gedrungene Kreolin, in einem verwaschenen blauen Baumwollkleid. Sie lächelte scheu und überreichte uns wortlos einen Topf mit gekochtem Fisch. Da wir seit zwei Tagen nur von Ölsardinen gelebt hatten, nahmen wir das Geschenk dankbar an. Nach dem verspäteten Frühstück gingen wir hinunter zum Fluß, um unsere Morgentoilette nachzuholen. Es war bereits Mittag, und die meisten der Dorfbewohner hielten Siesta, so daß sich niemand in der kleinen Bucht aufhielt. Aus Angst vor Krokodilen und anderem Getier achtete ich sorgfältig darauf, nicht zu tief ins Wasser zu gehen. Anschließend setzte ich mich unter einen schattigen Baum mit hübschen hellgrünen Blüten.

Mittermeier hockte am Rand des Flusses und war damit beschäftigt, schmutzige Socken zu waschen. Als er sich einmal umdrehte, nahm sein Gesicht plötzlich einen erschrockenen Ausdruck an. «Nicht an den Baum lehnen!» rief er mir zu.

Von der Mittagshitze schläfrig geworden, hatte ich Mühe, seine Worte aufzunehmen. «Was hast du gesagt?» fragte ich.

«Du sollst dich nicht gegen den Baum lehnen!»

Ich richtete mich blitzschnell auf und blickte ängstlich

umher, konnte aber weder den vermuteten Schwarzen Kaiman noch eine andere Gefahr erkennen.

Mittermeier kam herüber und deutete auf unzählige kleine braune Ameisen, die den Baumstamm herunterliefen, um den Eindringling, der sich ihrem Baum genähert hatte, in Augenschein zu nehmen.

«Ich weiß nicht wie sie den Baum hier nennen, aber es ist auf jeden Fall einer dieser verflixten Ameisenbäume», sagte Mittermeier.

«Ein Ameisenbaum?» fragte ich.

«Das sind Bäume, die in enger Gemeinschaft mit Ameisen leben. Sie haben oft Hohlräume, in denen die Ameisen wohnen und ihre Jungen aufziehen. Einige dieser Pflanzen haben sogar spezielle Strukturen entwickelt, in denen nährstoffreiche Substanzen produziert werden, von denen sich die Ameisen ernähren. Sozusagen als Gegenleistung halten die Ameisen Eindringlinge fern, beispielsweise Insekten, die dem Baum eventuell Schaden zufügen könnten», erklärte er. «Einige Ameisen beseitigen selbst Lianen, Würgefeigen oder andere Kletterpflanzen von ihren Wirtsbäumen, und es kommt sogar vor, daß die Ameisen die gesamte Vegetation in einem bestimmten Radius um den Baum entfernen. Die Pflanze wird dann nur noch von den Abfällen des Ameisenbaus gedüngt. Pflanze und Ameise hängen oft so sehr voneinander ab, daß sie ohne den anderen Partner nicht mehr existieren können.»

Der preußische Entdecker Robert Hermann Schomburgk erinnerte sich folgendermaßen an seine Erfahrungen mit einem Baum der gleichen Art, an den ich mich beinahe gelehnt hätte:

In Unkenntnis dieser Bäume und ihrer gefährlichen Bewohner und die warnenden Gesten meines indianischen Führers ignorierend, versuchte ich einen Zweig abzubrechen, als plötzlich Tausende von Ameisen aus den kleinen, runden Öffnungen an den Sproßabschnitten gelaufen kamen und sich auf mich stürzten. Wütend traktierten sie meine ungeschützte Haut mit ihren Kiefern und sonderten dabei eine weiße Flüssigkeit ab, die ein schreckliches Brennen verursachte. Es waren aber nicht nur Ameisen aus dem abgebrochenen Zweig in unser Kanu gefallen, sondern es stürzten sich zusätzlich auch noch Tausende der kleinen Insekten aus anderen Öffnungen des Stammes in das Boot, da die gesamte Kolonie durch das Abbrechen des Astes alarmiert worden war. Einige kraftvolle Schläge mit dem Paddel brachten uns außer Reichweite des Baumes, und im nächsten Augenblick befand sich die gesamte Mannschaft im Wasser, da es nur auf diese Weise möglich war, sich des grimmigen Ansturms der Ameisen zu erwehren. Sogar einige zahme Affen und Papageien wurden nicht verschont. Erstere befreiten sich mit heftigen Bocksprüngen von ihren Leinen und sprangen hinter uns her in den Fluß, trotz ihrer sonst so starken Abneigung gegen Wasser... Wie ich zugeben muß, überlief mich danach immer ein kalter Schauer, wenn wir an einem dieser Bäume vorüberkamen.

Georges wollte an diesem Nachmittag früher aufbrechen, um vor Sonnenuntergang noch einige Fallen zu kontrollieren. Wir fuhren etwa eine Stunde flußaufwärts, bevor wir auf einer kleinen Sandbank hielten und unserem Führer auf einem schmalen Pfad in den Wald folgten. Bereits nach einigen Metern stieß ich einen lauten Fluch aus, da mich irgend etwas in den Arm gestochen hatte. Ich sprang schnell zur Seite und versuchte den Übeltäter zu entdecken. Mittermeier beobachtete mich amüsiert. «Hier ist das, was du suchst», sagte er und zeigte mit seiner Machete auf eine Liane, die am Rand des Pfades wuchs. «Wegen des Brennens, das sie auf der Haut verursacht, nennt man sie in Brasilien *Cipó do Fogo*, was so viel bedeutet wie ‹Feuerliane›. Aber du solltest die Sache nicht zu persönlich nehmen», fuhr er mit einem Lächeln fort. «Im Grunde galt der Angriff ja nicht dir.»

«Wie meinst du das?»

«Du mußt bedenken, daß Menschen erst relativ kurze Zeit im Regenwald des Amazonasgebietes leben. Selbst die Indianer sind vermutlich erst vor ungefähr zwanzigtausend Jahren hierher eingewandert. Die *Cipó do Fogo* entwickelte die ätzende Substanz also nicht, um sich gegen Indianer, Kreolen oder gar ungeschickte Biologen zu wehren, sondern mit größter Wahrscheinlichkeit, um Insekten abzuschrekken.»

Im Grunde befand man sich im Urwald in einer riesigen chemischen Waffenfabrik, die bereits vor Hunderttausenden, wenn nicht sogar vor Millionen von Jahren ihren Dienst aufgenommen hatte.

«Man darf nie vergessen», fuhr Mittermeier fort, «wie unglaublich viele Arten von Insekten und anderen Pflanzenfressern es hier gibt. Daher enthalten tropische Pflanzen etwa doppelt so häufig Alkaloide wie die Pflanzen gemäßigter Breiten. Daneben werden noch zahlreiche andere unangenehme Substanzen gebildet, etwa Gerbstoffe. Wenn ein Insekt in eine Pflanze beißt, die voller Gerbsäuren ist, stirbt es vielleicht, und selbst wenn es einen solchen Angriff überlebt, macht es denselben Fehler sicher nie wieder. Da, guck mal.»

Er bückte sich und pflückte eine zu den Passionsblumen gehörende grüne Kletterpflanze mit fächerartigen Blättern und langen Ranken. Er erklärte, daß Schmetterlinge häufig auf eine bestimmte Pflanzengruppe spezialisiert sind – die Raupen des Monarchfalters ernähren sich beispielsweise hauptsächlich von Seidenpflanzen, während die Heliconiiden, eine Gruppe auffällig gefärbter, schwarzer, orangefarbener und gelber Schmetterlinge, in erster Linie Passionsblumengewächse fressen. Diese Kletterpflanzen enthalten aber Gifte, mit denen Freßfeinde abgeschreckt werden sollen. Allerdings gelingt das bei den Heliconiiden nicht – diese schaffen es nicht nur, die giftigen Chemikalien unschädlich zu machen, sondern sie speichern sie sogar in ihren eigenen Körpern, wodurch sie selbst für ihre Feinde ungenießbar werden! Auch andere Tiere nutzen fremde Gifte für ihre Zwecke. Im tropischen Asien produziert der Brechnußbaum Samen, die genug Strychnin enthalten, um große Säugetiere zu töten, wogegen bestimmte Fledermäuse sich ohne

Schaden davon ernähren. Auch im Tier- und Pflanzenreich findet eine ständige Aufrüstung statt. Passionsblumen hören nicht auf, neue Abwehrsubstanzen zu entwickeln, während die Schmetterlinge neue Arten hervorbringen, die in der Lage sind, diese Gifte unschädlich zu machen. Es ist ein niemals endender Kreislauf, der sich nicht nur in neuen Pflanzen- und Tierarten niederschlägt, sondern auch in chemischen Substanzen, die für die Menschen sehr nützlich sein können.

Wenn in diesem chemischen Krieg die Insekten auch nicht die einzigen Gegner der Pflanzen sind, so spielen sie wegen ihrer unglaublich hohen Artenzahl doch die größte Rolle in dieser Auseinandersetzung. Man schätzt, daß von den etwa 30 Millionen Tieren auf der Erde zwischen 27 und 29 Millionen zu den Insekten gehören. Davon sind die meisten in den Tropen zu Hause, und mindestens die Hälfte ernährt sich von Pflanzen.

«Dann kann man also sagen, daß wir den Hauptanteil der aus dem Regenwald stammenden nützlichen Produkte diesem chemischen Krieg verdanken?» fragte ich.

«Nicht ganz», entgegnete Mittermeier. «Vielleicht gilt das für die meisten medizinischen Substanzen, aber wenn man an Dinge wie Fasern oder Wachse denkt, trifft das vermutlich nicht zu. Dennoch gibt es sicher auch eine ganze Reihe von nichtmedizinischen Substanzen, die aus diesem Pflanzen-Tier-Antagonismus hervorgegangen sind, zum Beispiel der Kautschuk, der die industrielle Revolution erst ermöglichte.»

Wir waren so in die Diskussion über ökologische Zusammenhänge des Regenwaldes vertieft, daß Georges weit vorausgeeilt war und seine Fallen bereits überprüft hatte. Verärgert, daß er sie leer vorgefunden hatte und nichts für den heimischen Kochtopf mitbringen konnte, stampfte er an uns vorbei und murmelte: «Wenn ihr noch Kaimane finden wollt, sollten wir jetzt aufbrechen.» Er wurde ein wenig zugänglicher, als er die Passionsblume sah. «Du solltest wirklich mit meiner Großmutter sprechen», sagte er. «Sie kennt die Pflanzen besser als irgend jemand sonst.»

Wir fuhren stromaufwärts, aber auch in dieser Nacht

gingen uns die ganz großen Schwarzen Kaimane wieder aus dem Weg.

«Ich gehe heute Tapire jagen», kündigte Georges am nächsten Morgen an, «komme aber rechtzeitig zurück, so daß wir später noch auf den Fluß hinausfahren können. Ich werde dir zeigen, wo meine Großmutter wohnt», wandte er sich an mich. «Wenn du willst, kannst du dich ja mit ihr ein wenig über Pflanzen unterhalten.»

Als Mittermeier hörte, daß es bei unserem Gespräch nicht um Affen oder Krokodile ging, drehte er sich um und schlief weiter. Ich dagegen sprang aus meiner Hängematte und folgte Georges durch das Dorf. Am anderen Ende der Siedlung deutete er auf eine baufällige Hütte: «Dort wohnt sie», sagte er, bevor er sich umdrehte und davonging.

Ich fühlte mich ein wenig wie Hänsel vor dem Hexenhaus – und dann auch noch ohne Gretel. Zu allen Zeiten und von allen Völkern wurde Pflanzenkenntnis mit Hexerei in Verbindung gebracht. Gerade als ich meine Hand hob, um anzuklopfen, rief eine tiefe Stimme auf französisch: «Herein!»

Ich drückte die Tür auf und versuchte, meine Augen an die Dunkelheit im Inneren der Hütte zu gewöhnen. Schließlich konnte ich eine alte Kreolin erkennen, die in einem Schaukelstuhl saß und eine Art Meerschaumpfeife rauchte. Ihre Haut wirkte pechschwarz, ein Eindruck, der durch ihre weißen Haare noch verstärkt wurde. Sie schaukelte eine Weile wortlos hin und her, zog an ihrer Pfeife, bis sie endlich fragte, was ich wolle.

In stockendem Französisch erklärte ich, daß ich mich für Heilpflanzen interessiere und sie als Expertin auf diesem Gebiet gelte.

Erst grummelte sie, sie sei zu alt, um Heilpflanzen für einen jungen weißen Mann mit einem merkwürdigen Akzent zu sammeln, aber dann erhob sie sich doch, setzte einen alten Strohhut auf und war, ehe ich mich versah, durch die Tür verschwunden.

Das, was sie ihren Garten nannte, sah eher aus wie ein

Unkrautacker. Dennoch waren die Pflanzen, die dort kreuz und quer wuchsen, ihr ganzer Stolz. Sie deutete auf Kakao- und Melonenbäume und erklärte, daß beide nicht nur eßbare Früchte hervorbrächten, sondern auch Heilkräfte hätten. Die Bäume waren von einer Vielzahl von Kräutern und Büschen umgeben, die ich mit meinem ungeübten Auge nur schlecht auseinanderhalten konnte. Dennoch wurde mir schnell klar, daß ich inmitten einer grünen Apotheke stand.

Mit einem Tee aus den Blättern des *Montjoly*-Busches behandelte sie Fieber; einen Aufguß aus Blättern des *Maveve*-Strauches verabreichte sie bei Leberbeschwerden; der Saft der *Mokomoko*-Pflanze wurde benutzt, um Blutungen bei Schnittwunden zu stillen, und der des *Jeajeamodou*-Baumes linderte Zahnschmerzen. Die Liste nahm kein Ende. Nach etwa einer Stunde schien der Eifer der alten Frau nachzulassen. Sie murmelte etwas wie, ihre Siesta sei schon längst überfällig, bevor sie in ihrer Hütte verschwand und mich voller Respekt und Bewunderung für den botanischen Reichtum, der mich umgab, allein im Garten zurück-ließ.

In der nächsten Nacht gingen wir zum letzten Mal auf Kaimanjagd. Wir blieben bis zum Tagesanbruch auf dem Fluß und sammelten noch einmal möglichst viele Daten über alle Kleinkrokodile, die wir finden konnten. Erst als sich das warme Licht der aufgehenden Sonne sanft auf die Berg-hänge im Osten legte, zog Georges unser Boot an Land. Nachdem wir unsere Ausrüstung ausgeladen hatten, holte er wieder einmal seine kleine Blechdose hervor. Er zog etwas von der schwarzen Flüssigkeit in seine Nase, und gleich darauf begann das bereits bekannte Schauspiel: Er verdrehte die Augen, und sein rechtes Bein fing an zu zucken.

Als Georges einige Minuten später in die Gegenwart zu-rückkehrte, beobachtete ich ihn immer noch. Er lächelte, rückte seinen Hut zurecht und reichte mir die Büchse. «Bedien dich», sagte er.

Tausende von Gedanken schossen mir durch den Kopf.

Natürlich hatte ich in keiner Vorlesung gelernt, wie ich mich in einer solchen Situation zu verhalten hatte. In den folgenden Jahren machte ich noch häufiger mit Dingen dieser Art Bekanntschaft: Medizinmänner schwangen Macheten über meinem Kopf, behandelten meine verschiedenen Krankheiten mit Dschungelpflanzen und gaben mir Schnupfdrogen zum Probieren, aber in diesem Moment wußte ich nicht, was ich machen sollte. Da erinnerte ich mich an eine bestimmte Passage aus einem von Schultes' Artikeln, den ich noch in der Nacht vor meiner Abreise gelesen hatte. Dort beschrieb er seine Teilnahme an einem Ritual der Eingeborenen des nordwestlichen Amazonasgebietes:

Die Masken für den *Cha-vee-nai-yo*-Tanz wirken recht wild: Das nachgebildete menschliche Gesicht ist pechschwarz und mit geometrischen gelben und weißen Symbolen versehen, es besitzt Augenlöcher, durch die der Tänzer sehen kann, eine keilförmige, hölzerne Nase und einen zahnlosen Mund. Der schauerliche Anblick so vieler unwirklicher Teufelsmasken und die monotonen Gesänge, die durch die hölzernen Masken weit entfernt und dumpf klangen, hatten auf mich, den Beobachter, eine fast hypnotische Wirkung. Und als ich schließlich begann, selbst an dem Tanz teilzunehmen, und auch noch in den monotonen Gesang einfiel, konnte ich mir sehr gut vorstellen, daß ein derart unwirkliches Ritual tatsächlich irgendwelche übernatürlichen Gottheiten besänftigen könnte.

Schultes hatte es nie abgelehnt, an den Bräuchen der Eingeborenen teilzunehmen, und es war seine Offenheit gegenüber fremden Kulturen und ihren Gewohnheiten, die seine Forschung so ungewöhnlich und erfolgreich machte. Also streckte ich meine Hand aus.

Grinsend schüttete Georges etwas von der schwarzen Flüssigkeit in meine Hand. Ohne zu zögern, schnupfte ich die Masse. Ein bitterer Geschmack breitete sich in meinem Mund aus, aber das war bald vergessen. Ich merkte, wie das Blut durch meine Adern zu rasen begann, und bald darauf kam ich mir allwissend und überaus mächtig vor. Es war wie der Start einer Rakete, und mit jeder Sekunde kam ich mir größer, schneller, stärker und lebendiger vor. Aber schon nach kurzer Zeit ging mir der Kraftstoff aus. Zunächst fühlte ich mich schwach, dann verlangsamte sich alles, und schließlich wurde mir übel. Auf meiner Stirn bildete sich kalter Schweiß, dann brach ich zusammen und übergab mich mehrfach.

Nach einer halben Stunde hatte ich mich so weit erholt, daß ich in unsere Hütte zurücktorkeln und in meine Hängematte kriechen konnte. Trotz der immer noch vorhandenen Übelkeit und einem leichten Ohrensausen fiel ich in einen tiefen, aber unruhigen Schlaf. Als ich einige Stunden später erwachte, hatte Mittermeier bereits unsere Sachen für die Rückreise gepackt. Georges kam vorbei und begann herzhaft zu lachen, als er mein immer noch grünes Gesicht sah.

«Was um alles in der Welt war das für ein Teufelszeug?» fragte ich unsicher.

«Mein Geheimrezept», antwortete er. «Möchtest du vielleicht noch ein wenig?» Er zog die Dose aus einer Tasche seiner Shorts.

Bevor ich energisch ablehnen konnte, brach er in lautes Gelächter aus. Dennoch spürte ich, daß sich eine ganz spezielle Verbindung zwischen uns gebildet hatte, eine Art Solidarität, entstanden durch meine Bereitschaft, etwas für ihn Wichtiges mit ihm zu teilen.

Als ich ins Boot steigen wollte, legte Georges seine Hand auf meine Schulter und gab mir einen Rat: «Wir wissen zwar einiges über Pflanzen, aber wenn du mehr über die Geheimnisse des Urwalds erfahren willst, mußt du tiefer in den Dschungel gehen. Dort leben die Marons. Sie sind die wahren Bewohner des Waldes und können dir Dinge zeigen, von denen auch ich keine Ahnung habe. Viel Glück und *au revoir*!»

Ein Jahr später machte ich mich auf zu den Marons, den Buschnegern, den Nachfahren entlaufener schwarzer Sklaven.

Bei den Marons

Die entflohenen Sklaven kämpften mit einem Mut, dem die holländischen Söldner und die gefolgsgetreuen Sklaven nichts entgegenzusetzen hatten... Im Urwald nahm der Buschneger das Leben seiner afrikanischen Vorfahren wieder auf.

V. S. Naipaul, 1962

Surinam hat selbst für flüchtige Besucher eine ganz besondere Faszination. Es liegt im Nordosten Südamerikas, zwischen Guyana (früher Britisch-Guayana) und Französisch-Guayana, und man findet dort ein fast einmaliges, aus südamerikanischen, afrikanischen, asiatischen und europäischen Kulturen zusammengewürfeltes Völkergemisch. Das Land gehört außerdem zu den Staaten mit der geringsten Bevölkerungsdichte: Insgesamt leben in Surinam weniger als hunderttausend Menschen, davon 95 Prozent als Reisbauern, Fischer und Händler an der Küste. Die Küstenebene besteht im Norden hauptsächlich aus Sümpfen und Mangrovengebieten, während sich im Süden ein Savannengürtel anschließt. Der Rest des Landes ist von tropischem Regenwald bedeckt, so daß Surinam im Verhältnis zu seiner Größe mehr Urwald besitzt als jedes andere Land der Erde.

Christoph Kolumbus sichtete diesen Teil der Neuen Welt zwar schon 1498, also bei seiner dritten Reise in die Neue Welt, aber die erste ernsthafte Erkundung durch Europäer fand erst Ende des 16. Jahrhunderts statt. 1651 errichteten die Engländer die ersten Zuckerplantagen. Sechzehn Jahre später wurde das Land von den Niederländern erobert, denen es später im Friedensvertrag von Breda auch formal abgetreten wurde. Im Gegenzug erhielten die Engländer ein kleines Stück Land weiter nördlich, das Neu-Amsterdam genannt wurde – eine damals noch holländische Niederlassung, die heute New York heißt. Die Engländer waren die ersten, die versuchten, die Indianer für die Arbeit auf den Zuckerplantagen zu versklaven, und die Niederländer setzten die unmenschliche Tradition fort. Allerdings kannten die Eingeborenen die Umgebung der Plantagen gut genug, um bei jeder Gelegenheit die Flucht zu ergreifen. Viele starben jedoch an Krankheiten, die von den Kolonialherren eingeschleppt worden waren und gegen die sie keine Immunität besaßen. Daher begannen die Plantagenbesitzer schon bald, Sklaven aus Westafrika nach Surinam zu verschleppen, um die notwendigen Arbeitskräfte zur Verfügung zu haben. Schätzungsweise wurden zwischen 1668 und 1823 etwa 300 000 bis 325 000 Sklaven in die Kolonie gebracht. Dennoch betrug der Anteil der schwarzen Bevölkerung im Jahr 1823 nur etwa 50 000 Menschen.

Viele der Farbigen entkamen in die unzugänglichen Regenwälder Surinams, wo sie versuchten, ein Leben wie in ihrer ursprünglichen afrikanischen Heimat zu führen. Die Kolonialherren sandten Suchtrupps aus, um die entflohenen Sklaven wieder einzufangen oder zu töten, aber die meisten dieser Expeditionen kamen mit leeren Händen zurück – sofern sie überhaupt wiederauftauchten. Die Schwarzen verteidigten ihre Siedlungen mit grimmiger Entschlossenheit und unternahmen selbst Raubzüge gegen die Plantagen. Als die Kolonisten feststellen mußten, daß es ihnen nicht gelingen würde, die Schwarzen auf Dauer zu besiegen, entschlossen sie sich Mitte des 18. Jahrhunderts, den kostspieligen Guerillakrieg zu beenden, und handelten ein Friedensabkommen mit den Farbigen aus. Die Nachkommen dieser stolzen ehemaligen Sklaven leben noch heute in den Regenwäldern Surinams und halten dort ihre Stammestradition aufrecht.

Obwohl diese Schwarzen in Surinam traditionell als Buschneger bekannt sind, wurden sie schon seit dem 16. Jahrhundert als Marons bezeichnet. Vermutlich stammt dieser Begriff von dem spanischen Wort *Cimarrón*, was soviel wie «grimmig», «stolz» oder «ungezähmt» bedeutet. Ursprünglich war das die Bezeichnung für verwilderte Haustiere, später dehnte man sie auf indianische Sklaven aus, die den Spaniern entkommen waren, und Anfang des 16. Jahrhunderts auch auf entflohene schwarze Sklaven. Bei diesen Surinamern wollte ich also meine Forschungen fortsetzen. Ich verließ im Dezember 1979 die USA, um einige Zeit bei den Marons im Urwald zu verbringen.

Obwohl der größte Teil der Bevölkerung Surinams schwarz ist, leben dort natürlich auch immer noch Indianer, ebenso wie Nachfahren englischer und niederländischer Kolonisten. Außerdem gibt es eine beträchtliche jüdische Bevölkerungsgruppe, denn Mitte des 17. Jahrhunderts waren durch die Inquisition zahlreiche spanische und portugiesische Juden gezwungen worden, aus ihren Heimatländern zu fliehen. Viele gingen zuerst nach Brasilien, damals noch eine portugiesische Kolonie, und von dort nach Surinam. Hier wurde an einem Ort, der heute als *Joden Savanne* (Savanne der Juden) bekannt ist, die erste Synagoge der Neuen Welt gebaut.

Nach der Abschaffung der Sklaverei im Jahre 1863 kamen Inder, Javaner und Chinesen nach Surinam, um auf den Plantagen zu arbeiten. Sie schafften es, ihre ethnische Identität auch in der Neuen Welt zu erhalten, und so trifft man heute in der Hauptstadt Paramaribo Inderinnen mit weißen Spitzentüchern, die ihre Waren auf dem Markt verkaufen, kann javanische Jungen beobachten, die sich mit Schattenspielen die Zeit vertreiben, oder alte chinesische Männer mit schütteren Ho-Chi-Minh-Bärten, die, im Schatten riesiger Tamarisken sitzend, Mah-Jongg spielen; Marons fertigen hölzerne Paddel für die Fahrt flußaufwärts an, und holländische Techniker kontrollieren den Zustand der Kanäle am Rand der Keizerstraat, an der eine Synagoge und eine Moschee einträchtig nebeneinanderstehen.

So interessant die Vielfältigkeit des Lebens in der Hauptstadt Surinams auch ist, mich zog es hinaus in den Dschungel.

Ich nahm mir ein Taxi zur Forstverwaltung, wo ich eine Verabredung mit dem Direktor der Naturschutzbehörde hatte, einem alten Freund Mittermeiers. Das Büro befand sich in einem baufälligen, weißgestrichenen Holzgebäude am Flußufer. Dahinter konnte man auf der gegenüberliegenden Seite des Flusses das Wrack eines deutschen Schiffes erkennen. Als die Truppen Hitlers im Jahre 1940 die Niederlande besetzten, hatte dieser Frachter zufällig im Hafen von Paramaribo gelegen, und um zu verhindern, daß die Alliierten Besitz von dem Schiff ergriffen, hatte es die Mannschaft vorsichtshalber versenkt. Da die Surinamer ein gelassener Menschenschlag sind und der Fluß so breit war, daß der Schiffsverkehr weiter nicht behindert wurde, ließ man das Wrack dort liegen. Heute, über 50 Jahre später, wachsen Bäume aus den verrosteten Überresten.

Der Chef der Naturschutzbehörde war ein stämmiger Holländer, ein Nachkömmling jener Zeit, als Surinam noch eine Kolonie war und Niederländisch-Guayana hieß. Er hatte rotes Haar, ein sonnenverbranntes Gesicht, und seine Hand umfaßte die meine wie ein Schraubstock. Wie ich später erfuhr, war er die Personifizierung all dessen, was die Surinamer an den Holländern lieben und hassen: Er war ehrlich, sparsam, zuverlässig, direkt und stur wie ein Maulesel.

«Kommen Sie herein, und setzen Sie sich», sagte er.

Danach saßen wir uns eine Weile schweigend gegenüber, während er auf einer alten Schreibmaschine herumhämmerte. Schließlich zog er den Bogen heraus, legte ihn vor mir auf den Tisch und sagte: «Willkommen in Surinam. Bitte unterschreiben Sie hier.» Er zeigte auf den unteren Teil des Blattes und gab mir einen Kugelschreiber.

Eingeschüchtert unterschrieb ich das Papier, ohne es zu lesen. Das einzige, was ich zur Kenntnis nahm, war die Überschrift: «Erlaubnis zur Durchführung von wissenschaftlicher Forschung in der Republik Surinam.»

«Russ Mittermeier hat mich darüber informiert, daß Sie bei den Marons Heilpflanzen sammeln wollen. Ihr Einverständnis vorausgesetzt, habe ich bereits einige Vorbereitungen für Ihre Fahrt ins Landesinnere getroffen. Aber ich muß Sie noch um einen Gefallen bitten. Der Sohn einer meiner besten Leute ist sehr krank. Der Arzt glaubt, es könne sich um Sichelzellen-Anämie handeln, aber das ist nicht sicher. Jedenfalls kann man hier nichts mehr für ihn tun, so daß seine Familie beschlossen hat, ihn zu einem Medizinmann ins Landesinnere zu schicken. Als Gegenleistung für den Krankentransport habe ich den besten Führer in ganz Surinam für Sie ausgewählt – Fritz von Troon!»

Aufgrund des Namens hatte ich einen blonden Niederländer in kurzen Hosen und mit Holzschuhen erwartet, aber als die Tür aufging, erschien ein Schwarzer. Er war etwa einen Meter achtzig groß, hatte kurzgeschnittenes Haar, mächtige Koteletten und einen Oberlippenbart. Als wir uns die Hände schüttelten, sagte er: «Hallo, wie geht's?»

Ein Maron, mit dem ich mich in meiner Sprache verständigen konnte! Ich war begeistert.

«Danke, sehr gut, und wie geht es Ihnen?»

«Hallo, wie geht's?» wiederholte er.

«Sprechen Sie Englisch?» fragte ich verwirrt.

«Hallo, wie geht's?» antwortete er.

Der Direktor erlaubte uns, Ausrüstungsgegenstände der Forstbehörde zu benutzen, so daß ich die Kosten für Hängematten, Moskitonetze, Macheten, Kochtöpfe und Taschenlampen sparen konnte. Außerdem gab es bereits eine feste Planung für das Unternehmen, die vorsah, daß wir zunächst mit einem Lastwagen bis zum Ende der befestigten Straße fahren sollten und noch einige Kilometer über Land, um dann unsere Reise ins Marongebiet mit einem Motorboot fortzusetzen. Dort würden wir auch den Medizinmann finden, der sich um den kranken Jungen kümmern sollte, während Fritz und ich im selben Dorf Pflanzen sammeln konnten. Da der Lastwagen Paramaribo schon in zwei Stunden verlassen sollte, blieb nur noch wenig Zeit für die notwendigen Vorbereitungen.

Fritz und ich nahmen ein Taxi zur Markthalle am Hafen, in der sich Menschen jeden Alters und aller Hautfarben drängten. Ich hielt mich an Fritz, der verschiedene Stände abklapperte, um möglichst günstige Preise auszuhandeln. Wir kauften große Säcke mit Reis, Flaschen mit Palmöl, Pakete mit getrockneten Garnelen sowie Sardinen und Thunfisch in Dosen. Eine der Grundregeln des Dschungels ist, daß man nicht ohne Lebensmittel in einem fremden Dorf auftaucht. Die Bewohner des Urwalds leben oft in sehr ärmlichen Verhältnissen, so daß ein Besucher nicht einfach auftauchen und erwarten kann, bewirtet zu werden. Viele der Menschen im Regenwald sind jedoch so gastfreundlich, daß sie den Fremden alles Eßbare auftischen und selbst hungern.

Als wir zurückkehrten, wartete der Lastwagen der Forstbehörde bereits. Wir fuhren nach Süden und kamen schon bald in den Savannengürtel. Savannen sind tropische oder subtropische Graslandschaften, in denen vereinzelt kleine Bäume oder Büsche wachsen. Die meisten dieser Gebiete verdanken ihre Entstehung entweder dem schlechten Boden oder einem Klima, in dem sich Trockenzeiten und Regenperioden die Waage halten. Die Gräser und Bäume, die hier wachsen, haben sich an die ziemlich harten Umweltbedingungen angepaßt. So sind in der Savanne Surinams häufig Nierenbäume zu finden, kleine, knorrige graue Bäume mit derben grünen Blättern. Diese unverwüstlichen Pflanzen überstehen nicht nur die jahreszeitlichen Klimawechsel, sondern sie sind den ungewöhnlichen Lebensbedingungen der Savanne so gut angepaßt, daß ihnen sogar die Feuersbrünste, die in Ökosystemen dieser Art regelmäßig auftreten, nichts anhaben können. Viele dieser natürlichen Feuer werden durch Blitzschlag hervorgerufen, während andere absichtlich von Indianern gelegt werden, denn die zarten, schmackhaften Gräser, die nach diesen Großbränden wachsen, locken zahlreiche jagdbare Grasfresser aus den Wäldern des Südens an. Aber was für die indianischen Jäger gut ist, ist auch für die Erhaltung des Graslandes von Nutzen. Die Brände vernichten eingewanderte Pflanzen, die nicht an das Feuer angepaßt sind, so daß das Ökosystem Savanne in seiner ursprünglichen Form überleben kann.

Nach vier Stunden Fahrt durch die menschenleere Savanne tauchten endlich einige Hütten auf. Wenn ich Fritz recht verstand, handelte es sich um Maronbehausungen. Zwar sprach Fritz nur sehr gebrochen Englisch, aber es reichte immerhin, um mir mitzuteilen, daß er es für gut hielte, wenn ich Sranangtongo, die Pidginsprache der schwarzen Einwohner Surinams, lernen würde. Zusammengesetzt aus holländischen, englischen, portugiesischen sowie indianischen und sogar jüdischen Begriffen, steht den verschiedenen ethnischen Gruppen mit Sranangtongo eine gemeinsame Sprache zur Verfügung. Obwohl Niederländisch die offizielle Landessprache ist, wird fast überall im Land die Pidginsprache benutzt, während Holländisch vornehmlich auf die Küstenregion beschränkt ist.

Wir hielten vor einer Hütte mit einem Wellblechdach, und der Fahrer hupte einige Male. Sofort tauchte ein großer Schwarzer in der braunen Khakiuniform der Forstbehörde auf. An der Hand hielt er seinen etwa zehnjährigen Sohn, der trotz der Hitze in ein Baumwolltuch gewickelt war. Die beiden stiegen ein, und wir setzten unsere Fahrt fort.

Nach etwas mehr als einer Stunde konnte man am Horizont ein grünes Flimmern erkennen – der tropische Regenwald. Ein grauer Fluß, der fast so breit wie ein Fußballfeld war, bildete die Grenze zwischen der Savanne und dem Urwald. Wir fuhren am Ufer entlang und trafen bald darauf auf zwei Marons mit einem etwa zehn Meter langen, sehr schmalen Motorboot. Die beiden Schwarzen begrüßten mich mit einem freundlichen Lächeln, während sie Fritz wie einen lange vermißten Bruder behandelten.

Während des Aus- und Einladens winkte mich der Fahrer des Lastwagens beiseite. Er war ein kleiner, stämmiger Kreole, der bisher noch kein Wort mit mir gesprochen hatte. Eigentlich war ich überzeugt, er könne kein Englisch, aber jetzt sagte er: «Ich habe gehört, daß Sie das erste Mal in Surinam sind. Ich möchte Ihnen einen Rat geben: Nehmen Sie sich vor den Marons in acht. Sie sind außerordentlich geschickte Diebe und stehlen den Leuten die Unterwäsche, ohne ihnen die Hose auszuziehen!» Er lächelte dünn, ging zu seinem Lastwagen und fuhr davon.

Viele Jahre später erzählte ich Fritz von der Warnung des Fahrers. Er war nicht überrascht; es sei bei den Kreolen üblich, auf die Marons herabzublicken. Allerdings würden sie die Farbigen der Städte noch mehr verachten. «Warum?» fragte ich.

«Zu der Zeit, als die Weißen noch die Peitsche schwangen, haben meine Vorfahren die Freiheit gewählt, während die Kreolen sich weiter in die Knechtschaft fügten.»

Zu beiden Seiten des Flusses erstreckte sich grüner Regenwald, der hauptsächlich aus großen, flachkronigen *Agrobigi*-Bäumen bestand, die in Surinam *Kwatta kama* genannt werden. Dieser Ausdruck bedeutet soviel wie «Klammeraffenbett», denn diese Tiere übernachten angeblich gern in den ausladenden Kronen dieser Bäume, die 25 bis 30 Meter hoch werden können. Andere Urwaldriesen, etwa einzeln stehende Kapokbäume, deren Fasern früher benutzt wurden, um Schwimmwesten herzustellen, erreichen sogar eine Höhe von bis zu 50 Metern. Alle Bäume waren mit Kletterpflanzen, Orchideen und Moosen bewachsen, die den Urwald zu einer grünen Mauer entlang des Flusses werden ließen.

Flüsse sind die natürlichen Straßen im Dschungel. Schon die ersten Europäer fuhren auf Wasserwegen in die Urwälder Südamerikas, Afrikas und Asiens, sahen den Wald also etwa so, wie ich ihn jetzt erlebte – ein Pflanzenmeer, das sich am Ufer entlangzog. Das Wort «Dschungel» leitet sich übrigens vom Sanskritwort *Jangala* ab, was soviel bedeutet wie «undurchdringlich».

Die Fahrt auf dem Fluß war wegen zahlreicher Felsen, Baumstämme und Stromschnellen nicht ganz ungefährlich, aber unsere Führer meisterten die Hindernisse mit außerordentlichem Geschick. Die Marons besitzen ein großes Wissen über die Flüsse ihrer Heimat; sie kennen 23 verschiedene Wörter für unterschiedliche Typen von Stromschnellen. In den 15 Jahren, in denen ich nun schon im Urwald unterwegs bin, habe ich keine Menschen getroffen, weder Indianer noch Kreolen oder Campesinos, die sich so geschickt auf den Flüssen verhalten wie die Marons in Surinam.

Gegen Abend ließ die Hitze nach. Langsam erwachte der schlafende Regenwald zum Leben: Grillen zirpten, Frösche quakten, und um unsere Köpfe kreisten bereits einige Moskitos. Blaue und gelbe Aras flogen über den Fluß, und in den Bäumen schnatterten kleine Totenkopfäffchen, als wollten sie gegen unser Eindringen protestieren. Tiefer im Dschungel hörte man die lauten Rufe der Roten Brüllaffen. Dieses Geschrei ist so unwirklich, daß einer der frühen Entdecker einst glaubte, das Paarungsgeräusch zwischen einem Jaguar und einem Drachen zu hören.

Nachdem wir noch etwa eine Stunde weitergefahren waren, sagte Fritz, er wisse, wo wir möglicherweise frisches Fleisch bekommen könnten. Kurz darauf hielten wir in einer kleinen Bucht, die von rotbraunen Felsen gebildet wurde. Von dort führte ein schmaler Pfad in den Dschungel. Fritz forderte mich auf, ihm zu folgen, während die übrigen Teilnehmer unserer kleinen Expedition beim Boot zurückblieben und eine Flasche Rum kreisen ließen.

Nach weniger als einem Kilometer kamen wir auf eine kleine Lichtung mit einem palmgedeckten Unterstand. Zwischen den Pfählen hing eine Hängematte, in der ein urtümlich aussehender Indianer saß und hölzerne Pfeilspitzen schnitzte; zu seinen Füßen hockte eine Frau und schälte Yamsknollen. Auf dem Boden standen zwei Tontöpfe, und daneben lagen einige lange Bambuspfeile, ein Bogen, sowie ein halbfertiger Korb. Man hatte den Eindruck, in eine Museumsausstellung geraten zu sein, in der eine typische Szene aus dem südamerikanischen Dschungel vor etwa 2000 Jahren aufgebaut worden war. Allein die verwaschenen roten Turnhosen des Indianers und das blaue Kattunkleid seiner Frau waren ein sicherer Hinweis darauf, daß die industrielle Revolution bereits stattgefunden hatte.

Fritz fragte die beiden, ob sie geräuchertes Fleisch zu verkaufen hätten, was allerdings nicht der Fall war, so daß wir unverrichteter Dinge zum Boot zurückgingen. Später erklärte mir Fritz, daß in dieser Gegend, bei der es sich eigentlich um Marongebiet handelte, zu bestimmten Zeiten des Jahres meist auch einige indianische Jagdcamps zu finden waren. Sie kamen, um Hochwild und Pekaris – eine Art Urwaldschwein – zu jagen und das Fleisch an Ort und Stelle zu räuchern. Wenn sie genug Vorräte für einige Wochen beisammen hatten, kehrten sie in ihre Dörfer im Norden zurück.

Während wir zum Boot zurückgingen, nahm ich weitere Eindrücke der ungewohnten Umgebung in mich auf. Aufgrund der Tarzan-Filme im Fernsehen hatte ich eigentlich damit gerechnet, daß von jedem Ast Schlangen herunterhängen und Affen sich von Ast zu Ast schwingen würden, aber schon in Französisch-Guayana hatte ich erfahren müssen, daß die größte Zahl der Bewohner des Urwalds aus Insekten und Vögeln bestand. Ein Trupp von Wanderameisen kreuzte den Pfad, wogegen einige braune Tausendfüßler und grüne Käfer den gleichen Weg zu haben schienen wie wir. Viele Stämme der größeren Bäume waren von Termitenbauten umgeben, und über uns flog kreischend ein Riesentukan auf. Sein gelboranger Schnabel war so überdimensioniert, daß der schwarze Körper fast wie ein Anhängsel erschien. Zwischendurch war immer wieder der unvergleichliche Gesang des Flötenzaunkönigs zu hören.

Am Fluß drängten die Marons zur Weiterfahrt, da wir den Lagerplatz sonst nicht vor Einbruch der Dunkelheit erreichen würden. Der Junge, der übrigens Petrus hieß, sah sehr krank aus; das Weiße seiner Augen hatte sich gelblich verfärbt, und er zitterte trotz des Baumwolltuchs. Auch hatte er während der bisherigen Fahrt noch kein einziges Wort gesprochen.

Ungefähr eine Stunde später zogen wir das Boot auf eine kleine Insel, auf der zwei unbewohnte Holzhütten standen. Da die Sonne bereits unterging, hängten wir sofort unsere Hängematten auf und brachten die Moskitonetze an. Wir entzündeten ein Feuer, auf dem einige Töpfe Reis gekocht wurden, und während die Kühle der Nacht hereinbrach, rückten wir näher an das flackernde Lagerfeuer, das nicht nur Licht und Wärme spendete, sondern uns auch ein Gefühl der Zusammengehörigkeit gab. Die Marons erzählten sich Geschichten, und obwohl ich nur wenig davon verstand, vermittelten mir ihre melodischen Stimmen und die ausdrucksvollen Gesichter doch das Gefühl, unter Freunden zu sein.

Am nächsten Morgen brachen wir unser Lager schon vor Sonnenaufgang ab. Der Fluß wirkte kalt und grau und paßte sich damit dem Wetter an, das um diese Tageszeit durchaus nicht tropisch wirkte. Als es ein wenig wärmer wurde, erwachten die ersten Vögel; wir begegneten einem auffällig gefärbten Graukardinal, der Zweige für sein Nest sammelte, und einer Sonnenralle, die im flachen Uferbereich mit ihrem langen orangefarbenen Schnabel nach Fröschen suchte. Als Fritz sah, daß ich mir die Namen der Vögel notierte, sagte er, er würde mir weiter flußaufwärts etwas Besonderes zeigen.

Einige Stunden später, als die Sonne bereits wieder erbarmungslos auf uns niederbrannte und von den Tieren des Urwaldes nichts mehr zu hören und zu sehen war, lenkte Caspar, derjenige unserer Bootsführer, der den Außenbordmotor bediente, das Kanu auf eine schmale Sandbank: Es war Zeit für das Mittagessen. Während unsere Begleiter ein Feuer anzündeten, um Reis zu kochen, nahm Fritz seine Machete und forderte mich auf, ihm in den Dschungel zu folgen. Schweigend gingen wir einen schmalen Pfad entlang, wobei ich stets auf den Erdboden schaute, damit ich nicht versehentlich auf eine Giftschlange trat. Fritz zog die Machete aus der Scheide und ging zu einem großen Baum mit schwarzer Borke, die mit zahlreichen kleinen Löchern übersät war. Nachdem er ein Stück davon entfernt hatte, schlug er einige Splitter des gelben Holzes ab und gab sie mir. Er sagte, der Baum würde *Bergibita* – «Gebirgsbitterholz» – genannt, und versuchte zu erklären, wozu man seine Inhaltsstoffe verwendete. Als er merkte, daß ich seine verbalen Bemühungen nicht verstand, benutzte er die Zeichensprache: Er hielt sich seinen scheinbar schmerzenden Bauch, schnitt Holzstücke von dem Baum, deutete an, daß er sie in einen Topf mit Wasser legt, um daraus einen Tee zu brauen, trank anschließend den imaginären Sud, um sich dann genüßlich den Bauch zu reiben. Als ich diese Information in

78

mein Notizbuch schrieb, lächelte Fritz zufrieden und forderte mich dann auf, ihm weiter in den Wald zu folgen.

Bisher hatten wir uns auf recht gut erkennbaren Pfaden bewegt, aber nun betraten wir einen Wald, der in Surinam Lianendschungel genannt wird. Hier verhindert der außerordentlich nährstoffarme Boden das Wachstum großer Bäume mit einem dichten Blätterdach, so daß sehr viel Sonnenlicht bis auf den Urwaldboden gelangt, wodurch das Wachstum von Lianen erleichtert wird, die jetzt unser Vordringen erschwerten. Fritz erwies sich als Meister der Machete – ein kurzer Hieb, und die Liane lag am Boden. Schließlich erreichten wir einen Abschnitt, der mit großen, moosbewachsenen gelbbraunen Granitfelsen übersät war. Mein Begleiter deutete mir an, mich so ruhig wie möglich zu verhalten, und wir schlichen uns zwischen den riesigen Felsbrocken durch bis zu einer kleinen Lichtung.

Was ich dort sah, würde das Herz eines jeden Vogelliebhabers höher schlagen lassen: der Paarungstanz des Felsenhahnes. Die Männchen dieser Vogelart, die in den Guyanaländern und im nördlichen Brasilien heimisch ist, sind orange gefärbt und tragen auf dem Kopf einen Kamm, der aussieht wie der Helm eines römischen Soldaten. Der unerschrockene Entdecker Robert Schomburgk, der Mitte des 19. Jahrhunderts die Grenze zwischen Brasilien und Guyana vermaß, war vermutlich der erste Europäer, der den Paarungstanz dieses Vogels gesehen hat. In einem Bericht an die Geographische Gesellschaft in London schrieb er:

Während wir eben das Gebirge durchkreuzten, stießen wir auf eine Herde jener herrlichen Vögel, den Felshahn oder das Felsenhähnchen *(Rupicola elegans)**, wobei ich zugleich Gelegenheit hatte, Zeuge des Tanzes dieser Vögel zu sein, von dem mir zwar die Indianer schon viel erzählt hatten, den ich aber immer noch für eine Fabel hielt. Eben hörten wir in einiger Entfernung die zwitschernden Töne, die den Rupicola so eigentümlich sind, und zwei meiner

---

* Der heutige Name lautet *Rupicola rupicola.*

Führer winkten mir, mich mit ihnen vorsichtig nach dem Orte hinzuschleichen, der etwas abgelegen vom Wege den Versammlungsplatz der Tanzenden bildete. Er hielt 4–5 Fuß im Durchmesser, jeder Grashalm war entfernt und dabei der Boden so glatt, als hätten ihn menschliche Hände geebnet. Auf diesem Platze sahen wir einen der Vögel herumtanzen und springen, während die übrigen offenbar die bewundernden Zuschauer bildeten. Jetzt spreitete er seine Flügel aus, warf seinen Kopf in die Höhe oder schlug gleich einem Pfau mit dem Schwanze ein Rad; dann stolzierte er umher und kratzte den Boden auf, was alles mit einem hüpfenden Gange begleitet war, bis er ermüdet einen eigentümlichen Ton von sich gab und ein anderer Vogel seine Stelle einnahm. So traten drei nacheinander auf die Schaubühne und zogen sich hintereinander mit dem stolzesten Selbstgefühl wieder unter die übrigen zurück, die sich auf einigen niedern Büschen, welche den Tanzplatz umgaben, niedergelassen hatten. Wir zählten 10 Männchen und 2 Weibchen, bis sie plötzlich das knisternde Geräusch eines Stück Holzes, auf das ich unvorsichtig meinen Fuß gesetzt hatte, aufscheuchte – und dahin flog die ganze tanzende Gesellschaft!

Als wir wieder bei unserem Boot ankamen, war es schon zu spät, um noch weiterzufahren, so daß wir beschlossen, auf der kleinen Insel zu kampieren. Die würzige Luft, die quakenden Frösche, der üppige Dschungel und die Erinnerung an die Felsenhähne versetzten mich in eine Hochstimmung, wie ich sie selten zuvor erfahren hatte. In dieser Nacht herrschte Vollmond. Ein *Buta-buta*-Vogel, eine Art Ziegenmelker, sang in den Bäumen am Fluß, und Fritz erklärte mir, daß er dies nur deswegen tat, weil er glücklich über den Vollmond sei.

Zwei Tage später erreichten wir unseren Bestimmungsort. Die Siedlungen der Marons befinden sich meist an Flußufern, denn Wasser spielt im Leben der Dorfgemeinschaft eine große Rolle.

Nachdem wir unsere Vorräte ausgeladen und am Ufer gestapelt hatten, gingen Fritz und ich ins Dorf, um den Häuptling aufzusuchen. Es gab einen Hauptweg, von dem zahlreiche schmale Pfade abzweigten, die zu den Gärten oder in den Dschungel führten. Die Siedlung bestand aus etwa einhundert kleinen Holzhäusern, deren Fassaden mit farbenfrohen Mustern bemalt und deren Türen häufig mit komplizierten Schnitzereien versehen waren. Einige der Hütten besaßen Wellblechdächer, aber die meisten waren mit Palmblättern gedeckt.

Während wir ins Dorf gingen, sah ich viele Männer, die Paddel aus einem gelbbraunen Holz schnitzten. Sie handhabten ihre großen Jagdmesser und Macheten außerordentlich geschickt, lachten und unterhielten sich dabei, während die Haufen der Späne neben ihnen immer größer wurden. Zuletzt wurden die Paddel mit geometrischen Figuren verziert, von denen einige das Jagdglück fördern sollten, während andere als schmückendes Beiwerk gedacht waren.

Die Frauen waren indessen mit Arbeiten beschäftigt, die bei den Marons allein ihnen vorbehalten waren. Viele von ihnen spannen, ein junges Mädchen mörserte Reis, um die Spelzen zu entfernen. Als die Frauen, die nur mit aus Flicken zusammengesetzten Lendenschurzen bekleidet waren, uns kommen sahen, griffen sie schnell nach Tüchern, um ihre nackten Oberkörper zu bedecken.

Am Wegrand entdeckte ich ein Maronheiligtum – einen flachen Altar, auf dem eine einfache, aus Holz geschnitzte Menschenfigur stand. Zu beiden Seiten waren Stöcke in den Boden gerammt, an denen farbenfrohe Kleidungsstücke hingen. Vor dem Altar standen Flaschen, die mit geheiligten Flüssigkeiten (normalerweise Rum) gefüllt waren und während religiöser Zeremonien verwendet wurden. Es gab im Dorf zahlreiche dieser Heiligtümer, die jeweils zum Gedenken an einen angesehenen Vorfahren errichtet worden waren. Jedem dieser hochverehrten Verstorbenen wurden besondere Fähigkeiten nachgesagt, so daß die Dorfbewohner beispielsweise an einem Altar darum baten, daß der Vorfahre ihnen half, jemanden zu finden, der sich im Urwald verlaufen hatte, während an einem anderen darum gebeten wurde, bei der Heilung eines gebrochenen Knochens behilflich zu sein. Die einzelnen Gedenkstätten wurden von verschiedenen Gruppen aus der Dorfbevölkerung errichtet, etwa von den Männern oder Frauen einer bestimmten Familie, und waren damit praktisch ihr Eigentum. Die dadurch bedingte Notwendigkeit, möglicherweise fremde Heiligtümer aufsuchen und dort beten zu müssen, fördert das Zusammengehörigkeitsgefühl der Dorfbewohner untereinander.

Am Rande der Siedlung fanden wir schließlich die Hütte des Häuptlings. Fritz blieb zwei Meter vor dem Eingang stehen und rief: «Krock, krock, krock!» – ein verbales Anklopfen, denn es gab keine Türen. Ein verschlafener, etwa sechzigjähriger Mann schaute heraus, und als er sah, daß es sich nicht um Bewohner seines Dorfes handelte, holte er schnell seine Insignien – eine braune Marinemütze und einen Gehstock. Er trat aus der Tür und begrüßte uns, indem er sich mit Fritz in einer Art Wechselgesang unterhielt. Anschließend erklärte mein Begleiter kurz den Grund unseres Besuches. Das Dorfoberhaupt schickte sofort seinen Enkel los, der den Rest des Dorfes für eine Willkommensfeier zusammenrufen sollte. Wenige Minuten später tauchten dann auch seine beiden Unterhäuptlinge (die *Captains*) und vier Unterunterhäuptlinge (die *Bashas*) auf. Diese standen hinter ihm, als wir dem Dorfoberhaupt ein halbes Dutzend Rumflaschen und einige Dosen aromatischen schwarzen Tabaks überreichten, die üblichen Gastgeschenke in einem Dorf der Marons. Der Häuptling verteilte die Mitbringsel an seine Unterführer, wobei er allerdings den Löwenanteil für sich behielt, und dann vollführten die Captains und Bashas einen kurzen Tanz, der nur aus einigen Vor- und Rückwärtsschritten bestand. Dabei sangen sie: *«Danki, danki, baccra!»* («Vielen Dank, weißer Mann!») Am Ende dieser Vorstellung gab uns der Häuptling formell die Erlaubnis, im Dorf zu wohnen und zu arbeiten, und wies uns für die Dauer unseres Aufenthalts eine Hütte zu.

Ein normaler Tag im Dschungel beginnt in der Regel sehr früh, da man einen Großteil der Arbeit vor der großen Mittagshitze erledigen muß, und so war Fritz, als ich bei Tagesanbruch erwachte, schon dabei, das Frühstück zuzubereiten – gekochte Yamswurzel, die die Marons in ihren Gärten anbauen, und eine Tasse Pulverkaffee, den wir aus Paramaribo mitgebracht hatten. Danach verließen wir die Hütte. Ich war erstaunt, wie sauber und ordentlich das Dorf wirkte. Der Boden wurde mindestens einmal täglich geharkt, so daß die ganze Ansiedlung fast frei von Pflanzen war. Eine Ausnahme bildeten zahlreiche Obstbäume, die die Dorfbewohner mit Orangen, Bananen, Kokosnüssen und den Früchten des Sauersacks, dessen süßes weißes Fleisch wie eine Mischung aus Vanilleeis und Eierschnee schmeckt, versorgten.

Da der Regenwald direkt hinter dem Dorf begann, waren Fritz und ich schon bald darauf inmitten der immergrünen Halle. Während ich mich bemühte, sowohl seine Sprache als auch etwas über die Vegetation zu lernen, stellte ich fest, daß die Marons eine ganz besondere Beziehung zu ihrer Umwelt haben. Während meines Aufenthaltes bei den Kreolen in Französisch-Guayana hatte ich den Eindruck gewonnen, daß diese den Urwald fürchteten, ihn als etwas Feindliches ansahen, das bezwungen werden mußte. Fritz und seine Stammesgenossen hatten dagegen eine eher mystische Verbindung zum Dschungel, der ja seit den Zeiten, da ihre Vorfahren hier Zuflucht vor den Schrecken der Sklaverei gefunden hatten, so etwas wie ihre Heimat war. So glauben die Marons beispielsweise, daß bestimmte Bäume magische Kräfte haben. Im riesigen Kapokbaum wohnen die Schutzgeister des Urwalds; er darf von niemandem gefällt werden, und unter bestimmten Maulbeerbäumen darf man nicht urinieren. Die Marons behandeln diese tabuisierten Bäume, wie eigentlich den gesamten Dschungel, mit Respekt und Ehrfurcht.

Eines der ersten Dinge, die ich in der Zusammenarbeit mit Fritz lernen mußte, war Geduld. Im Urwald herrschen auch bezüglich der Zeit andere Gesetze. Fritz wollte mir erst die umgangssprachlichen Namen häufiger Pflanzen beibringen. Wir näherten uns einem riesigen Baum mit großen Brettwurzeln und einer rötlichen Rinde, von der an verschiedenen Stellen bereits große Stücke entnommen worden waren. «Diesen Baum nennen wir *Agrobigi*», sagte er. «Und man benutzt die Rinde, um einen fiebersenkenden Tee zu brauen.»

Ich war ein wenig mißtrauisch, denn *Agrobigi* bedeutet eigentlich nichts weiter als «wird sehr groß». Die wissenschaftliche Literatur ist voll von Geschichten, in denen Eingeborene den Forschern falsche Namen angaben oder die Botaniker die Bezeichnungen nicht richtig verstanden. So wird beispielsweise in einer Veröffentlichung über die surinamische Pflanzenwelt eine sehr häufige Art als *Kakabroakoe* aufgeführt, was frei übersetzt soviel bedeutet wie: «Es geht in die Hose», wobei leider nicht bekannt ist, ob diese Pflanze wirklich dazu benutzt wurde, Durchfall zu behandeln, oder ob sich der Maronführer nur einen Spaß erlaubt hat. In einem anderen Fall waren die Wissenschaftler entweder etwas nachlässig beim Notieren der Namen oder der Eingeborenensprache nicht mächtig, denn der ziemlich lange Name einer Pflanze bedeutete übersetzt etwa: «Diese Pflanze kenne ich nicht und muß daher erst meinen Onkel fragen!»

Nachdem wir schon einige Stunden unterwegs waren, beschlossen wir, eine Pause einzulegen und den geräucherten Fisch zu essen, den Fritz im Dorf erhalten hatte. Ich setzte mich auf die Erde und lehnte meinen Arm an eine dicke Liane. Gleich darauf spürte ich ein heftiges Brennen: Ich war an eine «Feuerliane» geraten, mit der ich schon in Französisch-Guayana schlechte Erfahrungen gemacht hatte. Als Fritz sah, was passiert war, verschwand er im Dschungel und kam gleich darauf mit einem unscheinbaren Kraut zurück. Er brach vorsichtig drei der hellgrünen Blätter ab und zerrieb sie zwischen den Händen zu einer Paste, die er dann auf die verbrannten Stellen auftrug. Als wir unsere Mahlzeit beendet hatten, waren sowohl der Schmerz als auch die Rötung verschwunden.

84

Fritz erwies sich als Dschungeldrogist erster Güte, der mir auf Schritt und Tritt Heilpflanzen zeigen konnte. Wir sammelten die typischen, dreieckigen Blätter der *Aciotis*, die gegen Gonorrhö angewendet wird, das übelriechende Holz des *Jarakopi*-Baumes, aus dem ein fiebersenkender Aufguß hergestellt wird, die grünen, herzförmigen Blätter eines kleinen Krautes, das *Konsaka wiwiri* genannt wird und im wahrsten Sinne vom Kopf bis zu den Füßen angewendet wird, nämlich sowohl bei Kopfschmerzen als auch bei Fußpilz. Fritz zeigte mir außerdem den *Mokomoko*, einen Busch mit pfeilförmigen Blättern, der gern an Flußufern wächst. Der Saft dieser Pflanze wird in offene Wunden geträufelt, um Blutungen zu stillen. Wie Fritz mir versicherte, handelt es sich dabei um eine sehr schmerzhafte Prozedur, da der Pflanzensaft eine stark brennende Wirkung besitzt.

Eine Pflanze überragte die anderen bezüglich ihrer Heilkraft aber bei weitem. Es handelte sich um ein kleines, unscheinbares grünes Kraut am Rand des Pfades. Fritz riß die Pflanze mitsamt den Wurzeln aus und erklärte, daß jemand mit zuviel Zucker im Blut zweimal pro Tag einen Tee aus den Blättern trinken mußte. Es dauerte eine Weile, bis ich begriff, daß Fritz Diabetes meinte. Ich bat ihn, mir zu erklären, wie die Menschen tief im Dschungel in der Lage waren, festzustellen, daß jemand Zucker im Blut hatte.

«Das ist doch ganz einfach», antwortete er. «Man muß den Urin schmecken.»

Als wir später am Abend die gesammelten Pflanzen in die Pressen sortiert und diese zum Trocknen über Kerosinbrennern aufgehängt hatten, ging Fritz noch einmal zum Fluß hinunter, um Trinkwasser zu holen. Bei seiner Rückkehr leckte er sich genießerisch die Lippen. Einer der Marons war in der Nacht zuvor auf Jagd gewesen und hatte Fleisch mitgebracht, das seine Frau gerade zubereitete und von dem sie Fritz freigebig eine Schüssel voll mitgegeben hatte. Während er das Fleisch sorgfältig in zwei gleiche Portionen teilte, erzählte er mir, daß das Fleisch von einem Tier stammte, das Paka genannt wurde.

Ich kann guten Gewissens behaupten, daß es das beste

Fleisch war, das ich jemals gegessen habe. Es war rot wie gutes Rindfleisch, aber mit einem süßlichen Nachgeschmack, der an bestes Schweinefleisch erinnerte. Nachdem wir beinahe eine Woche nichts als Reis, Yamswurzeln, Früchte, Tütensuppen und gesalzenen Fisch gegessen hatten, war das frische Fleisch eine willkommene Abwechslung. Als wir am nächsten Tag zum Pflanzensammeln wieder in den Dschungel gingen, sahen wir einen Jäger ins Dorf zurückkommen, der in der einen Hand ein Gewehr trug und in der anderen eine etwa sechzig Zentimeter lange, kurzschwänzige Ratte. «Was ist das für ein Tier?» fragte ich Fritz angeekelt.

«Oh, das ist ein Paka», antwortete er.

Am Abend des gleichen Tages suchten wir Petrus und seinen Vater auf, um zu fragen, wann wir den Jungen zu dem Medizinmann flußaufwärts bringen sollten. Das Dorf lag still im hellen Mondlicht, und der weiße Sand verlieh der Umgebung ein fast geisterhaftes Glühen.

Petrus lag in einer Hängematte vor der Hütte, sein Vater hielt daneben Nachtwache. Der Junge sah noch schlechter aus als bei unserer Ankunft. Die Gelbfärbung seiner Augen hatte sich verstärkt, und seine Wangen wirkten eingefallen und hohl. Der Vater meinte, es sei vermutlich besser, die Fahrt noch um einige Tage zu verschieben, bis Petrus sich etwas ausgeruht habe.

So streiften Fritz und ich drei weitere Tage im Urwald umher, kehrten bei Sonnenuntergang ins Dorf zurück, preßten die gesammelten Pflanzen, nahmen ein schnelles Abendessen ein und verschwanden dann in den Hängematten. Bei einer dieser Exkursionen ritzte Fritz die Rinde eines Baums, der sicherlich über 30 Meter hoch war, und kurz darauf begann ein weißer Milchsaft aus der Wunde zu quellen.

«Dieser Saft war einmal unser Geld», sagte er.

Er lächelte, als er mein erstauntes Gesicht sah. «Wir nennen ihn Balata», sagte er. «Als ich noch ein Kind war, fingen wir den Saft in Kalebassen auf, ließen ihn trocknen und brachten ihn flußabwärts, um ihn gegen Gewehre oder

Taschenlampen einzutauschen. Irgendwann wollten die Menschen in der Stadt unser Balata nicht mehr haben, so daß wir es heute nicht mehr sammeln.»

Der von Fritz angesprochene Meinungsumschwung bezog sich auf den sich in den Industriegesellschaften verstärkenden Trend, natürliche Produkte durch künstlich hergestellte zu ersetzen. Der Balata-Milchsaft wurde lange Zeit benutzt, um Tiefsee-Telefonkabel, Golfbälle und Keilriemen herzustellen. Besonders für Keilriemen war er ausgezeichnet geeignet, denn im Gegensatz zu Naturkautschuk ist Balata wenig elastisch und leiert daher auch nicht so leicht aus.

Balata war einst ein so begehrtes Handelsgut, daß es zum drittwichtigsten Exportartikel Britisch-Guayanas wurde. Auch heute sammelt man es noch in geringen Mengen und benutzt es für hochwertige Golfbälle, aber die übrigen Dinge werden inzwischen aus synthetischen Materialien gefertigt.

Der in Zentralamerika heimische Kaugummi – oder Sapotillbaum, der zur selben Familie gehört wie der Balatabaum, hat eine noch bewegtere Vergangenheit. Schon zu Zeiten des Aztekenreiches haben die Menschen den getrockneten Milchsaft dieser Pflanze gekaut. Die Kommerzialisierung des Kaugummis in den Vereinigten Staaten begann mit General Santa Anna, dem mexikanischen Helden von El Alamo. In den sechziger Jahren des letzten Jahrhunderts lebte dieser General im Exil auf Staten Island und plante von dort aus seine Rückkehr in sein Heimatland. Zur Entspannung pflegte er regelmäßig Sapotillsaft zu kauen. Als er schließlich nach Mexiko zurückkehrte, ließ er die Kaumasse bei seinem Gastgeber, Thomas Adams, einem Hobbyerfinder, zurück. Dieser versuchte den Milchsaft zu vulkanisieren, um wasserdichte Schuhe daraus herzustellen. Das Unternehmen scheiterte allerdings daran, daß die Sohlen der neuartigen Stiefel bei höheren Temperaturen am Straßenpflaster kleben blieben. Sein nächster Einfall war, die Masse als Haftcreme für Zahnprothesen zu verkaufen. Als auch dieser Versuch mißlang, rollte Adams den Sapotillsaft mit dem Nudelholz seiner Frau aus, fügte Zucker hinzu, schnitt den Teig in kleine Stücke und bot diese einem Süßwarenhändler in Brooklyn zum Verkauf an. Der Erfolg stellte sich schnell ein und entwickelte sich später zur multimillionen Dollar schweren Kaugummi-Industrie.

Wie das Balata ist auch der Sapotillsaft inzwischen durch synthetische Materialien ersetzt. Doch indem wir unsere Abhängigkeit von natürlichen Substanzen durch Entwicklung künstlicher Ersatzstoffe reduzieren, setzen wir den ökonomischen Wert der Regenwälder herab. Wenn das Sammeln von Sapotillsaft und Balata fachgerecht durchgeführt wird, könnte dieses den Bewohnern des Urwaldes langfristig ein regelmäßiges Einkommen sichern, ohne daß dabei der Dschungel zerstört würde. Glücklicherweise ist die immer noch vorhandene Nachfrage nach Sapotillsaft die Gewähr dafür, daß ein großer Teil der Wälder in Mexiko, Guatemala und Belize geschützt bleibt.

Ein gegenläufiges Beispiel bildet eine in Asien beheimatete Pflanze derselben Familie, der Guttaperchabaum. Zu Beginn unseres Jahrhunderts wurden mit dem Milchsaft dieser Pflanze wasserdichte Kabel, Golfbälle, Schienungsmaterial für Knochenbrüche, Telefonhörer, Dichtungsmittel und Klebstoffe hergestellt. Schon 1867 begannen außerdem Zahnärzte damit, diese Substanz als Zahnkitt zu benutzen. Da Guttapercha nicht nachgibt und weder bakterielles Wachstum zuläßt noch das umgebende Zellgewebe schädigt, erwies es sich als ideal für diesen Zweck. In den sechziger Jahren dieses Jahrhunderts ersetzten die Zahnärzte dann aber die natürlichen Substanzen durch synthetische. Bereits ein Jahrzehnt später begannen sich derartige Füllungen jedoch aufzulösen und mußten ersetzt werden, eine kostspielige und schmerzhafte Prozedur. Die Guttaperchafüllungen waren dagegen immer noch intakt. Angesichts dieser Entwicklung sind viele Zahnärzte dazu übergegangen, wieder die natürliche Substanz zu benutzen.

Guttapercha ist nicht die einzige Pflanze des Regenwaldes, die eine Rolle in der modernen Zahnheilkunde spielt. Kurz nachdem Fritz mir das Balata gezeigt hatte, führte er mich zu einem anderen großen Baum mit einer auffälligen graubraunen Rinde. Frühere Besucher hatten bereits Löcher in den

88

Stamm gebohrt, aus denen ein dickes gelbliches Harz floß, das ein wenig nach Terpentin roch. Fritz erklärte mir, daß man dieses Harz auf Wunden strich, um die Heilung zu beschleunigen.

Die Ausscheidungen der Bäume dieser Familie werden als Kopal bezeichnet, ein Begriff, der sich von dem aztekischen Wort *Copalli* ableitet, was schlicht und einfach «Harz» bedeutet. Die therapeutische Wirkung von Kopal war den Indianern schon seit Hunderten, wenn nicht sogar seit Tausenden von Jahren bekannt. Über den Gebrauch des Kopals berichteten europäische Entdecker schon im 15. Jahrhundert, und in Brasilien, wo es als *Copaiba* bekannt ist, wird es noch heute bei Erkältungen und anderen Erkrankungen der Atemwege angewendet. Auch wurde diese Substanz einst benutzt, um bei Fotografien Halbtöne und Schatten hervorzuheben, und in den Vereinigten Staaten verwendete man es als Desinfektions-, Abführ-, leichtes Anregungs- und als harntreibendes Mittel. Heute wird dieses Harz häufig noch in Seifen und kosmetischen Artikeln verwendet, sowie bei der Herstellung von hochwertigen Farben für die Malerei, und es spielt wie erwähnt auch eine wichtige Rolle in der modernen Zahnheilkunde. Wenn ein Zahnarzt ein Loch ausbohrt, um anschließend eine Füllung zu machen, werden häufig auch Kanäle freigelegt, die später Schmerzen verursachen können. Werden sie jedoch mit Kopal behandelt, kann dies verhindert werden.

Als nächstes zeigte mir Fritz einen hohen Heuschreckenbaum. Er ritzte den Stamm mit seiner Machete an, worauf ein rostbraunes Harz austrat. Dann schaute er sich suchend um, bis er einen großen Baumstumpf sah, von dem er behauptete, er habe einst zu einem Heuschreckenbaum gehört. Mit der Machete grub er ein wenig zwischen den Wurzeln herum und förderte einen verschmutzten Klumpen von der Größe einer Pflaume zutage. Nachdem er ihn ein wenig gesäubert hatte, zeigte er mir das Fundstück. Es sah aus wie ein versteinerter Brocken des rostbraunen Harzes. Fritz bat mich um meine Streichhölzer und zündete die Harzkugel an, die daraufhin mit einer reinen blauen Flamme zu brennen begann und die Luft um uns herum mit einem angenehmen Tannennadelduft erfüllte.

«Wir benutzen das Harz für zweierlei Dinge», sagte er. «Wenn wir auf der Jagd sind und es hat geregnet, zünden wir damit unser Feuer an. Es brennt sehr viel besser als nasses Holz. Aber wir zerreiben es auch, vermischen den Puder mit warmem Wasser und trinken es, um Diarrhö zu behandeln.» Diarrhö ist ein ernsthaftes Problem in den feuchtwarmen Tropen, so daß ich fragte, was die Marons noch benutzten, um mit Beschwerden dieser Art fertig zu werden. Von Professor Schultes hatte ich gelernt, daß Erklärungen zur Anwendung einer bestimmten Pflanze manchmal auch zu Informationen über andere Gewächse führen können.

«Nun», sagte Fritz, «auch das hier benutzen wir manchmal gegen Diarrhö, aber eigentlich wirkt es besser bei Fieber.» Er zeigte auf einen dünnen Baum mit kleinen kirschroten Blüten. «Probier mal», sagte er und schälte ein Stück der weißgrauen Rinde ab. Ich tat es und kostete damit ein Stück surinamischer Geschichte.

Während der Kolonialzeit gab es einen berühmten schwarzen Medizinmann namens Kwasi. Angeblich existierte damals in Surinam ein Gesetz, das besagte, ein Sklave, der es schaffte, aus der Kolonie zu flüchten und bis in die Niederlande zu gelangen, sei ein freier Mann. Kwasi schaffte es und bekam nicht nur seine Freiheit, sondern wurde in Europa auch zu einem berühmten Wunderheiler, hauptsächlich deswegen, weil er aus Surinam bestimmte Kräuter mitgebracht hatte. Seine wirkungsvollste Medizin war ein Tee, der aus einem außerordentlich bitteren Holz hergestellt wurde. Man benutzte ihn, um Fieber zu senken und um Parasiten des Magen-Darm-Trakts zu bekämpfen. Während seiner Reisen traf Kwasi auch den berühmten schwedischen Botaniker Carl von Linné, der die Pflanze, aus der diese Medizin hergestellt wurde, *Quassia amara* nannte, was soviel wie «Kwasis Bitterholz» bedeutet. Fritz erzählte mir, daß der Tee immer noch von seinen Stammesgenossen benutzt werde, um Krankheiten zu bekämpfen. Dazu nehmen sie eine Tasse des bitteren Holzes, schütten Rum darüber und lassen es eine halbe

90

Stunde lang ziehen. Während dieser Zeit lösen sich die medizinisch wirksamen Substanzen des Holzes im Alkohol, den der Patient dann zu trinken bekommt.

Da Kwasi diese Pflanze schon vor über 200 Jahren in Europa einführte, hat sie auch in der westlichen Medizin eine lange Geschichte. Extrakte des Holzes wurden als Tonikum, als appetitanregendes Mittel und bei der Behandlung von Verdauungsstörungen angewendet; außerdem galt das Mittel eine Zeitlang als Arznei zur Bekämpfung von Malaria, was allerdings ein Trugschluß war. Der Bitterholzbaum wird heute noch gegen Spulwürmer angewendet und manchmal auch als Insektizid benutzt, da er Substanzen enthält, die Blattläuse sehr gut abtöten.

Die nächste harzproduzierende Pflanze, die mir an diesem Tag gezeigt wurde, ist zwar nicht so gut untersucht wie die Quassia, aber nicht weniger interessant. Wenn man den *Pritjari*, einen kleinen Baum mit gelbbraunem, stacheligem Stamm anritzt, tritt aus seiner Rinde ein klares, klebriges Harz aus. Fritz erklärte, daß seine Stammesgenossen die Rinde dieses Baumes in heißes Wasser legen, um mit dem Extrakt Wunden auszuwaschen, damit die Heilung besser voranschreitet. Zwar ist über die Inhaltsstoffe dieses Baumes wenig bekannt, aber einer verwandten Art, die ebenfalls in diesem Gebiet vorkommt, verdanken wir das Pilocarpin. Dieses Medikament wird beispielsweise bei grünem Star angewendet, um den Augeninnendruck zu verringern.

Als wir später am Abend wie gewohnt dabei waren, die gesammelten Pflanzen zu pressen, hörten wir plötzlich eine Frauenstimme, die vor unserer Hütte «Krock, krock, krock» rief. Gleich darauf erschien die Tochter des Häuptlings, ein hübsches, etwa dreizehnjähriges Mädchen. Sie hatte nur ein einfaches, rot und weiß gestreiftes Baumwolltuch um die Hüften geschlungen, so daß um ihren Nabel herum die winzigen Ziernarben zu erkennen waren, die eine wichtige Rolle bei der Schönheitspflege der Maronfrauen spielen und eine erotische Wirkung auf Maronmänner haben.

Auf der Schulter des Mädchens saß ein zahmer Kapuzineraffe, der ein Stück Banane fraß, und in der rechten Hand trug sie einen Topf mit einem Gericht aus Reis und *Sopropo*, einer recht bitter schmeckenden Verwandten unserer Gurke, die von den Marons sehr geschätzt wird. «Das schickt euch mein Vater», sagte sie und stellte den Topf auf den Baumstumpf, der uns als Tisch diente. «Er läßt euch außerdem ausrichten, daß es Petrus ein wenig besser geht und ihr ihn morgen zum Medizinmann bringen könnt. Mein Vater meint, ihr sollt vorsichtig sein. Der Medizinmann ist verhext.»

Am nächsten Morgen holten Fritz und ich Petrus ab. Sein Vater blieb im Dorf zurück. Als Fritz mir erklärte, das Heilungsritual sei sicher zu aufregend für ihn, begann ich mich ein wenig zu wundern.

Das Lager des Medizinmanns befand sich etwa zwei Stunden flußaufwärts. Als wir ankamen, stand er bereits am Ufer und erwartete uns. Er war fast einen Meter neunzig groß und kräftig gebaut, hatte einen graumelierten Bart und trug ein weißes Baumwolltuch um die Hüften, sowie Armbänder aus kleinen schwarzen Pflanzensamen um beide Handgelenke. Schon als wir das Boot an Land zogen, begann er Zaubersprüche zu murmeln.

Während er mit Fritz sprach, wurde mir klar, warum er als verzaubert galt: Er schien irgendwann einen Schlaganfall erlitten zu haben, durch den die linke Hälfte seines Gesichts gelähmt war. Daher zeigte im Laufe eines Gesprächs nur die gesunde Hälfte eine normale Mimik, während die andere wie eingefroren wirkte und zu seiner geheimnisvollen und furchteinflößenden Aura beitrug.

Da die Sonne bereits unterging, bat er uns in seine Behausung. Petrus hatte Mühe zu gehen, und so legte ihn sich der Medizinmann wie einen Kartoffelsack über die Schulter und trug ihn hinein. Die Hütte, die hölzerne Wände und ein Dach aus Palmblättern hatte, bestand nur aus einem Raum. An der Wand hing ein Bild aus einem holländischen Kalender, das in dieser Umgebung recht seltsam wirkte: eine Windmühle inmitten eines Tulpenfeldes. In der Mitte des Raumes brannte ein kleines Feuer, zusätzlich spendete eine alte

Kerosinlampe ein wenig Licht. Um die Feuerstelle standen mit Ornamenten verzierte Holzbänke. Darauf setzten wir uns und starrten ins Feuer, bis die Dunkelheit vollständig hereingebrochen war. Schließlich öffnete der Medizinmann eine Flasche Rum und reichte sie herum. Dann fragte er Fritz über die Krankheit des Jungen aus. Er stand auf und stellte sich hinter Petrus. Mit einer Hand machte er eine Reihe seltsamer Zeichen über dessen Kopf und murmelte Zaubersprüche.

Nachdem er dies einige Minuten getan hatte, begann er die Schultern des Kindes zu massieren, wobei er abwechselnd schrille Schreie und ein hysterisches Gelächter ausstieß. Bei mir begannen sich buchstäblich die Nackenhaare aufzurichten, während Petrus immer noch zusammengesunken auf der Bank saß und keinerlei Regung zeigte. Kurz darauf verschwand der Medizinmann aus der Hütte, und wir konnten ihn draußen laute Selbstgespräche führen hören. Als er zurückkam, warf er einen Strauß Kräuter in das Feuer und forderte den Jungen auf, den Rauch kräftig zu inhalieren. Die übrigen gesammelten Pflanzen legte er in einen Topf und schüttete Rum darüber. Dann ergriff er Fritz und mich ganz plötzlich am Arm und zog uns aus der Hütte. Noch während wir herumstanden und nicht wußten, was nun geschehen sollte, begann der Schamane einen Nagel in einen Baum zu schlagen. Dabei wiederholte er denselben Satz immer wieder: «Laß den Jungen gesund werden, laß den Jungen gesund werden.» Dazwischen murmelte er Sätze, die ich nicht verstand. Nachdem er den Nagel zur Hälfte eingeschlagen hatte, gab er mir den Stein, den er benutzt hatte, und forderte mich auf, die Arbeit zu beenden. Fritz erhielt Anweisung, mit ihm zusammen Zaubersprüche aufzusagen. Nachdem ich den Nagel vollständig eingeschlagen hatte, folgten wir ihm wieder in die Hütte zurück. Er rührte in dem Topf mit den Pflanzen und dem Rum und ließ Petrus dann den gesamten Inhalt austrinken. Währenddessen begann der Medizinmann zu singen, ergriff seine Machete und schwang sie wie wild über dem Kopf des Kindes. Plötzlich führte er einen schnellen Seitenhieb aus und brachte die Klinge erst einige Zentimeter vor meinem Genick zum Stehen. Als ich ihn erschrocken anschaute, grinste er schräg und schleuderte die Waffe in eine der hölzernen Bänke. Ich beobachtete den kräftig vibrierenden Griff der Machete und merkte, daß mein Herz langsam wieder zu schlagen begann.

Kurz darauf endete die Zeremonie. Der Schamane sagte uns, wir sollten den Jungen bei ihm zurücklassen und am nächsten Tag wieder abholen. Fahles Mondlicht schien, als Fritz und ich uns, beschwipst vom vielen Rum und erschöpft von dem Ritual, auf den Heimweg machten.

Am nächsten Tag fuhren wir zurück, und dieses Mal war der Vater des Jungen dabei. Als wir in Sichtweite der Schamanenunterkunft kamen, sahen wir den großen Mann auf einem Felsen am Flußufer sitzen. Er reagierte nicht auf unsere Rufe, sondern blieb ungerührt auf seinem Stein hocken, murmelte etwas vor sich hin und kratzte sich geistesabwesend den Bart. Dafür kam Petrus plötzlich ans Ufer gelaufen und lächelte erfreut, als er seinen Vater sah. Es war erstaunlich, wie sehr sich der Junge verändert hatte. Seine Augen zeigten nicht mehr die ungesunde gelbe Farbe, und obwohl er sich immer noch ein wenig unsicher bewegte, erschien er uns kräftiger und lebenslustiger als am Tag zuvor. Er sprang ins Boot, umarmte seinen Vater, und wir machten uns gleich darauf wieder auf den Rückweg. Als wir im Dorf ankamen, konnte ich meine Neugierde nicht mehr bezähmen und bestürmte Fritz mit Fragen.

Er lächelte. «Ich kenne eine ganze Reihe von Heilpflanzen, aber ich bin kein Medizinmann. Letzte Nacht war ich wie du nur Zuschauer. Wenn du wissen willst, welche Kräuter er benutzt hat, mußt du irgendwann zurückkommen und mit ihm leben.»

Ich verwarf einen solchen Gedanken. Bei der Zeremonie des Schamanen hatte ich mehr als nur Furcht empfunden. Seine Anwesenheit wirkte wie die Nähe eines lodernden Feuers – zwar fühlte man sich durch das Licht angezogen, sah sich wegen der starken Hitze aber gleichzeitig genötigt, Abstand zu halten. Ich war von der Macht des Schamanen tief beeindruckt, hatte jedoch auch das Gefühl, in diesem

Mann würden unkontrollierte Kräfte wirken. Zweifellos wollte ich gern von Menschen mit den Fähigkeiten dieses Medizinmanns lernen, aber eigentlich lieber von solchen, die ihre Kräfte unter Kontrolle hatten und die vor allen Dingen nicht mit Macheten über meinem Kopf herumfuchtelten.

«Schau dir dieses Insekt an», unterbrach Fritz meine Gedanken und zeigte auf eine smaragdgrüne Libelle, die sich auf dem Blatt einer Ingwerpflanze ausruhte. «Wir nennen sie *Grasbarki*. Es gibt im Dschungel eine ganze Reihe verschiedener Libellen, aber wir nennen sie alle *Grasbarki*. Die Indianer haben dagegen einen Namen für jede Art. Das gleiche gilt für viele Pflanzen. Die Marons wissen zwar eine ganze Menge, aber die Urwaldindianer wissen sehr viel mehr. Im Dschungel kennen sich die Indianer am besten aus. Wenn du wieder einmal herkommst, um etwas über Heilpflanzen zu lernen, mußt du tiefer in den Urwald gehen und dich den Indianern anschließen.»

Ich vergaß seinen Ratschlag nicht.

Unter dem doppelten Regenbogen

Im Dschungel erscheint der Indianer dem Fremden allwissend.

Surinamisches Sprichwort

Als ich im Dezember 1982 in Paramaribo, der Hauptstadt Surinams, ankam, befand sich das Land am Rande eines Bürgerkrieges. Selbst tagsüber waren die staubigen Straßen wie leergefegt, und nachts waren häufig Schüsse zu hören sowie die unverkennbaren Geräusche gepanzerter Fahrzeuge, aber auch das Schreien von Menschen, die aus ihren Häusern geholt wurden. Die politische Situation war schwer zu durchschauen. Es schien, als sei die linksliberale Junta bemüht, Umsturzversuchen der rechten Opposition zuvorzukommen, aber Genaues wußte niemand. Dafür gab es unzählige Gerüchte. Je nachdem, mit wem man sprach, hieß es, die Stadt würde schon bald von kubanischen Söldnern übernommen, oder es stand angeblich ein Angriff amerikanischer, französischer oder niederländischer Soldaten bevor.

Wegen des Durcheinanders war es schwierig, in den Dschungel zu gelangen – es gab immerhin eine Ausgangssperre –, aber ich wußte, hatte ich erst einmal das Landesinnere erreicht, würden mich die grünen Pufferzonen von dem unerfreulichen Geschehen abschirmen. Bei den Marons, die ich auf meiner letzten Expedition besucht hatte, wären die Gewalttaten in der Stadt nur noch ein Gerücht, und in den noch weiter abgelegenen Indianergebieten, in die ich dieses Mal fahren wollte, würde man überhaupt nichts mehr davon wissen.

Etwas außerhalb der Hauptstadt befand sich ein kleiner Flugplatz, von dem aus ich versuchen wollte, in den Dschungel zu fliegen. Natürlich war es nicht möglich, einfach ein Ticket zu lösen und die nächste Maschine zu nehmen, sondern man mußte in dem baufälligen Gebäude der Flugplatzverwaltung herumsitzen und darauf hoffen, daß irgendwann ein geeignetes Flugzeug kam. Ich hatte schon fast alle Hoffnung aufgegeben, als eine schrottreif aussehende Cessna auf der mit Schlaglöchern übersäten Landebahn aufsetzte. Ich ging hinüber, um mit dem Piloten zu sprechen, einem pechschwarzen Kreolen, der dabei war, Käfige mit Reptilien und kreischenden Vögeln auszuladen. Es war heiß und schwül wie in einer Sauna, so daß der Mann sich beeilte, die Tiere in den Schatten eines altersschwachen Schuppens zu schaffen. Als ich ihm sagte, ich würde jemanden suchen, der mich ins Landesinnere bringen könne, antwortete er lächelnd: «Das ist nur eine Frage der Bezahlung.» Wie sich herausstellte, mußte er am nächsten Tag in ein abgelegenes, nicht weit von der brasilianischen Grenze entferntes Dorf der Tirió-Indianer fliegen, um eine weitere Ladung mit Tukanen, Papageien und Leguanen für Zoos und private Sammler in Europa zu holen. Ich verabredete mich mit ihm für den nächsten Morgen.

Da nur noch wenig Handelsgüter in die Stadt gelangten, waren die Geschäfte geschlossen, so daß ich keine Vorräte einkaufen konnte. Es blieb mir also nichts anderes übrig, als meine für mehrere Wochen geplante Expedition nur mit meiner Pflanzenpresse, einer Machete, einigen Dosen Sardinen und ein paar Tütensuppen anzutreten, eine Aussicht, die mir eine schlaflose Nacht bescherte.

Meine Sorgen verflüchtigten sich allerdings, als die kleine Maschine am nächsten Tag dröhnend und ratternd abhob. Wir flogen über Reisfelder und Viehweiden, ließen schon bald die lärmenden Militärlastwagen und patrouillierenden Soldaten hinter uns, und kurz darauf waren keine Menschen, Häuser und Felder mehr zu sehen, sondern nur noch unberührter Regenwald. Für den Piloten, der fast täglich über dieses Gebiet flog, war der Dschungel sicherlich nur eine

Ansammlung von Bäumen und ein Tirió-Dorf ein Routine-
stop, aber ich sah den Dschungel zum ersten Mal aus der
Luft. Er erschien mir wie ein grüner Teppich, der sich bis
zum Horizont erstreckte, nur hin und wieder von einem in
der Sonne glänzenden Tümpel oder Flußlauf unterbrochen.
Wir flogen tief genug, daß man sogar Tiere erkennen
konnte: Ein Schwarm feurig leuchtender Hellroter Aras flog
über den Bäumen dahin und bildete einen deutlichen Kontrast zu dem grünen Blättermeer, und auch die rotbraunen
Brüllaffen, die in den Kronen der schwarzberindeten *Swartzia*-Bäume schliefen, waren deutlich auszumachen.

Wie die monumentale Ruine einer verlorenen Zivilisation
tauchte plötzlich ein Tafelberg auf, der zu einer Gebirgskette
gehört, die sich in einem Bogen von Kolumbien bis nach
Surinam erstreckt. Einige dieser Berge sind so abgelegen
und ihre Hänge so steil, daß sie noch von niemandem
bezwungen wurden. Sie erscheinen so gewaltig und geheimnisvoll, daß sie Sir Arthur Conan Doyle, der Erfinder von
Sherlock Holmes, als Schauplatz für seinen 1900 erschienenen Roman «Die vergessene Welt» wählte. In dieser
Geschichte, die im Mesozoikum spielt, bevölkern Dinosaurier und urtümliche Pflanzen einen gewaltigen Tafelberg,
der aus dem Amazonasurwald aufragt. Zwar wurden auf
diesen Bergen niemals Dinosaurier gefunden, aber die isolierten Gipfel könnten immerhin Heimat von ungewöhnlichen
Tieren sein, die man sonst nirgendwo auf der Erde findet.

Je weiter wir nach Süden kamen, um so weniger vertraut
war mir die Landschaft. Als wir die Ausläufer der Kayser-
berge erreichten, deren Gipfel in den Wolken lagen, flog der
Pilot eine Kurve und ging tiefer hinunter. «Passen Sie auf!»
sagte er, während wir in einer Wolke verschwanden und für
einen Moment von Dunst umgeben waren. «Gleich können
Sie das Teufelsei sehen.»

Die angekündigte Sehenswürdigkeit lag am Rande eines
Abgrundes und wirkte nicht nur perfekt ausbalanciert, sondern schien sogar an ihrem Platz festgeklebt zu sein: ein
weißgrauer, eiförmiger Felsen, der so riesig war, daß er unser
Flugzeug winzig erscheinen ließ. Das Bild war gleichzeitig

schön, bizarr und beunruhigend. Ein ungewöhnlich geformtes Überbleibsel uralten Gesteins.

Drei Stunden nachdem wir die Hauptstadt verlassen hatten, überflogen wir immer wieder Stellen, an denen der Urwald gerodet worden war – ein sicheres Anzeichen für die Anwesenheit von Menschen. Schließlich wurde der Blick auf eine große Lichtung mit zahlreichen strohgedeckten Hütten frei. Schon während unser Flugzeug zu kreisen begann, eilten Indianer aus den Hütten, und als wir auf der primitiven roten Sandpiste landeten, die neben dem Dorf in den Dschungel geschlagen war, standen sie schon bereit, um uns zu begrüßen.

Die Männer, die rote Lendenschurze und weiße Perlengürtel trugen, umrundeten das Flugzeug und starrten mich durch die Fenster an; die wenigen Frauen, ebenfalls neugierig, aber zurückhaltender, hielten sich im Hintergrund und beobachteten mich, als ich mein Gepäck auslud. Einige Jungen berührten die Haare an meinem Arm, da sie so etwas vermutlich noch nie gesehen hatten. Der Pilot hatte seine Fracht aus Vögeln und Reptilien schnell verstaut und bereitete sich schon wieder auf den Abflug vor. Plötzlich drosselte er noch einmal den Motor und beugte sich zu mir hinaus. «Ich möchte Ihnen noch einen Rat geben, mein Freund», sagte er. «Halten Sie sich von den Frauen der Indianer fern, sonst werden Sie Schwierigkeiten mit den Männern bekommen, und deren Pfeilspitzen sind garantiert vergiftet. Viel Glück, und wir treffen uns hier in zwei Monaten wieder.»

Ich wartete, bis er abgeflogen war, bevor ich mein Gepäck zu schultern begann. Als ich mich bückte, um meinen Rucksack, das schwerste Teil meiner Ausrüstung, aufzunehmen, griff ein junger Mann, kaum älter als achtzehn Jahre, danach und warf ihn sich über die Schulter. Er war ein drahtiger, aber höchstens einen Meter sechzig großer Indianer, dessen bronzefarbene Haut mit einem dunkelblauen Farbstoff bemalt war. Um den Hals trug er einen gebogenen weißgelben Jaguarzahn, der sicherlich fast zehn Zentimeter lang war. In fließendem Sranangtongo erzählte er mir, daß er Koita heiße, um dann in Richtung des Dorfes zu gehen. Schnell nahm ich mein übriges Gepäck auf und folgte ihm.

Das Dorf wurde Kwamalasamoetoe genannt, was übersetzt soviel wie «Bambus-Sandbank» bedeutet, und tatsächlich wuchsen überall am Fluß zahlreiche Bambuspflanzen. Die Ansiedlung selbst lag oberhalb eines Steilhangs. Der Stamm der Tirió hat insgesamt etwa tausend Mitglieder; ein typisches Dorf besteht aus etwa zehn bis dreißig Menschen. Kwamala, wie es von den Indianern genannt wird, bildet allerdings eine Ausnahme, denn es hat ungefähr 300 Einwohner. Der Grund für diese ungewöhnliche Größe war die Tätigkeit von Missionaren, da diese stets versuchen, die Indianer in größeren Dörfern zu konzentrieren, weil es so weniger aufwendig ist, sie zu bekehren.

In Kwamala gab es mehr als hundert palmgedeckte Hütten der verschiedensten Stilrichtungen. Einige Behausungen waren kaum mehr als ein Unterstand, gerade groß genug für eine einzige Hängematte, während in anderen mehr als zwanzig Menschen Platz finden konnten. Manche Hütten erinnerten eher an Heuhaufen, während andere kunstvoll auf zwei Meter hohen Stelzen errichtet worden waren, und viele hatten zwar Dächer, um den Regen abzuhalten, aber keine Seitenwände.

«Ich wußte nicht, daß die Tirió so viele verschiedene Arten von Unterkünften bauen», sagte ich zu Koita.

«Das tun sie auch nicht», antwortete er. «Die großen Häuser wurden von den Waiwai gebaut und die Stelzenhäuser von den Apalai-Indianern. Es gibt hier viele verschiedene Stämme, und alle haben ihren bevorzugten Stil.»

Wie es schien, war ich auf eine ethnobotanische Goldmine gestoßen – ein Dorf, in dem sechs verschiedene Stämme wohnten, deren Vorkommen in Surinam in der anthropologischen Literatur noch nicht einmal erwähnt war: Hier konnte ich möglicherweise sechsmal soviel lernen wie bei einem einzigen Stamm. Eine Pflanzenart, die von verschiedenen Stämmen für bestimmte medizinische Zwecke genutzt wurde – wenn möglicherweise auch für unterschiedliche Anwendungen –, würde mit großer Wahrscheinlichkeit tatsächlich medizinisch wirksame Substanzen enthalten. Am liebsten hätte ich gleich angefangen zu sammeln, aber zunächst mußte ich mir noch die Erlaubnis des Häuptlings holen.

Als ich mich zu dessen Hütte begab, stellte ich mit Befriedigung fest, daß die meisten Indianer, ebenso wie die, die mich an der Landebahn begrüßt hatten, nur einen kurzen Lendenschurz trugen, der aus einheimischer Baumwolle gefertigt und mit einer Lösung aus den zerriebenen, fleischigen Außenschichten der Frucht des *U-shuh*-Strauches eingefärbt war. Die vorherrschende traditionelle Bekleidung nahm ich als Hinweis darauf, daß die Kultur und das ethnobotanische Wissen dieser Tirió noch relativ intakt waren.

Das Dorf war erfüllt vom Lachen und Rufen der Kinder. Einige Jungen schossen mit kleinen Bogen und Minipfeilen auf die allgegenwärtigen gelbgrünen Echsen, die den Boden nach Ameisen und anderen Insekten absuchen, denn in Kulturen, die von der Jagd abhängig sind, muß dieses Handwerk bereits in frühester Jugend erlernt werden. Während wir weiter in die Siedlung vordrangen, sah ich Männer, die in ihren Hängematten saßen und hölzerne Pfeilspitzen schnitzten oder auch nur ihre Pfeile überprüften, um sicherzustellen, daß sie von der Luftfeuchtigkeit nicht in Mitleidenschaft gezogen worden waren.

«Was wird hier hauptsächlich gejagt?» fragte ich Koita.

«Im Grunde alles», antwortete er, «aber in erster Linie Affen, Pekaris und Vögel.»

«Wie oft geht ihr auf die Jagd?»

«Immer, wenn wir Hunger haben.»

«Und wie oft ist das?»

«An manchen Tagen kann ich genug Fleisch beschaffen, um meine Familie drei Tage zu ernähren. Wenn das verbraucht ist, gehe ich wieder auf die Jagd.»

Obwohl erst achtzehn Jahre alt, war Koita bereits verheiratet und hatte zwei Kinder. Wie ich später herausfand, heiraten die Jungen bei den Tirió mit fünfzehn, die Mädchen sogar schon mit vierzehn Jahren. In der Regel bietet die Mutter ihre Tochter einem geeigneten Bräutigam an; stimmt dieser zu, muß er einen Brautpreis bezahlen, das heißt, der junge Mann hilft seinem zukünftigen Schwiegervater, einen neuen Garten anzulegen oder den alten zu erweitern. Gelegentlich bittet ein Junge auch selbst um die Hand eines Mädchens. So hörte ich beispielsweise von einem Jungen, der im Alter von vierzehn Jahren die Eltern eines zehnjährigen Mädchens um die Heiratserlaubnis bat. Obwohl die Anfrage wohlwollend entschieden wurde, verschob man die Heirat um drei Jahre, bis zur ersten Menstruation des Mädchens.

Ich bemerkte Unterschiede in der Reaktion der Frauen und Männer, an denen wir vorbeikamen. Letztere waren neugierig und freundlich, viele winkten oder lächelten, während die Frauen sich in ihre Hütten zurückzogen oder auf den Boden blickten, wenn ich sie grüßte. Ich war immer noch dabei, mich über ihre Schüchternheit zu wundern, als ich beinahe mit einer jungen Frau, die Kalebassen mit Wasser vom Fluß geholt hatte, zusammengestoßen wäre. Sie war ausgesprochen hübsch, hatte eine makellose hellbraune Haut und dichte, glänzende schwarze Haare, die bis auf die Schultern reichten. Auf beiden Seiten der Nase trug sie rote Streifen aus dem Extrakt der *U-shu*-Früchte. So, wie sie vor mir stand, mit den Kalebassen, ihrem roten Baumwoll-Lendenschurz, den gefärbten Lappen um die Knie und den Armbändern aus Palmfasern an Ellenbogen und Handgelenken, sah sie aus wie das Urbild einer Amazonasindianerin – wenn da nicht das weiße T-Shirt gewesen wäre, auf dem stand: JESUS LIEBT DICH.

Amerikanische Missionare erschienen in den frühen siebziger Jahren dieses Jahrhunderts im Südwesten Surinams. Sie hatten christianisierte Waiwai-Führer dabei, die versuchten, den Tirió-Indianern die vielen Vorteile materieller und geistiger Art, die die Religion des weißen Mannes bot, vor Augen zu führen. Zu dieser Zeit litten die Tirió an verschiedensten eingeschleppten Krankheiten. Gegen diese zeigte die Medizin der Tirió keine Wirkung; dagegen halfen die Arzneien der Missionare, wodurch die Überlegenheit der westlichen Kultur über die Tradition der Eingeborenen deutlich zu werden schien. Wenn die Tirió ihr ursprüngliches Leben nach der Ankunft der Missionare auch nicht vollständig aufgaben, so ging der Einfluß der Schamanen doch beträchtlich zurück. Das führte nicht zuletzt dazu, daß diese bald keine jüngeren Stammesgenossen mehr fanden, die die Geheimnisse der Heilpflanzen erfahren wollten, so daß mit dem Tod der alten Männer auch ihr Wissen verlorenging.

In der Vergangenheit war es so gewesen, daß Jungen – und sehr selten auch Mädchen – sich im Alter von etwa vierzehn Jahren entschieden, Schüler eines Schamanen zu werden. Der Medizinmann malte daraufhin Geheimzeichen in Form von Blitzen auf den Körper des jungen Menschen und wies ihn an, einen Monat lang sorgfältig über seine Entscheidung nachzudenken. War er dann immer noch interessiert, ließ er sich anschließend von dem Schamanen in das Wissen über Krankheiten, Heilpflanzen und -rituale und heilige Gesänge einweisen.

Koita führte mich zu einer großen, rechteckigen Hütte am Ufer des Flusses. Er rief einigen kleinen Jungen, die uns beobachteten, ein paar Anweisungen zu, worauf diese davonliefen und mit einigen niedrigen Holzbänken zurückkehrten.

Koita stellte vier dieser Bänke in einer Linie auf, eine fünfte im Abstand von etwa zwei Metern parallel dazu, und die sechste fand ihren Platz etwas abseits dieser Anordnung. «Die ist für mich», sagte er.

Bevor ich ihn um eine Erklärung bitten konnte, kam ein Junge, der bisher vor der Hütte gestanden hatte, auf mich zu und übergab mir ein Buch, das in blaues Leder eingebunden war. Die Sprache war mir unbekannt, aber die Bilder mit den bärtigen Propheten ließen mich erahnen, um was für ein Werk es sich handelte. Koita bestätigte gleich darauf meine Vermutung: «Das ist die Bibel in der Sprache der Tirió. Die Missionare haben sie zwei Jahre nach ihrer Ankunft übersetzt.»

Während er sprach, begann feiner Regen zu fallen, obwohl die Sonne weiterhin schien. Hinter mir entstand eine leichte Unruhe, und als ich mich umdrehte, erblickte ich eine recht ungewöhnliche Szene. Der Häuptling und drei seiner Unterführer waren aufgetaucht. Anders als Koita trugen sie nicht mehr die traditionelle Kleidung, sondern lange Hosen und Baumwollhemden mit Knöpfen. Auch hatten sie die charakteristische Haartracht der Tirió, schulterlange, zu einem Pony geschnittene Haare, gegen einen Kurzhaarschnitt mit sorgfältig gezogenem Scheitel eingetauscht. Ihr Haar glänzte, als sei es mit Pomade eingeschmiert; später erfuhr ich, daß es sich um ein Öl handelte, das aus den Früchten der *Maripa* gewonnen wird.

Der Häuptling war etwa fünfzig Jahre alt, knapp einen Meter sechzig groß und ziemlich korpulent, was für die Eingeborenen des Urwalds sehr ungewöhnlich ist. Er hatte kupferbraune Haut und die für Indianer typischen hoch angesetzten Backenknochen. Sein Gesicht zeigte keinerlei Regung, als er mich schweigend betrachtete und sich schließlich auf einer der vier Bänke niederließ. Die Unterhäuptlinge folgten seinem Beispiel, und Koita deutete an, daß auch wir uns nun setzen durften. Er ging zu der Bank, die etwas abseits stand, wogegen ich auf derjenigen Platz nehmen mußte, die dem Häuptling gegenüberstand. Mit einem Nicken des Kopfes bedeutete mir der Stammesführer zu sprechen.

In Sranangtongo versuchte ich zu erklären, daß ich gekommen war, um von den Indianern zu lernen. Zweifellos hätten sie mit Weißen nicht die besten Erfahrungen gemacht, fügte ich hinzu, aber ich sei nicht gekommen, um ihren Frauen nachzustellen oder ihnen meine Religion aufzudrängen, sondern um etwas über ihre Heilpflanzen zu erfahren. Ich schloß damit, daß ich sagte, ich sei als Gast gekommen und würde gern bleiben, um zu lernen, und hoffte, diese Erlaubnis zu bekommen.

Der Häuptling sprach mit seinen Helfern, musterte mich dann abschätzend. Er schien etwas verunsichert.

Dann sagte er etwas in der Tirió-Sprache. Koita übersetzte: «Du sagst, du seist gekommen, um von uns zu lernen, aber das kann ich nicht recht glauben. Warum will ein weißer Mann – ein *Pananakiri* – von uns lernen? Ist seine Medizin nicht besser als unsere? Als die Missionare hier waren und ich beinahe am Fieber gestorben wäre, hat unsere Medizin versagt. Die Missionare gaben mir bitter schmeckende weiße Pillen, und ich wurde gesund!»

An diesem Punkt unterbrach ich ihn. «Diese Pillen werden Chinin genannt. Was meint der Häuptling, woher Chinin kommt?»

«Die Missionare haben die Pillen aus Amerika mitgebracht.»

«Ja, diese Pillen werden in meinem Land hergestellt, aber die Rohstoffe dafür stammen von einem Baum, der nicht sehr weit westlich von hier wächst, in einem Land, das Peru genannt wird. Indianer haben dem weißen Mann diesen Baum erst gezeigt. Chinin ist in Wahrheit eine indianische Medizin!»

Der Häuptling beriet sich erneut mit seinen Unterführern. Dann schaute er mir in die Augen und fuhr fort: «Aber warum sollen wir dir etwas über unsere Medizin beibringen? Seit die Missionare uns verlassen haben, schicken sie einmal im Monat ein Flugzeug, das uns Arzneien des weißen Mannes bringt, die stärker sind als unsere. Warum willst du noch etwas über unsere Pflanzen wissen?»

Aus seiner Stimme hörte ich eine Mischung aus Zynismus, Neugierde und echter Verwunderung heraus, und ich suchte verzweifelt nach einer Antwort.

«Der Häuptling ist Christ», soufflierte mir Koita.

«Wie ich weiß, ist der Häuptling Christ», begann ich zögernd. Wie konnte ich ihn überzeugen? Ich stotterte ein wenig, bevor ich meine Antwort hatte. «Der Häuptling ist Christ», wiederholte ich, «ein Mann, der die Bibel liest. Ich dagegen bin Jude, Angehöriger eines Stammes, zu dem Abraham, Moses, Jesus, Saul und David gehörten.» Ich erinnerte mich an das Bild in seiner Bibel und strich zur Bekräftigung meinen Bart. «Vor Tausenden von Jahren haben Saul und David die Psalmen der Bibel, die ihr heute während des Gottesdienstes singt, niedergeschrieben. Wenn meine Vorfahren diese Psalmen nicht aufgezeichnet hätten, könnte sie heute niemand mehr singen – sie wären längst vergessen.»

Nach einer kurzen Pause fuhr ich fort: «Genau wie Saul und David möchte ich ein Buch schreiben. Es soll von den Pflanzen handeln, die eure Schamanen benutzen, um Krankheiten zu heilen. Ich will euer Wissen am Leben erhalten. Bitte helft mir, es festzuhalten, damit in tausend Jahren eure und meine Nachkommen die Tradition eurer Vorfahren nicht vergessen haben.»

Der Häuptling dachte einen Moment darüber nach und sagte dann zu Koita, ich dürfe zunächst einmal bleiben und in einer leeren Hütte am Rande des Dorfes wohnen. Er würde mir dann später, wenn er mit anderen Stammesmitgliedern gesprochen habe, seine endgültige Entscheidung mitteilen.

Koita führte mich zu einer Hütte in der Nähe der Landebahn und war mir behilflich, meine Hängematte und mein Moskitonetz aufzuhängen. Als wir damit fertig waren, begann die Sonne bereits unterzugehen. Koita verließ mich, versprach aber, bei Sonnenaufgang wiederzukommen, um mir die Umgebung des Dorfes zu zeigen. Zum ersten Mal seit meiner Ankunft war ich allein.

Ausgehungert wühlte ich eine Dose Sardinen aus meinem Rucksack und öffnete sie mit meiner Machete. Als ich meine Feldflasche aufschrauben wollte, entdeckte ich, daß der Verschluß zerbrochen und das ganze Wasser ausgelaufen war. Mit der Taschenlampe in der einen und der Feldflasche in der anderen Hand ging ich das Dorf hinunter zum Fluß, um Trinkwasser zu holen.

Durch die dünnen Hüttenwände zeichneten sich die Silhouetten der Eingeborenen deutlich gegen die Kochfeuer ab. Vor fast jeder Behausung waren zwei oder drei kleine, magere Hunde angebunden; die Tirió sind bekannt für ihre Jagdhunde, die nur mäßig gefüttert werden, damit sie wachsam und aggressiv bleiben. Während ich an den Hütten vorbeiging, standen sie auf und knurrten, so daß ich sorgfältig darauf achtete, ausreichend Abstand zwischen mir und ihren gefletschten Zähnen zu halten.

Ich füllte meine Feldflasche auf und ging zurück. Es war eine mondlose Nacht, und die Hütten waren in der Dunkelheit kaum voneinander zu unterscheiden. Schon bald hatte ich mich völlig verlaufen, so daß ich unschlüssig zuerst in die eine und dann in die andere Richtung ging. Da dieses Verhalten die Hunde zusätzlich argwöhnisch machte, verstärkte sich ihr Bellen, und bald darauf war das gesamte Dorf von ohrenbetäubendem Kläffen erfüllt. Zwei Indianer erschienen, um nachzusehen, was los sei. Ich versuchte ihnen meine Lage zu erklären, aber sie verstanden mich nicht und gingen wieder in ihre Behausungen zurück. Langsam geriet ich in Panik. Ich fürchtete mich vor den Hunden, den Indianern und vor der Nacht, so daß ich mich schließlich in eine augenscheinlich unbewohnte Hütte flüchtete. Da dort kein Feuer brannte, glaubte ich, allein zu sein, aber dann hörte ich ein Geräusch. Ich leuchtete mit meiner Taschenlampe in eine Ecke der Hütte und sah dort in einer Hängematte eine schwangere Frau liegen, die mich furchtsam anstarrte. Ich erinnerte mich an den Ratschlag des Piloten und versuchte sie zu beruhigen. Sie schien jedoch kein Wort zu verstehen und begann zu schluchzen. Ich war vor Angst wie gelähmt und so erschöpft, daß ich keinen klaren Gedanken fassen konnte.

In diesem Augenblick kam jemand in die Hütte. «Hast du dich verlaufen, mein Freund?» fragte Koita. Ich seufzte vor Erleichterung und umarmte ihn. Als er mich auf den Weg zu meiner Hütte brachte, zitterte ich immer noch am ganzen Körper, und erst als ich in meiner vertrauten Hängematte lag, beruhigte ich mich langsam und fiel in einen tiefen, traumlosen Schlaf.

Ich erwachte, als die nächtliche Kälte heraufzuziehen begann. Während des Tages herrschten im Dorf Temperaturen von über 30 Grad, die während der Nacht aber um mindestens 25 Grad fielen. Morgennebel zogen durch das Dorf, als ich zum Fluß hinunterging, der, wie ich jetzt feststellte, ganz in der Nähe meiner Hütte vorbeifloß. Ich nahm ein Bad und setzte mich dann ans Ufer, um nachzudenken. Kurz darauf erschien Koita. Er hatte bereits mit dem Stammeshäuptling gesprochen, der ihm gesagt hatte, ich sei im Dorf willkommen und dürfe bleiben. Noch heute würde er dies auch seinen Schamanen mitteilen.

Ich atmete auf und dankte Koita nochmals, daß er mich in der vergangenen Nacht gerettet hatte. Glücklich darüber, daß der Häuptling mir die Erlaubnis zum Bleiben gegeben hatte, und dankbar dafür, daß Koita mir geholfen hatte, diese Genehmigung zu bekommen, zog ich mein Jagdmesser aus dem Gürtel und schenkte es ihm.

An der Mischung aus Überraschung und Freude, die auf seinem Gesicht erschien, konnte ich erkennen, daß er keine Belohnung für seine Hilfe erwartet hatte. Noch während er das Messer prüfend in seiner Hand wog und die Schärfe an seinem Daumen testete, sagte ich: «Dann bleibt nur noch eine Frage. Wann fangen wir an?»

Koita sah auf und lächelte. «Wenn du wirklich etwas über Heilpflanzen lernen willst, mußt du zu unserem Medizinmann, dem *Piai*, gehen», antwortete er. «Aber ein paar heilkräftige Pflanzen kenne auch ich. Wenn du möchtest, können wir jetzt gleich in den Urwald gehen und uns ein wenig umsehen.»

Wir gingen zu meiner Hütte zurück, um meine Feldflasche und meine Machete zu holen. Schon bald wurde mir klar, daß Koita viel mehr über Pflanzen wußte, als er zugegeben hatte. Er zeigte mir einen kleinen Baum mit großen dunkelgrünen, palmenartigen Blättern, der hinter der Hütte des Häuptlings wuchs. «Diesen Baum nennen wir *Ku-deh-deh*», sagte er. «Wir zerreiben seine Blätter und träufeln den Saft in schmerzende Augen.»

Bekommt man Informationen dieser Art, so ist es von Vorteil, wenn man sich mit der lokalen Flora etwas auskennt. Wird behauptet, eine Pflanze würde für bestimmte medizinische Zwecke verwendet, und man kann diese einer Familie zuordnen, von der bekannt ist, daß ihre Mitglieder in der Regel keine wirksamen Substanzen enthalten, also keinen Effekt auf den menschlichen Körper haben, sollte man sehr vorsichtig sein, denn es besteht immerhin die Möglichkeit, daß der Führer versehentlich oder absichtlich etwas Falsches erzählt. Allerdings kann es auch sein, daß der Eingeborene recht und die Wissenschaft unrecht hat, so daß man bei aller Vorsicht offen für jede Art von Informationen bleiben sollte.

Die *Ku-deh-deh* gehört zur Familie der Maulbeergewächse. Diese wachsen dort besonders gut, wo der Dschungel bewirtschaftet oder zerstört wurde, und ihre Inhaltsstoffe werden von den Indianern in weiten Teilen Südamerikas gegen unterschiedlichste Leiden angewendet, in Kolumbien beispielsweise gegen Zahnfleischbluten und in Brasilien bei Herzbeschwerden. Auch ist bekannt, daß diese Pflanzen häufig Alkaloide enthalten, so daß ich davon ausgehen konnte, daß Koitas Hinweise nicht seiner Phantasie entsprungen waren.

Gleich darauf hielten wir an einem Kaschubaum, dessen eigentliche Heimat Brasilien ist, der aber inzwischen überall in den Tropen angebaut wird. Die kleinen grünen Früchte, die «Cashewnüsse» oder «Elefantenläuse» genannt werden, sitzen an auffälligen, birnenförmig angeschwollenen, fleischigen Fruchtstielen. Sie enthalten ein außerordentlich giftiges Öl, so daß sie sorgfältig gewaschen und geröstet werden müssen, damit man sie gefahrlos verzehren kann.

Wie Koita mir erzählte, benutzen die Indianer die grünen Nüsse, um Dasselfliegenlarven abzutöten, die im Amazonasgebiet ein dauerhaftes Problem darstellen: Diese Insekten legen ihre Eier unter die menschliche Haut; die Larven ernähren sich dann vom lebenden Fleisch. Schneidet man nun eine Cashewnuß durch und reibt damit die betroffenen Hautstellen ein, töten die giftigen Substanzen die Larven ab, die anschließend einfach aus der Haut gezogen werden können.

Wir gingen auf einem schmalen Pfad tiefer in den Dschungel und verbrachten den Rest des Tages damit, Pflanzen zu sammeln. Obwohl Koitas Wissen nicht annähernd das der Medizinmänner erreichte, mit denen ich später zusammenarbeitete, zeigte er mir doch einige ungewöhnliche Dinge. Er wies mich beispielsweise auf einen kleinen Busch mit dicken tiefgrünen Blättern hin, deren Farbe in starkem Kontrast zu den rubinroten Beeren stand. Er pflückte zwei der Blätter und zerrieb sie in der Hand. Dann öffnete er die Faust und ließ mich das starke, ingwerartige Aroma riechen.

Während ich niederkniete, um die Pflanze näher zu untersuchen, erklärte er: «Wir nennen sie *Ko-noy-uh*. Aus den Blättern wird ein Tee bereitet, mit dem Erkältungen und Halsentzündungen behandelt werden.»

Diese Anwendungen faszinierten mich. Ich konnte die Pflanze den Ingwergewächsen zuordnen und wußte, daß die Chinesen den Ingwer schon zu Urzeiten in ähnlicher Form angewendet hatten. Schultes lehrte seine Studenten, stets auf nah verwandte Arten zu achten, die von verschiedenen Völkern für ähnliche Zwecke benutzt werden, denn das ist häufig ein verläßlicher Hinweis auf wirksame Inhaltsstoffe.

Einige Meter weiter hielt Koita vor einem schlanken, etwa zwei Meter hohen Baum mit hellbrauner Rinde und eiförmigen Blättern. Er lieh sich meine Machete und ritzte den Stamm an. Leuchtend orange gefärbter Saft trat aus, der an der Luft schnell hellrot wurde. Die Farbe des Saftes wies den Baum als Mitglied der Familie der Hartheugewächse aus, einer Pflanzengruppe, die für ihre schmackhaften Früchte bekannt ist. Ihnen verdanken wir beispielsweise die köstlichen Mangostanen aus Asien oder die süßen Mammiäpfel aus der Karibik. Andere Arten dieser Familie dienen den Bewohnern des Amazonasgebietes zu den unterschiedlichsten Zwecken: Den Saft des *Maniballi*-Baumes verwendet man in Kolumbien zur Herstellung von Fackeln, während das Harz einer anderen Art zum Abdichten von Booten, zur Befestigung von Federn an Pfeilen benutzt wird und einst sogar als eine Art Geld beim Handel zwischen verschiedenen Stämmen fungierte.

«Was macht ihr mit dem Saft?» fragte ich. Koita tauchte seinen rechten Zeigefinger in die Flüssigkeit und zerrieb sie zwischen den Fingern, um die Konsistenz zu testen. «Wir benutzen ihn bei Hautinfektionen», sagte er dann.

Die westliche Medizin ist nicht in der Lage, schwere Pilzinfektionen der Haut zu kurieren. Zwar kann ein leichter Fußpilzbefall erfolgreich mit verschiedenen auf dem Markt angebotenen Produkten behandelt werden, aber in schwerwiegenden Fällen wird die Erkrankung nur zurückgedrängt und nicht geheilt. Das feuchtwarme Klima des Regenwaldes fördert gerade Infektionen dieser Art, und dennoch schien in

110

den Dörfern niemand an irgendwelchen Hautproblemen zu leiden. (Natürlich habe ich niemanden auf Dermatosen hin untersucht, aber der Umstand, daß die meisten nur einen Lendenschurz tragen, macht es unwahrscheinlich, daß mir ernsthafte Hautinfektionen verborgen geblieben wären.) Nach Angaben des französischen Ethnobotanikers Pierre Grenand gelangte der *Maniballi*-Saft schon im 19. Jahrhundert nach Frankreich, wo er bei Hauterkrankungen eingesetzt wurde, aber erst kürzlich zeigten Laboruntersuchungen, daß er tatsächlich sehr wirkungsvoll bei der Behandlung von Pilzinfektionen ist.

Wir hatten etwa zehn verschiedene Pflanzen gesammelt, als Koita vorschlug, noch vor Sonnenuntergang ins Dorf zurückzukehren. Wir benutzten einen Pfad, der über einen kleinen Bach führte und sich dann zu einem sicherlich dreißig Meter hohen Baum mit gewaltigen Brettwurzeln und einer glatten Rinde wand. Koita ging um den Baum herum und blickte angestrengt auf den Erdboden. Dann kniete er nieder und klaubte einige große Nüsse mit dicker brauner Schale auf. «Die sind vermutlich erst vor kurzem heruntergefallen», sagte er. «Sonst hätten die Agutis sie schon gefressen. Wir nennen sie *Sho*, und sie sind das beste Essen im gesamten Urwald!»

Erneut lieh er sich meine Machete – ein unverzichtbares Werkzeug im Dschungel, das dennoch nicht für jeden Indianer erschwinglich ist – und schlug die harte Schale auf. Der Inhalt sah aus wie eine in Ölfilm gehüllte Paranuß, aber schmeckte sehr viel besser: cremig, mit einem Nachgeschmack, der an erstklassiges Speiseeis erinnerte.

Als der Naturforscher und Entdecker Richard Schomburgk vor etwa 100 Jahren den Essequibo-Fluß im benachbarten Guyana hinauffuhr, wurde er ebenfalls auf diese ungewöhnlichen Nüsse aufmerksam, die in Guyana *Sawari* genannt werden:

Als wir unseren Morgenkaffee trinken wollten, bat uns unser Gastgeber zu warten, da er noch Milch besorgen wollte, obwohl er weder Schafe noch Kühe besaß. Kurz darauf kam er mit einem Korb voller *Sawari*-Nüsse zurück... entfernte die Schale und zerdrückte die Kerne in einem Gefäß, aus dem er dann eine fette weiße Flüssigkeit in das braune Getränk schüttete, das dadurch tatsächlich an den in Europa üblichen Morgenkaffee mit feinster Milch erinnerte. Von nun an hellte die Pflanzenmilch des öfteren unseren Kaffee auf und machte ihn dadurch schmackhafter.

Das Gleichgewicht zwischen den Indianern und dem Dschungel sowie ihre Anpassung an diesen Lebensraum beeindruckte mich sehr. Auch Urwaldbäume tragen nicht das ganze Jahr über Früchte, und man findet nicht hinter jedem Strauch jagdbare Tiere. Einige Stämme ernähren sich von Lebewesen, die für unseren Geschmack recht unappetitlich sind, etwa Ratten, Störche, Gürteltiere, Eidechsen, Tukane, Papageien, Kolibris oder Insekten, von denen die Yukpa-Indianer aus dem Westen Venezuelas mehr als 20 verschiedene Arten essen. Einige dieser Tiere kann man eher zu den Grundnahrungsmitteln rechnen, während andere eine Art Snack darstellen, also gegessen werden, wenn die Eingeborenen sie zufällig im Wald finden.

Am nächsten Morgen wurde ich durch Schritte vor meiner Hütte geweckt. Es war Koita, der einen Besucher mitgebracht hatte, einen nur etwa einen Meter fünfzig großen, aber sehr muskulösen Mann. Seine Backenknochen waren selbst für einen Indianer außerordentlich hoch angesetzt, während seine Nase ungewöhnlich flach wirkte; er hatte einen vorstehenden Unterkiefer und ausgeprägte Augenwülste.

Koita stellte ihn mir als einen der mächtigsten Schamanen des Dorfes vor, und tatsächlich strahlte er eine fast spürbare Mischung aus physischen und metaphysischen Kräften aus. In seinem Verhalten lag eine gewisse herablassende Würde. So lernte ich den Medizinmann kennen, der mir später im Traum erscheinen sollte – den Jaguar-Schamanen.

Traditionsgemäß sind Häuptlinge und Schamanen die

mächtigsten Männer eines Tirió-Stammes. Die Häuptlinge treffen die notwendigen Entscheidungen, während die Schamanen oder *Piai* Kranke heilen und den Kontakt mit der Geisterwelt aufrechterhalten – Verantwortlichkeiten, die sich überschneiden, denn Krankheiten werden normalerweise als das Werk böser Geister angesehen, die manchmal sogar von rivalisierenden Schamanen herbeigerufen werden. Der typische Schamane des Amazonasgebiets ist also nicht nur Arzt, sondern auch Priester, Apotheker, Psychiater und derjenige, der die Seelen ins Jenseits geleitet. Die Häuptlinge der Tirió haben ihre Stellung bis in die heutige Zeit behaupten können, wogegen die Schamanen, in erster Linie aufgrund äußerer Einflüsse, inzwischen weit weniger geachtet werden.

Der Jaguar-Schamane war ein Meister der Heilkunst und begann sogleich mit einer Führung durch seine «Apotheke».

An einem alten, quer über dem Pfad liegenden, halb verrotteten Baumstamm deutete er auf einen flachen elfenbeinfarbenen Pilz.

«*Go-lo-be*», sagte er.

«Gegen welche Krankheit wird er eingesetzt?» fragte Koita in Tirió.

«*Pana epi*», antwortete der Schamane. «Bei Ohrenleiden.»

Der Medizinmann pflückte ein paar Stücke des Pilzes, machte eine Faust und preßte so einige Tropfen einer klaren, geruchlosen Flüssigkeit heraus. Träufelte man diesen Saft in schmerzende Ohren, würde innerhalb von drei Tagen eine Heilung eintreten, behauptete er.

Ohrenbeschwerden gehören zu den häufigen Erkrankungen der feuchtwarmen Tropen. Da Pilze in der Lage sind, Antibiotika zu produzieren, ist ihre Anwendung in der Volksheilkunde besonders interessant.

Als nächstes hielten wir bei einer verholzten Liane, die sich an Büschen und kleinen Bäumen emporrankte. Der Medizinmann suchte ein wenig herum und hob dann eine braune, gebogene Schote auf. Er öffnete sie und zeigte mir die Samen, die durch ihre rundliche Form und ihre ganz speziellen Markierungen wie kleine Augäpfel aussahen. Die Tirió nennen die Pflanze deshalb *Tah-mo-ko ah-nu*, was soviel bedeutet wie «Brüllaffenauge». Der Medizinmann erläuterte, er würde diese Liane zur Behandlung von fiebrigen Erkrankungen bei Kindern verwenden. *Tah-mo-ko ah-nu* ist nah mit zwei anderen Arten aus der Gruppe der Hülsenfrüchtler verwandt, die reich an Alkaloiden sind und eine wichtige Rolle in der modernen Medizin spielen. Physostigmin, das aus einer westafrikanischen Art isoliert wurde, die die Eingeborenen zur Herstellung von Giften benutzen, wird seit den fünfziger Jahren etwa bei grünem Star, Blasen- und Darmatonie und in der Anästhesie angewendet. Aus dem Extrakt einer anderen Art wird Levodopa (L-Dopa) gewonnen, eine Aminosäure, die seit den späten sechziger Jahren zur Behandlung der Parkinson-Krankheit benutzt wird. Im menschlichen Körper wird Levodopa zu Dopamin umgewandelt, das zur Übertragung von Nervenimpulsen im Gehirn benötigt wird.

Für uns als Angehörige einer hochspezialisierten Industriegesellschaft sind Pflanzen entweder Nahrungsmittel, Arzneien oder Rohmaterial für Gebrauchsgegenstände, wobei die Kategorien sich selten überlappen. Für die Indianer existieren solche Grenzen nicht. Der Jaguar-Schamane zeigte mir, wie man den Saft des Gummibaums nutzte, um Dasselfliegenlarven abzutöten, Säfte der Baumwollpflanze, um Verbrennungen zu lindern, und daß man von einigen Palmen nicht nur die Früchte essen, sondern mit dem Saft auch stark blutende Schnittwunden behandeln kann.

An den Palmen läßt sich das Prinzip der Mehrfachnutzung besser als an jeder anderen Pflanzengruppe des Amazonasurwaldes verdeutlichen. Palmen, die in den Weltreligionen eher symbolische Bedeutung haben, versorgen die Eingeborenen Südamerikas mit Nahrung, Fasern, Musikinstrumenten, Brennstoff, Öl, Wachs, Waffen, Arzneien, Spielzeug und Baumaterial.

Alfred Russel Wallace, der zwischen 1849 und 1852 im brasilianischen Amazonasgebiet forschte und zusammen mit Charles Darwin als einer der Begründer der Evolutionstheorie gilt, verfaßte einen detaillierten Bericht über den Gebrauch von Palmen in Indianerkulturen:

114

Wenn man zu einer indianischen Behausung an den Ufern des Rio Negro, eines Nebenflusses des Amazonas, kommt, erwartet den Besucher etwa folgendes Bild: Das Gerüst bilden Stämme aus festem, widerstandsfähigem Holz, während die leichteren Dachbalken aus den gerade gewachsenen, runden Stämmen der *Jará*-Palme bestehen. Das Dach ist mit langen, dreieckigen Blättern der *Caraná*-Palme gedeckt, die in regelmäßigen Reihen angeordnet und mit Schlingpflanzen an den Dachbalken befestigt sind; die Tür des Hauses ist ein Geflecht aus dünnen Streifen des festen Holzes der *Pashiúba*-Palmen. In einer der Ecken steht eine schwere Harpune, die aus dem dunklen Holz der *Pashiúba barriguda* gefertigt wurde und mit der Kofferfische gejagt werden. Daneben lehnt ein etwa drei bis drei Meter fünfzig langes Blasrohr, und in der Nähe hängt ein kleiner Köcher mit winzigen vergifteten Pfeilen, die ebenfalls aus einem Palmenstamm und aus Palmenstacheln hergestellt werden. Möglicherweise besitzt der Eigentümer der Hütte ein Musikinstrument, das an ein Fagott erinnert und ebenfalls aus Palmenholz gefertigt wurde, ebenso wie der Behälter, in dem er seine Wertgegenstände aufbewahrt, aus Palmblättern geflochten ist, während die Hüllen, in die er seinen hochgeschätzten Federschmuck einwickelt, aus Palmenblattscheiden bestehen. Seine Hängematte, die Sehne seines Bogens und die Angelschnur stammen von der *Tucúm*-Palme. Der Kamm, den er in den Haaren trägt, wurde aus der harten Rinde einer Palme gefertigt; aus Palmenstacheln macht er seine Angelhaken, und er benutzt sie auch, um seine Haut mit den eigentümlichen Zeichen des Stammes zu bemalen. Seine Kinder essen die schmackhaften roten und gelben Früchte der *Pupunha*- oder Pfirsichpalme, und aus denen der *Assaí*-Palme macht er ein wohlschmeckendes Getränk, das er dir zum Probieren anbietet. Eine an der Wand hängende Kürbisflasche enthält ein Öl aus den Früchten einer anderen Palmenart, und der lange, elastische, geflochtene Zylinder, der dazu benutzt wird, den Maniokbrei, aus dem Brot gemacht wird, auszupressen, besteht aus der Rinde einer der einzigartigen Kletterpalmen, da nur sie dem Angriff des giftigen Saftes für einige Zeit standhalten kann.

Man kann sich also vorstellen, wie wichtig den südamerikanischen Indianern diese edlen Bäume sind, die ihnen so viele Dinge des täglichen Lebens zur Verfügung stellen, denen sie das Dach über ihrem Kopf verdanken, ebenso wie einen Teil ihrer Nahrung und ihre Waffen.

Die Tirió nutzen die Palmen fast ebenso intensiv wie die Indianer, die Wallace vor über einem Jahrhundert beschrieb. Der Jaguar-Schamane erklärte mir, daß der Saft der *Ku-mu*-Palme nicht nur dazu benutzt wird, Blutungen zu stillen, sondern die Indianer essen auch die Früchte. Nach wissenschaftlichen Untersuchungen ist deren Nährstoffgehalt mit dem von Muttermilch zu vergleichen.

Zahlreiche Pflanzen, die wir am ersten Tag sammelten, wurden vom Jaguar-Schamanen für seine Schwarze Magie benutzt. Der *Piai* behauptete, durch das Blasen auf den Stamm eines *Ku-run-yeh*-Busches könne er die Finger eines rivalisierenden Medizinmannes lähmen, und durch Zaubersprüche und das Wedeln mit einem Zweig des *Wah-kah-pu*-Baumes über dem Kopf eines Menschen, der Bauchschmerzen hatte, würde sich dessen Zustand bessern. Aber auch die ganz praktische Verwendung einiger Pflanzen wurde mir erklärt. Durch Aneinanderreiben der abgestorbenen Äste eines Verwandten des Kakaobaumes läßt sich leicht Feuer entzünden. Aus den Ästen des riesigen *Sho*-Baumes kann Seife gewonnen werden, da sie Saponin enthalten, eine Substanz, die auch in vielen käuflichen Waschmitteln zu finden ist, und die Rinde einer Kletterpflanze wird benutzt, um Fische zu betäuben, wie ich einige Wochen später auf einer Fischexpedition miterlebte.

Die Heilpflanzenkenntnis des Schamanen schien unerschöpflich. Er wußte, wie man Herzprobleme, Bettnässen, Verbrennungen, Malaria, Unpäßlichkeit, Hautausschlag, Impotenz und Gonorrhö behandelte. Aber er war auch stolz auf seine Macht, die er über Tiere hatte. So imitierte er einen

Vogelruf, indem er den Blattstiel einer kleinen Palme auf seinem Messer hin- und herbewegte, und tatsächlich erschien kurz darauf ein Rotkehl-Karakara über den Baumwipfeln und antwortete dem Ruf des Schamanen. Es gelang ihm sogar, den Karakara durch das dichte Blätterdach zu locken, so daß er über uns in einem Baum saß und fragend herabblickte, während der Medizinmann fortfuhr, die Vogellaute zu imitieren.

Als wir in einen Sumpf gerieten, wurde der Pfad durch das üppige Pflanzenwachstum immer enger. Ich nahm meine Machete, um mir den Weg freizuschlagen, und traf dabei versehentlich ein Wespennest, aus dem sofort eine Wolke ärgerlicher Insekten geschossen kam. Obwohl wir so schnell wie möglich davonliefen, wurde ich mehrfach gestochen, und die Stiche brannten wie heiße Nadeln auf meiner Haut.

Der Medizinmann ging zu einem kleinen Busch in der Nähe, schnitt ein Stück der Rinde ab, zerquetschte diese in seiner Faust und rieb die Wespenstiche damit ein. Innerhalb weniger Minuten verschwand der brennende Schmerz, und nach weiteren fünf Minuten waren auch die Schwellungen zurückgegangen. Vierundzwanzig Stunden später konnte ich nicht einmal mehr eine Rötung erkennen.

Als ich in die Vereinigten Staaten zurückkehrte, fand ich heraus, daß man von dieser Pflanze, die zur Familie der Veilchengewächse gehört und die bei den Tirió unter dem Namen *Ku-run-yeh* bekannt ist, bisher noch nicht wußte, daß sie erfolgreich gegen Insektenstiche angewendet werden kann. Als ich neun Jahre später im Dschungel Panamas wieder einmal Pflanzen sammelte, wurde ich von wütenden Bienen gestochen. Ich hatte Glück, eine verwandte Art des *Ku-run-yeh* in der Nähe zu finden, mit der ich die Stiche einrieb. Die Behandlung zeigte augenblicklich Wirkung.

Während der Tage, die wir zusammen verbrachten, hielt der Schamane mir gegenüber stets eine gewisse Distanz. Er lächelte oder lachte niemals, und sein herablassendes Verhalten sollte wohl seine Position als Lehrmeister und meine als Lehrling verdeutlichen. Nach etwa drei Tagen ließ er mir durch Koita ausrichten, daß er mich nicht länger unterrichten wolle. Möglicherweise war er es leid, vielleicht hatte er auch nur Appetit auf frisches Fleisch und wollte auf die Jagd gehen. In jener Nacht erschien mir in meinen Träumen der Jaguar, die geheimnisvollste und gefürchtetste Kreatur des Dschungels und das Symbol für die Schamanen des amerikanischen Urwalds. Es war ein Ereignis, das eine Wende in meinen Erfahrungen mit den Indianern und dem Regenwald darstellte. In diesem flüchtigen Moment, einem Augenblick der reinen Erleuchtung, wurde mir klar, daß verschiedene Menschen, Kulturen und Orte ihre eigene Realität haben. Ebenso wie man die Sprache eines fremden Landes lernen kann, kann man auch dessen geistige Welt in sich aufnehmen – sogar wenn sich diese und die ihr innewohnende Weisheit stark von der eigenen Realität unterscheiden. Warum sollte es in einer Gesellschaft, in der die Menschen glauben, Halluzinationen würden durch Gottheiten hervorgerufen, die in den geheiligten Pflanzen leben, und unser Alltag sei in Wirklichkeit nur ein Traum, nicht auch möglich sein, daß ein Medizinmann sich in ein mächtiges Tier verwandelt? Als ich von dem Jaguar träumte, war mir, als würden sich die Indianer in einer Ersatzsprache mit mir unterhalten, die über die Pflanzen, die ich kennengelernt hatte, oder die Wörter, die Koita mich gelehrt hatte, hinausging.

Nachdem der Jaguar-Schamane ohne mich zur Jagd gegangen war, stellte Koita mir Tyaky vor, einen anderen Medizinmann der Tirió. Ich war dem Zufall dankbar, der mich in dieses Dorf verschlagen hatte, das groß genug war, um mehrere Medizinmänner zu beherbergen und nicht nur einen Schamanen, wie es in den meisten Indianeransiedlungen der Fall ist. Obwohl Tyaky vermutlich schon etwa siebzig Jahre alt war, hatte er die Figur eines Berufsringers. Außerdem hatte er einen lausbübischen Humor und fand immer irgend etwas an meiner Kleidung oder an meinem Verhalten, das ihn zum Lachen brachte. Eines Morgens hatte ich Schwierigkeiten beim Einsetzen meiner Kontaktlinsen, so daß ich mich entschied, die Brille zu tragen. Als Tyaky mich sah, wurde er von Lachkrämpfen geschüttelt und erklärte, ich sähe aus wie ein besonders schlauer Krabben-waschbär.

Im Urwald war ich eine stete Quelle der Heiterkeit für Tyaky. Die Eingeborenen besitzen ein außerordentliches Gleichgewichtsgefühl und eine Grazie, die ich niemals errei-chen werde. Zur Überquerung eines Bachs fällen sie häufig einen dünnen Baum, oft nicht breiter als zehn Zentimeter, und laufen dann leichtfüßig darüber. Ich dagegen setzte langsam und ängstlich einen Fuß vor den anderen. Einmal verlor ich das Gleichgewicht und fiel ins Wasser. Tyaky brach in ein Gelächter aus, daß er beinahe erstickt wäre. Noch acht Jahre nach dem Mißgeschick zeigte er jedesmal, wenn ich sein Dorf besuchte, grinsend auf mich und rief: «Schau her, der weiße Mann, der stets auf den Hintern fällt, ist wieder da!»

Im Grunde behandelten mich die Indianer wie einen Menschen, der geistig nicht ganz auf der Höhe ist. So achte-ten sie immer darauf, daß ich zwischen ihnen ging, damit ich nicht auf eine Giftschlange trat oder in Wespennester geriet.

Koita, Tyaky und ich verbrachten eine Woche im Dschun-gel und sammelten Pflanzen. Der Schamane zeigte mir ein Gewächs mit dem wohlklingenden Namen *Pah-nah-rah-pah-nah*, eine Kletterpflanze, die sich häufig in den Gärten der Tirió findet. Sie hat einen scharlachroten Stiel, an dem limonengrüne Früchte wachsen, die etwa so groß wie Blau-beeren sind. Die Tirió reiben sich die zermörserten Pflanzen gegen Flöhe und Läuse ins Haar. Ich wußte, daß die Einge-borenen in Südafrika eine nahe Verwandte benutzen, um die Pärchenegel abzutöten, durch die die gefürchtete Bilharziose hervorgerufen wird. Wie wissenschaftliche Untersuchungen erst kürzlich zeigten, gibt es Hinweise darauf, daß die *Pah-nah-rah-pah-nah* antivirale Eigenschaften besitzt; zur Zeit wird überprüft, ob es sinnvoll ist, die Pflanze kommerziell zu verarbeiten.

Obwohl ich bis zu diesem Zeitpunkt schon fast 100 Proben gesammelt hatte, versuchte ich dem Medizinmann weitere Informationen zu entlocken. «Ich habe hier die Namen von fünf Pflanzen gegen Fieber», sagte ich beispielsweise zu dem alten Schamanen. «Kennst du noch andere?» Auf diese Weise herausgefordert, versuchte er weitere Namen aus seinem Gedächtnis hervorzukramen, die ich in meinem Notizbuch festhielt, so daß ich bald eine Liste von Wunschpflanzen hatte, nach denen ich noch suchen wollte. Ich bezog sogar die Dorfbewohner mit ein, um soviel Heilpflanzennamen wie möglich zu bekommen. Anstatt die Pflanzen, die ich während des Tages gesammelt hatte, am Abend in meiner Hütte zu bestimmen und zu pressen, machte ich dies mitten auf dem Dorfplatz. Daraus wurde sehr bald ein informelles botanisches Seminar, bei dem die Dorfbewohner um mich herumstanden und ihr jeweiliges Wissen zum besten gaben oder auch untereinander diskutierten.

«Du benutzt das gegen Husten? Es weiß doch jeder, daß man es bei Verstauchungen anwendet!»

«Doch nicht kochen! Das ist Unsinn! Es darf nur erhitzt werden, aber niemals gekocht.»

«Das soll gegen Kopfschmerzen helfen? Das beste Kopfschmerzmittel ist die *Wy-a-na-tu-de*-Kletterpflanze!»

Als wir eines Nachmittags durch einen hügeligen Teil des Dschungels gingen, hielt Tyaky an einem Baum, streichelte ihn liebevoll und sagte: «Das ist mein alter Freund Kaloshewuh!» Ich war erst etwas überrascht, denn ich hatte im Dorf einen Mann gleichen Namens kennengelernt, konnte mir aber nicht vorstellen, was er mit diesem Baum zu tun haben sollte. Tyaky erklärte mir, daß die Mutter seines Freundes Kaloshewuh seinerzeit Schwierigkeiten gehabt hatte, ihr Kind zur Welt zu bringen, und beinahe gestorben wäre. Da bereitete die Hebamme einen kalten Aufguß aus Rinde des *Kah-lo-she-wuh*-Baumes zu und gab ihn der Gebärenden zu trinken. Die Medizin wirkte, und die Frau brachte einen gesunden Jungen zur Welt, der Kaloshewuh genannt wurde.

Ich war von dieser Geschichte begeistert und stellte mir bereits vor, alle möglichen natürlichen Arzneien zu finden, mit denen man beispielsweise die Schmerzen während der Geburt verringern könnte. Dann fiel mir allerdings auf, daß man mir bisher nur sehr wenige Heilpflanzen gezeigt hatte, die irgend etwas mit Sexualität zu tun hatten. Ich fragte Koita danach, und er antwortete, über diese Pflanzen würden nur die Frauen Bescheid wissen. Mit meiner Neugier bezüglich dieses Aspekts der Dschungelmedizin unterlief mir am selben Abend eine peinliche Verletzung der Tirió-Etikette. Nachdem ich mit Koita und seiner Familie gegessen hatte – meine eigenen Vorräte waren schon vor Tagen erschöpft –, saßen wir um ein Feuer in der Dorfmitte. Dies war die Zeit, da die älteren Männer uralte Legenden erzählten und Erinnerungen über Kriege zwischen den einzelnen Stämmen und Jagderlebnisse aus ihrer Jugend wiederaufleben ließen. Die Redekunst der Indianer überforderte meine geringen Kenntnisse der Tirió-Sprache, und ich wartete eigentlich nur auf eine Pause in der Konversation, um dem Häuptling eine Frage zu stellen. Als diese Unterbrechung endlich eintrat, fragte ich ihn, ob es möglich sei, mit Kykwes Großmutter in den Urwald zu gehen, um Pflanzen zu sammeln. Kykwe war ein Freund von Koita und seine Großmutter eine alte Frau, die stets Selbstgespräche führend durch Kwamala schlurfte und angeblich mehr über Heilpflanzen wußte als jede andere Frau im Dorf.

Es folgte eine peinliche Stille, selbst der Häuptling war sprachlos. Koita lehnte sich zu mir herüber und erklärte mir geduldig, daß ich den Häuptling um Erlaubnis gebeten hatte, eine sexuelle Beziehung mit Kykwes Großmutter anknüpfen zu dürfen. In einer Kultur, in der die meisten Häuser keine festen Wände haben, finden außereheliche Geschlechtsbeziehungen im Schutz des Dschungels statt. Wenn man also jemandem einen unsittlichen Antrag machen will, bittet man ihn zu einem Treffen im Urwald.

Ich hatte einen ernsten Fauxpas begangen und mußte Koitas Hilfe in Anspruch nehmen, um den Männern meine Unwissenheit zu erklären und den Häuptling um Entschuldigung zu bitten. Offenbar gab es keinen Weg, mit irgendeiner Frau dieses Stammes in den Urwald zu gehen und etwas über ihr Pflanzenwissen zu erfahren.

Ich bin überzeugt davon, daß es eine Fülle botanischen Wissens über Pflanzen gibt, die bei Menstruationsbeschwerden, Geburtenkontrolle, schwierigen Geburten und ähnlichem zur Anwendung kommen, das für männliche Ethnobotaniker aber unzugänglich bleibt. Als Beispiel mag das berühmte *Piripiri* aus dem westlichen Amazonasgebiet gelten. In den vierziger Jahren unseres Jahrhunderts beschloß Nicole Maxwell, eine wohlhabende New Yorkerin, die der zivilisierten Welt überdrüssig geworden war, in noch weitgehend unerforschte Gebiete Perus und Kolumbiens zu reisen. Maxwell, die auch Ethnobotanik studiert hatte, lebte viele Jahre unter Stämmen wie den Witoto und Bora und sammelte zahlreiche Heilpflanzen. Darunter war auch eine Pflanze namens *Piripiri*, die von den Frauen als empfängnisverhütendes Mittel verwendet wurde. Sie brauten daraus einen Tee, und jede, die einige Tassen davon trank, wurde angeblich bis zu drei Jahren unfruchtbar. Erst Jahrzehnte später wurde *Piripiri* wissenschaftlich analysiert. Wie sich herausstellte, handelt es sich um ein Riedgras, und die Laboruntersuchungen an Ratten ergaben, daß *Piripiri* tatsächlich empfängnisverhütend wirkt.

An einem späten Nachmittag, als Koita, Tyaky und ich gerade mit unserer Arbeit fertig waren, zog ein Unwetter herauf, so daß wir uns schnell auf den Weg machten, um noch rechtzeitig den Schutz unserer Hütten zu erreichen. Wir konnten den Regen in einiger Entfernung bereits auf das Blätterdach des Urwalds prasseln hören, und der Dschungel war von einem unheimlichen Donnergrollen erfüllt. Nichts konnte uns auf unserem Weg ins Dorf aufhalten – außer gelbe Mombinpflaumen. Ungefähr zwanzig der leuchtendgelben Früchte lagen unter einem Baum am Boden, und Tyaky begann sie schnell aufzusammeln. Koita schnitt zwei Blätter von einer niedrigen Palme ab und fertigte eine kleine Tasche daraus, in die Tyaky die Pflaumen legte. «Wir nennen diese Früchte *Mo-pa*», erklärte Koita. «Sie sind die Lieblingsspeise nahezu aller Lebewesen im Dschungel, angefangen bei den Tukanen bis hin zu den Schildkröten. Sie müssen gerade heruntergefallen sein, denn sonst wären sie längst aufgefressen oder davongeschleppt worden.»
Wir setzten unseren Weg fort, jeder eine *Mo-pa* essend.

Unter der dünnen Haut lag ein gelborangefarbenes Fruchtfleisch, das etwa die Konsistenz einer reifen Pflaume hatte – weich und etwas klebrig. Koitas Beispiel folgend steckte ich die ganze Frucht in den Mund. Sie schmeckte süß wie eine Banane, hatte aber einen angenehmen, leicht säuerlichen Nachgeschmack, etwa einer Mango vergleichbar; der Kern war braun, hart und länglich. Aus Schultes' Vorlesungen wußte ich, daß die Gelbe Mombinpflaume, die von Mexiko bis Nordargentinien vorkommt, eine der wohlschmeckendsten und gleichzeitig häufigsten Früchte in den Neotropen ist. Sie wird so sehr geschätzt, daß die Bäume oft als Orientierungspunkte benutzt werden.

«Habt ihr versucht, diese Bäume in euren Gärten anzupflanzen?» fragte ich Koita.

«Eigentlich nicht», antwortete er. «Sie sind hier so häufig, und wir wissen immer, wo Mombinpflaumen zu finden sind. Ich habe allerdings erst kürzlich ein paar Kerne in meinem Garten eingegraben, um zu sehen, ob sie wachsen.»

Bei vielen Pflanzen ist es schwierig, sie aus dem Urwald in die Dörfer zu verpflanzen. Bei manchen keimen die Samen nicht, andere wachsen zwar, tragen aber keine Früchte, und wenn die Domestikation tatsächlich gelingt, zieht der Stamm möglicherweise weiter, und die Gärten werden nicht mehr bewirtschaftet. Dennoch ist dieser Prozeß, bei dem wildwachsende Arten aus dem Urwald herausgenommen, ausprobiert und vielleicht sogar angepflanzt werden, sehr wichtig für die Ethnobotanik. Die Herausbildung von Nutzpflanzen ist ein kontinuierlicher Vorgang, bei dem es immer einige Arten gibt, die zunächst unbeachtet bleiben, nach und nach häufiger genutzt werden, bis sie irgendwann vielleicht sogar eine tragende Rolle spielen.

Dafür gibt es kein besseres Beispiel als den Maniok, wie mir noch am gleichen Nachmittag deutlich vor Augen geführt wurde. Die Schleusen des Himmels öffneten sich gerade, als wir das Dorf erreichten, und wir flüchteten uns in Koitas Rundhütte. Im Inneren war es dunkel, und der einzige Hinweis, daß dort jemand wohnte, waren zwei große Baumwollhängematten, die am entgegengesetzten Ende aufgehängt waren. Koitas Frau und seine Schwägerin saßen auf groben Holzbänken und schälten längliche braune Maniokknollen.

Wenn Palmen die wichtigsten wildwachsenden Pflanzen für die Indianer des Amazonasgebiets sind, dann ist Maniok sicher die wichtigste Kulturpflanze. Sie gehört zur Familie der Wolfsmilchgewächse und ist am Amazonas heimisch, wo sie schon vor Tausenden von Jahren gezüchtet wurde. Aufgrund des hohen Stärkegehaltes ist der Maniok sehr nahrhaft, so daß sich mit ihm eine millionenfach höhere Kalorienmenge pro Hektar erzeugen läßt als beispielsweise durch den Anbau von Mais. Die Pflanze ist ausgezeichnet an ihren tropischen Lebensraum angepaßt: Sie ist weitgehend resistent gegen Insektenbefall, wächst sowohl in der Sonne als auch im Schatten und ist unempfindlich gegenüber Regenzeiten oder Trockenperioden.

Die außerordentlich wichtige Rolle, die der Maniok in den Indianerkulturen spielt, spiegelt sich in der Häufigkeit wider, mit der er in den Legenden der unterschiedlichen Regionen auftaucht. Nach der Überlieferung der Tukano-Indianer aus dem nordwestlichen Amazonasgebiet kamen die erste Frau und der erste Mann mit einem Kanu, das von einer heiligen Anakonda gezogen wurde, von der Milchstraße auf die Erde. In ihrem Gefährt brachten sie drei Pflanzen mit, die für ein Leben im Dschungel wichtig waren: *Yagé*, eine Kletterpflanze mit halluzinogenen Inhaltsstoffen, die es ihnen erlaubte, den Kontakt mit der Geisterwelt aufrechtzuerhalten, den Kokastrauch, der Müdigkeit und Erschöpfung während der Arbeit und Jagd bekämpfte, und Maniok, das Grundnahrungsmittel.

Die Tupí-Indianer haben eine sentimentalere Erklärung für den Ursprung des Manioks. Danach gab es einst eine Mutter, die nichts mehr zu essen hatte und zusehen mußte, wie ihr Kind verhungerte. Die gramgebeugte Frau vergrub die Leiche unter ihrer Hütte. In der nächsten Nacht suchte ein Waldgeist oder *Mani* die Unterkunft auf und verwandelte den Körper des Kindes in den Wurzelstock einer Pflanze namens *Mani oca* (Waldgeistwurzel), die in Zukunft die

Nahrungsgrundlage für zahlreiche Indianergenerationen bilden sollte.

Obwohl in den Industrieländern nahezu unbekannt, gehört der Maniok zu den wichtigsten Anbauprodukten der Erde, denn er bildet nicht nur am Amazonas, sondern auch im tropischen Afrika die Hauptnahrungsquelle. Die mannigfaltige Verwendung, die die Amazonasindianer für diese Pflanze gefunden haben, ist staunenswert. Maniok wird benutzt, um verschiedene Gifte herzustellen, man verwendet es als Gewürz, als Säuglingsnahrung, braut Bier daraus und man verarbeitet ihn zu Brei oder Brot. Letzteres ist die häufigste Form der Verarbeitung, denn Maniokbrot spielt eine außerordentlich große Rolle in der täglichen Ernährung der Indianer des tropischen Regenwaldes. Am erstaunlichsten ist aber wohl die Tatsache, daß die am häufigsten angebaute Manioksorte, der Bittere Maniok, giftige Substanzen enthält, deren Genuß tödliche Folgen haben kann. Nahezu alle Indianerstämme haben eine Prozedur entwikkelt – eine Kombination aus Einweichen, Aufkochen, Auspressen und Rösten –, um das Gift zu entfernen.

Die zahlreichen Varietäten des Manioks stellen eine Art Lebensversicherung dar: Wenn beispielsweise Pflanzenkrankheiten eine bestimmte Sorte befallen, können die anderen, resistenten als Ersatz dienen.

An den Geschmack eines bestimmten Produktes, das aus Maniok hergestellt wird, habe ich persönlich mich nie gewöhnen können – an das *Cassiri*, das Maniokbier. Es wird in einer unappetitlichen Prozedur hergestellt, bei der die Frauen Maniokmehl oder -brot kauen und es dann in ein großes, mit Wasser gefülltes Gefäß spucken. Durch im menschlichen Speichel vorhandene Enzyme wird die Fermentation in Gang gesetzt, und drei Tage später kann das Gebräu getrunken werden. *Cassiri* ist warm, dick, säuerlich, und auf seiner Oberfläche schwimmen weiße, schleimige Maniokstücke. Angeblich beleidigt man seinen Gastgeber, wenn man das angebotene Bier verschmäht, und einige Fremde sollen sich sogar an dieses Gebräu gewöhnt haben, aber ich gehöre nicht dazu!

Während wir in der Hütte zusammensaßen und uns unterhielten, fiel mir erneut der Jaguarzahn auf, den Koita um den Hals trug. Ich fragte ihn, wie er dazu gekommen sei.

Er fing an zu erzählen: «Einige Wochen, bevor du hierhergekommen bist, bin ich mit meiner Frau und unserem jüngsten Sohn flußaufwärts in die Savanne gefahren, um Papageien zu jagen. Auf einer kleinen Lichtung baute ich einen Unterstand und ließ die beiden dort zurück, während ich allein auf die Jagd ging. Mein Sohn weinte hinter mir her, und meine Frau versuchte ihn zu beruhigen, indem sie ihm die Brust gab.

Schon kurz nachdem ich unser Lager verlassen hatte, hörte ich ganz in der Nähe einen Jaguar. Mich überfiel sofort die Furcht, er könne durch das Weinen meines Sohnes angelockt werden. Ich lief zurück und vernahm schon von weitem die Angstschreie meiner Frau. Sie stand auf der Lichtung und hatte die Arme schützend um das Baby gelegt. Vor ihr kauerte sprungbereit ein riesiger Jaguar.

Ich schoß einen Pfeil ab und traf ihn ins Genick. Doch Jaguare sind zäh. Immerhin wandte er sich jetzt gegen mich, und ich schoß wieder und wieder, bis er schließlich tot umsackte. Ich brach seine Reißzähne heraus und machte mir diese Halskette daraus.»

Einige Tage später führte mich Koita zu einem Handwerker des Dorfes, der dafür bekannt war, daß er die besten Bogen und Pfeile machte, denn ich wollte gerne eigenes Jagdgerät haben. Die Hütte des Bogenmachers lag am Rande des Dorfes und unterschied sich deutlich von allen anderen. Sie sah aus wie ein Iglu aus Palmenblättern, lief aber im Gegensatz zu einer Schneehütte spitz zu. «Der Mann ist ein Okomoyana», erklärte Koita die ungewöhnliche Form.

«Ein Okomoyana? Noch nie gehört. Wo leben sie?»

«Nirgendwo. Einst haben sie hier gelebt. Sie waren ein sehr kriegerischer Stamm und Todfeinde der Tirió. Als mein Vater noch ein Kind war, zogen die beiden Stämme gegen einander in den Krieg. Die Tirió gewannen und töteten alle Okomoyana mit Ausnahme des jungen Bogenmachers.»

Ich betrat die Hütte, um den letzten Überlebenden eines ehemaligen Kriegerstammes kennenzulernen. Ein kleines Herdfeuer spendete das einzige Licht. An einer Seite des Feuers saß eine alte Frau vom Stamme der Tirió, die mit dem Bogenmacher verheiratet war. Sie summte vor sich hin, während sie mit einer hölzernen Spindel Baumwolle verarbeitete. Auf der anderen Seite saß auf einem niedrigen Hocker der alte Handwerker. Er schnitzte einen Jagdbogen aus rotbraunem Holz und benutzte den Unterkiefer eines Pekaris als Werkzeug. Da er uns nicht gehört zu haben schien, teilte Koita dem alten Mann unsere Ankunft dadurch mit, daß er leise «Tamo» rief.

Bei vielen Stämmen der Guyanaländer herrscht der Glaube, man bekäme eine gewisse Macht über eine Person, wenn man ihren Namen kennt. Daher werden bei den Tirió zur Anrede häufig nicht die eigentlichen Namen benutzt. Man bringt die Achtung vor der Weisheit und dem Wissen älterer Männer dadurch zum Ausdruck, daß man sie mit *Paho* (Vater) oder *Tamo* (Großvater) anspricht.

«Ich habe einen Besucher mitgebracht», fuhr Koita fort, als der alte Mann uns zur Kenntnis genommen hatte. Er unterbrach seine Arbeit und musterte mich sorgfältig von oben bis unten. Dann zeigte er ein zahnloses Lächeln und klopfte mir auf die Schulter. Der Gedanke, daß dieser freundliche alte Mann der Letzte eines einst stolzen und tapferen Stammes war, bewegte mich tief. In einigen Jahren würde es auch ihn nicht mehr geben und damit der Stamm der Okomoyana für immer von der Erde verschwinden.

Der Bogenmacher bat uns ans Feuer, und seine Frau stocherte mit einer Machete in der Glut herum, bis sie zwei geröstete Yamswurzeln zum Vorschein brachte, die sie uns anbot. Koita schnitt sie auf, um an das purpurfarbene, an rote Bete erinnernde Fleisch zu kommen. Ich entsann mich, daß in Mexiko vorkommende Yamsarten eine Substanz enthalten, die als Grundlage für die Synthese der ersten Antibaby-Pille benutzt wurde. Nachdem die Yamswurzeln etwas abgekühlt waren, probierte ich ein Stück. Das Fleisch schmeckte süß, und genießerisch verzehrte ich meinen Teil der Wurzel.

127

Wie es der Brauch ist, kamen wir nicht gleich auf den Grund unseres Besuches zu sprechen. Statt dessen erklärte Koita weitschweifig, wer ich sei und daß ich mich für Pflanzen interessierte. Nachdem er damit fertig war, hatte der Okomoyana noch viele weitere Fragen. Er wollte wissen, woher ich kam, was die Menschen in meinem Land jagten, wie alt ich sei und warum ich keine Kinder hatte. Ich mochte doch Frauen, oder?

Nachdem das freundliche Verhör beendet war, fragte Koita den alten Mann, ob er bereit sei, einen Bogen für mich anzufertigen. Als Bezahlung bot er meine Taschenlampe an. Der Okomoyana akzeptierte das Angebot, und wir erhoben uns, um aufzubrechen. Zuvor gab uns seine Frau aber noch zwei Yamswurzeln mit.

Eine Woche später kehrten wir zu der Hütte des Bogenmachers zurück. Die Indianer dieses Gebietes haben keine Schränke in ihren Behausungen, sondern stecken ihre Sachen einfach in die Palmdächer, etwa so, wie man Nadeln in einem Nadelkissen aufbewahrt. Als wir die Hütte betraten, stand der alte Mann auf, zog einen Bogen aus dem Dach und gab ihn mir. Die Waffe war ein wahres Kunstwerk. Sie war etwa einen Meter achtzig lang, und durch die Behandlung mit Bienenwachs fühlte sich das Holz weich und beinahe sinnlich an. An beiden Enden der Waffe hatte er rote, gelbe und orangefarbene Papageienfedern angebracht, und die Sehne war aus den festen, aber dennoch flexiblen Fasern einer Ananaspflanze gefertigt. Außerdem hatte der Bogenmacher etwa in der Mitte des Bogens einen fünfzehn Zentimeter langen Wulst aus Fasern um das Holz gewickelt. Als Koita sah, daß ich diesen Teil des Bogens genau betrachtete, fragte er mich, ob ich wisse, wozu dieses Detail gut sei.

«Ist das nicht die Stelle, an der man den Bogen mit der linken Hand hält?» fragte ich.

«Nein», antwortete er. «Wenn du im Dschungel auf der Jagd bist und ein Vogel ist zu weit entfernt, um ihn sicher treffen zu können, dann reibst du den Pfeil an den Fasern entlang. Dadurch wird ein Geräusch erzeugt, das den Vogel anlockt.»

Ich konnte es kaum erwarten, meinen neuen Bogen auszuprobieren, aber bevor wir die Hütte verließen, gab mir der alte Mann zu verstehen, daß er noch eine Überraschung für mich hatte. Er holte eine lange, hölzerne Keule aus seiner Hängematte. «Dies ist eine *Siwaraba*», sagte er, «eine Kriegskeule. Ich habe schon lange keine mehr gemacht, aber ich wollte zur Ehre deines Besuches etwas ganz Besonderes für dich anfertigen.»

Die mit Beerensaft rot gefärbte, zylindrische Keule war etwa einen Meter lang und hatte einen Durchmesser von sechs bis sieben Zentimetern. Sie bestand aus sehr schwerem Holz, vermutlich, um ihre tödliche Wirkung zu erhöhen. Als ich sie abwägend in meinen Händen hielt, deutete der alte Mann auf ein Detail, das mir entgangen war, eine Art hölzerner Knoten, etwa fünfzehn Zentimeter vom oberen Ende der Keule entfernt. «Wenn du damit den Kopf eines Gegners triffst», sagte der Bogenmacher, «zerplatzt sein Schädel wie ein überreifer Kürbis!» Er schaute mich freundlich lächelnd an. Vermutlich war er in seinem Herzen immer noch ein echter Okomoyana.

Am nächsten Morgen versprach mir Koita, daß sich bald eine Möglichkeit ergeben würde, meinen Bogen auszuprobieren. «In zwei Tagen werden wir alle zum Fischen gehen. Heute müssen wir aber erst noch in den Urwald, um Holz für den Fischfang zu holen.»

Ich verstand zwar nicht, wofür wir Holz zum Fischen brauchten, griff aber sofort nach meiner Feldflasche und meiner Machete und folgte ihm. Zusammen mit etwa dreißig Männern, die alle Macheten trugen, marschierten wir zum Lianendschungel. Hier waren große Bäume rar, dafür gab es ein Gewirr verholzter Lianen, die wie riesige Pythons auf dem Boden und über gewaltige, mit Moosen bedeckte Felsen krochen.

Die Indianer begannen sofort mit der Arbeit und schnitten die Kletterpflanzen in etwa 25 Zentimeter lange Stücke, wobei dem Holz ein gurkenartiger Geruch entwich. Innerhalb kurzer Zeit hatten die Eingeborenen einen hüfthohen

Haufen der gelblich gefärbten *Ay-ah-e-yah*-Liane geerntet. Jeder Indianer schnitt dann zwei große Palmwedel ab und knüpfte sie zu einer Art Tragbeutel zusammen. In jede dieser Taschen kamen etwa drei Kilogramm des *Ay-ah-e-yah*-Holzes, dann zerschnitten sie eine lange braune Philodendron-Luftwurzel und benutzten diese als Strick, um das Holz in den Rucksäcken festzuzurren. Schließlich fertigten sie aus Baumrinde Schulterriemen für die Gepäckstücke.

Nachdem wir ins Dorf zurückgekehrt waren, luden wir das Holz am Flußufer ab und zerkleinerten es mit hölzernen Keulen. Den riesigen Haufen gelber Späne luden wir in Boote.

Am nächsten Morgen, dem Tag der großen Fischfangexpedition, erklangen schon vor Sonnenaufgang die Weckrufe, und ich lief, mir den Schlaf aus den Augen reibend, hinunter ans Ufer. Am Jagdausflug nahmen fast alle Dorfbewohner teil, auch die Frauen, Kinder und Hunde. Die Boote waren bis zum Rand mit Lianenspänen, Bogen, Pfeilen und Verpflegung vollgeladen. Es versprach ein herrlicher Tag zu werden, und der Besitzer des Bootes, in dem ich mitfuhr, deutete immer wieder auf Besonderheiten am Ufer hin, als befänden wir uns auf einer Ausflugsfahrt. «In dem Baum dort habe ich einen Tukan geschossen. Siehst du den Felsen? Direkt davor habe ich einmal zwei riesige Welse gefangen. Dahinter hat mein Bruder einen Maniokgarten, und ganz in der Nähe befindet sich das Revier eines alten Jaguars!»

Kurz vor Sonnenuntergang hielten wir an, um unser Lager aufzuschlagen, gerade rechtzeitig, bevor Schwärme von Moskitos aus einem nahe gelegenen Sumpf über uns herfielen. Glücklicherweise hatten alle ihre Hängematten und Moskitonetze schon aufgespannt, so daß wir uns dorthin zurückziehen konnten. Ohne Moskitonetz ist man den Moskitos und manchmal auch den Vampirfledermäusen gnadenlos ausgeliefert. Zwar gab es in dieser Nacht keine Hinweise auf blutsaugende Fledermäuse, aber die Stechmücken hatten schnell einen Eingang durch mein unsachgemäß aufgehängtes Netz gefunden, und es dauerte nicht lange, bis ich zusammengekauert in meiner Hängematte hockte, während sich die emsigen Insekten auf meine ungeschützten Hände und Knie stürzten. Ich versuchte das Netz neu zu ordnen, aber es gelang mir nicht, den Plagegeistern den Zutritt zu verwehren. Diese Nacht gehörte zu den sehr wenigen im Dschungel, in der ich wünschte, ich sei irgendwo sonst, nur nicht hier im Dschungel.

Am nächsten Morgen waren die Frauen schon vor Tagesanbruch am Fluß. Sie wateten ins graue, kalte Wasser und quetschten mit den Händen *Ay-ah-e-yah*-Späne aus. Aus dem Holz floß eine weißliche, schäumende Substanz, die zunächst auf der Wasseroberfläche trieb und dann von der Strömung davongetragen wurde. Unterdessen ergriffen die Männer ihre Bogen, sprangen in die Boote und fuhren jauchzend auf den Fluß hinaus.

Bei der Substanz, die die Frauen aus dem Holz herauspreßten, handelt es sich um ein Gift, das in die Kiemen der Fische dringt und dort die Kapillargefäße, die für die Sauerstoffaufnahme aus dem Wasser verantwortlich sind, verengt, so daß die Tiere ersticken.

Im Bug des Kanus stand je ein Mann mit Pfeil und Bogen, während ein anderer das Boot vom Heck aus steuerte. Als das Gift zu wirken begann, wühlten herumwirbelnde, nach Luft schnappende Fische den Wasserspiegel auf. Das Gift machte keine Unterschiede: Junge braune Welse mit weißen Barteln litten ebenso unter Sauerstoffmangel wie silberblaue, an Piranhas erinnernde *Pacus*. Torpedoförmige *Aboikan*-Fische bleckten die Zähne neben den blaugrauen *Mologoiemahs*. Einige Fische waren so sehr in Panik, daß man sie einfach mit einem Netz hätte herausfischen können. Dennoch wurden alle mit einem hohlen Pfeil erlegt, der die hilflose Beute über Wasser hielt. Die Treffsicherheit der Indianer war unglaublich. Mich erinnerte die Szene an eine Ballettaufführung, ein Eindruck, den möglicherweise auch schon der britische Entdecker Barrington Brown hatte, der vor etwa 100 Jahren Zeuge einer vergleichbaren Fischjagd im benachbarten Guyana wurde:

Es war ein außerordentlich aufregendes Schauspiel, als die Indianer Pfeil um Pfeil auf die verwirrten Fische abschossen, um sie dann ans Ufer oder ins Boot zu ziehen. Innerhalb einer Stunde war das mörderische Geschäft beendet, und etwa 150 stattliche Fische lagen tot auf den Felsen in der Bucht – Opfer des Gifts und der indianischen Treffsicherheit. Während der gesamten Fangaktion stand ich auf den Felsen am oberen Ende der Bucht, wo ich einen guten Überblick über das Geschehen hatte. Dabei beeindruckte mich besonders, wie der nackte Wilde in all seiner Herrlichkeit den Bogen mit Kraft und Leichtigkeit spannte und seinen Pfeil mit untrüglicher Sicherheit ins Ziel schoß.

Die ganze Sache wirkte so trügerisch leicht, daß ich beschloß, ebenfalls einen Versuch zu unternehmen. Der mißlang allerdings gründlich. In einem Kanu zu stehen, den Bogen zu spannen, auf einen Fisch zu zielen und den Pfeil abzuschießen, ist für sich allein betrachtet schon außerordentlich schwierig – aber all diese Dinge gleichzeitig zu tun, ist, als würde man mit einem Motorrad über einen holprigen Feldweg fahren und dabei auf Tontauben schießen. Nach drei erfolglosen Versuchen, einen großen, bewußtlos dahintreibenden *Pacu* zu treffen, legte ich meinen Bogen beiseite und griff mit der bloßen Hand nach dem Fisch. In dem Moment schoß ein Indianer aus einem benachbarten Boot auf ebendiesen Fisch. Der Pfeil flog zwischen meinen Fingern hindurch und traf den Fisch in die Kiemen. Ich schaute fassungslos zu dem Schützen hinüber. «Die Hände benutzt man besser nicht», sagte der Indianer mit verlegenem Grinsen.

Zwar werden Sie noch nie gesehen haben, daß bei Ihnen zu Hause jemand *Ay-ah-e-yah* in einen Forellenbach schüttet, aber das in dem Holz vorhandene Rotenon gehört zu unseren wichtigsten abbaubaren Pestiziden. Besonders geeignet ist es, weil es auf warmblütige Tiere nur eine sehr geringe und auf Fische eine zumeist nur betäubende Wirkung hat, während es für Insekten tödlich ist. Rotenon ist heute ein wichtiger Bestandteil zahlreicher biologischer Sprays gegen Stechmücken oder Gartenschädlinge, wird aber auch in Flohpudern und Desinfektionslösungen für Tiere verwendet.

Als wir am späten Nachmittag in unser Lager zurückkehrten, hatten die Frauen bereits Grillroste aus grünem Holz errichtet, auf denen der Fang des Tages zubereitet wurde. Bald war die Luft von einem appetitlichen Duft erfüllt. Es spielte keine Rolle, wie viele Fische jemand gefangen hatte: Jeder bekam so viel, wie er essen konnte. Erschöpft von der Arbeit des Tages und satt gegessen, zogen sich die meisten Indianer nach dem Festessen in ihre Hängematten zurück.

Die Frauen blieben dagegen weiterhin an den Grillrosten sitzen und bereiteten die restlichen Fische zu. Ich fragte Koita nach dem Grund.

«Das muß sein», erklärte er. «Andernfalls verdirbt der Fisch. Die Frauen braten den gesamten Fang. Zu Hause im Dorf wird der Fisch dann noch geräuchert, so daß er sich über Wochen hält.»

Plötzlich kam Unruhe auf. Ein Kanu mit drei Indianern legte am Ufer an, und einer der Männer, der liebenswerte, aber etwas begriffsstutzige Kykwe, schwankte, von seinen Begleitern gestützt, heraus. Er stöhnte und wimmerte vor Schmerzen. Er hatte das Pech gehabt, auf einen der gefährlichen Stachelrochen zu treten.

Die in den Guyanaländern vorkommenden Rochen sind Bodenbewohner der Flüsse und liegen meist eingegraben im Sand verborgen. Tritt man auf einen solchen Fisch, dann sticht er mit seinem Giftstachel, der sich auf der Oberseite des Schwanzes befindet und mit zahlreichen Widerhaken versehen ist, zu. Die Tiere sind außerordentlich kräftig, so daß sie ihren Stachel sogar tief in den Boden eines Kanus rammen können. Der Stich eines Rochens kann Bewußtlosigkeit hervorrufen und soll manchmal auch zum Tode führen.

Die Indianer schleppten Kykwe zu einer Hängematte und legten ihn vorsichtig hinein. Einer der älteren Männer holte einige Lianenspäne, die vom Fischfang übriggeblieben waren, formte sie zu einem Ball, fügte etwas Wasser hinzu, knetete sie zu einer Masse und legte sie auf Kykwes Wunde. Der Umschlag schien die Schmerzen etwas zu lindern. Bei unserer Rückkehr ins Dorf ging Kykwe sofort zum Jaguar-Schamanen, der eine Heilzeremonie veranstaltete, bevor er die Wunde auswusch, frisches Lianenholz darauf legte sowie *Go-lo-be*-Pilze, um Infektionen zu verhindern.

Mein Aufenthalt im Dorf der Tirió neigte sich dem Ende zu. Die Regenzeit hatte begonnen, und das Flugzeug, das mich in die Hauptstadt zurückbringen sollte, würde bald erscheinen. Bevor ich zurückflog, durfte ich jedoch noch ein wichtiges Ereignis miterleben. Ein Fest stand vor der Tür, und das ganze Dorf geriet, je näher der große Tag rückte, in immer größere Aufregung. Zehn Männer wurden auf eine ausgiebige Jagdexpedition geschickt, um sicherzustellen, daß es genug Fleisch für die Feier gab, während die Frauen Arm- und Fußreifen aus winzigen braunen Samen auffädelten, die als Schmuck während des Tanzes getragen wurden.

Die meisten indianischen Zeremonien finden während der Erntezeit statt oder anläßlich der Geschlechtsreife der Jungen beziehungsweise bei der ersten Menstruation der Mädchen, aber auch bei Heirat, Geburt und Tod. Koita erklärte mir den Grund für das Fest der Tirió. «Zwar ist Maniok unser wichtigstes Nahrungsmittel, aber am liebsten essen wir Ananas. Mit dem bevorstehenden Fest feiern wir die Ernte der *Nah-nah*, der Ananas.»

Wie der Maniokstrauch ist auch die Ananas in Amazonien heimisch und wurde dort schon vor Tausenden von Jahren domestiziert. Zur Zeit der spanischen Invasion war die Ananaspflanze bereits im gesamten Tiefland Südamerikas verbreitet und wurde sogar weiter nördlich in Mexiko angebaut. Kolumbus «entdeckte» die Pflanze am 4. November 1493, während seiner zweiten Reise in die Neue Welt. König Ferdinand erklärte sie zur schmackhaftesten Frucht der Welt.

Botanisch gesehen ist die Ananas eine Beere, bei der die Blüten an einem zentralen Stiel sitzen und später zu der Frucht, wie wir sie kennen, verwachsen. Bedauerlicherweise lassen sich Ananasfrüchte nur sehr schlecht transportieren, da sie nach dem Pflücken nicht mehr reifen. Deshalb ist der

Geschmack der Früchte, die wir in unseren Geschäften kaufen, nicht mit dem von den Indianern angebauten und im Freiland gereiften zu vergleichen.

Am Morgen des Ananasfestes erwachte ich, als ein leuchtend rot bemalter Jagdhund an der Tür meiner Hütte vorbeitrottete. Ich richtete mich in meiner Hängematte auf und entdeckte noch zwei andere zinnoberrote Hunde. Offenbar hatte man alle Hunde mit rotem Beerensaft eingefärbt. Auch die Menschen schmückten sich für das Fest. Die Männer legten weiße Gürtel aus winzigen Glasperlen an. Manche hängten noch gefleckte Pelze von Ozelot oder Langschwanzkatzen daran, um ihre Fähigkeiten als große Jäger hervorzuheben. Viele trugen orangefarbene und blaue Glasperlenarmbänder, in die kunstvoll ebenholzschwarze Klammeraffenschwänze, elfenbeinfarbene Harpyiendaunen oder Federn des Hellroten Ara eingearbeitet waren. Einige hatten sich auch Harpyienfedern ins Haar gesteckt oder trugen einen Kopfschmuck aus roten, gelben und schwarzen Tukanfedern.

Die Frauen waren einfacher, aber nicht weniger farbenfroh gekleidet. Sie trugen einen Lendenschurz aus roten und blauen Perlen, hatten sich lange orangefarbene und blaue Perlenschnüre wie Pistolengurte um die Schultern gelegt und Bänder aus braunen Samen um Hand- und Fußgelenke.

Sie schleppten gewaltige Mengen von Maniokbier, geräuchertem Fisch und gebratenen Affen heran – die Ausbeute der großen Jagdexpedition. Alle griffen hungrig zu, ich beschränkte mich allerdings auf den Fisch. Als Dessert gab es riesige Portionen schmackhafter roter und gelber Ananasfrüchte.

Danach kündigte der Häuptling ein Wettschießen an, und die Männer holten ihre Bogen. Ein großer Palmwedel wurde als Ziel aufgehängt, und alle stellten sich in einer Reihe auf, um ihr Glück zu versuchen. Viele der jüngeren Männer warfen sich in die Brust und kündigten Treffer ins Schwarze an, um die ledigen Frauen zu beeindrucken. Gewonnen wurde der Wettkampf aber von einem Teilnehmer, der ganz und gar nicht der Vorstellung eines Robin Hood entsprach –

einem dürren, etwa sechzigjährigen, schielenden Mann mit hängenden Schultern. Keiner war ihm ebenbürtig – er traf unfehlbar ins Schwarze.

Ich setzte mich ein wenig abseits des Trubels hin und verspeiste eine weitere köstliche Ananas. Schließlich winkten mich einige Indianer meines Alters zu sich. Als ich zu ihnen ging, drängten sie mich in eine Hütte. Zunächst war ich entsetzt, als sie begannen, mir meine Kleider auszuziehen, aber dann wurde mir klar, was sie vorhatten. Sie gaben mir einen roten Lendenschurz und weiße Perlenketten und forderten eine der Frauen auf, meinen Körper rot und blau zu bemalen. Einer der Männer setzte mir einen gewaltigen Kopfschmuck aus den Federn Hellroter Aras und Harpyien auf.

Als ich aus der Hütte trat, drehte sich alles zu mir um, und tobendes Gelächter setzte ein. Sogar der Jaguar-Schamane, den ich noch nie hatte lachen sehen, begann zu kichern.

Als ich mir am Abend die Bemalung mit Seife vom Körper zu waschen versuchte, ging die rote Farbe zwar sofort ab, aber die zickzackförmigen blauen Linien blieben. Der Farbstoff hatte sich fest mit meiner Haut verbunden, so daß der größte Teil meines Körpers immer noch blau bemalt war, als ich eine Woche später in die Hauptstadt zurückkehrte – ein leibhaftiges Andenken an meinen Besuch bei den Tirió.

Während ich auf der kleinen Start- und Landebahn am Rande des Dorfes stand und auf das Flugzeug wartete, das mich in die Hauptstadt zurückbringen sollte, erschien plötzlich ein wunderschöner Regenbogen über Kwamala, als wolle er dem verwunschenen Ort die Krone aufsetzen. Koita, seinen Bogen und einen Köcher um die Schulter geschlungen, verabschiedete sich von mir. Wortlos nahm er die Kette mit dem Jaguarzahn, die er stets trug, vom Hals und legte sie mir lächelnd um. Dann verschwand er im Urwald. Etwa eine Stunde später traf mein Flugzeug ein, und als ich aus der Höhe hinunterschaute, glaubte ich tatsächlich einen Moment, ihn dort unten durch den Dschungel streifen zu sehen.

Die Rezeptur eines Giftes

Die Pfeile und Bogen, die einige dieser Völker verwenden, sind wegen
ihrer Schlagkraft und wegen der Wunden, die sie verursachen können,
außerordentlich gefürchtet. Zudem kennen die Indianer zahlreiche
Pflanzen, aus denen sie ein so gefährliches Gift herstellen, daß ein in diese
Flüssigkeit getauchter Pfeil auf der Stelle tödlich wirkt.

Cristóbal de Acuña, 1641

Für die meisten Ethnobotaniker ist Kurare eine Art Heiliger
Gral. Hergestellt aus Dschungelpflanzen und von den Indianern als tödliches Pfeilgift verwendet, verkörpert Kurare all
das, was ethnobotanische Untersuchungen interessant macht:
Seine Zubereitung ist mit geheimnisvollen Ritualen verbunden, und die komplexe Zusammensetzung sorgt dafür, daß
die genauen Wirkungsmechanismen von der Wissenschaft
immer noch nicht vollständig verstanden werden.

«Kurare» gehört zu den wenigen Wörtern indianischen
Ursprungs, die ihren Weg auch in andere Sprachen gefunden haben. Im Grunde handelt es sich um einen Sammelbe-
griff für alle Pfeilgifte, die von den Eingeborenen aus tropischen Pflanzen gewonnen werden. Die meisten dieser Gifte
behindern die Übertragung der elektrischen Impulse von den
Nerven zu den Muskeln, so daß es zu Störungen der Mus-
kelfunktionen kommt, beispielsweise zur Lähmung des
Zwerchfells, das eine entscheidende Rolle bei der Atmung
spielt; das vergiftete Opfer erstickt innerhalb weniger Minuten.

Andere Kuraregifte machen das Opfer durch ihre halluzinogenen Substanzen bewegungslos. Das Tier liegt still, vermutlich berauscht und nicht einmal ängstlich, während der
Jäger sich in aller Ruhe nähern kann, um es zu töten.

Auch die westliche Medizin hat dieses Gift schon sehr früh

für sich entdeckt und bei verschiedenen Krankheiten wie Epilepsie und Veitstanz (Chorea) verwendet. Heute wird die aktive Hauptkomponente eines Kuraregifts als Muskelrelaxans bei Operationen, zur Behandlung von Schockpatienten und zur Diagnose von Myastenie, einer krankhaften Muskelschwäche, angewendet. Gewonnen wird Kurare auch heute noch aus Pflanzen, da das synthetische Produkt nicht das gesamte Wirkungsspektrum besitzt.

Jeder Indianerstamm am Amazonas hat sein ureigenes Rezept für die Zubereitung von Kurare, und alle Ethnobotaniker träumen davon, auf eine noch unentdeckte Pfeilgiftpflanze mit einer unbekannten Substanz zu stoßen, die sich möglicherweise als segensreich für die ganze Welt erweist. Allerdings befinden wir uns auch hier in einem Rennen gegen die Zeit: Seit die Eingeborenen mit der Außenwelt in Kontakt gekommen sind, haben sie fast überall Pfeil, Bogen und Blasrohre gegen Gewehre eingetauscht, und ihr Wissen über die Kurareherstellung ist häufig schon verlorengegangen.

Wieder brachte mich das kleine Flugzeug über den grünen Teppich des Urwalds in das Land der Tirió. Das Teufelsei wirkte trotzig wie immer, unter uns flog ein Schwarm Hellroter Aras, und die Spiegelungen der Sonne im Fluß eilten uns stets ein Stück voraus. Das einzigartige Naturschauspiel überwältigte mich erneut.

Endlich sah ich dann die gelbbraunen Palmenhütten von Kwamala am Ufer des Sipaliwini-Flusses. Kaum öffnete ich nach der glatten Landung die Tür, sah ich mich von 30 Indianern umringt. Ich suchte nach Koita, fand ihn aber nicht. Viele der anderen Indianer erkannten mich wieder und schienen fast ebenso aufgeregt zu sein wie ich.

Ich war bereits dabei, meine Hängematte und mein Moskitonetz aufzuhängen, als ich unten am Fluß eine bekannte Stimme hörte. Koita kam in einem kleinen Einbaum herangepaddelt. Er trug wie immer einen langen roten Lendenschurz und hatte seine Haut mit fast impressionistisch wirkenden blauen Mustern bemalt. Er schenkte mir eine riesige Ananas zur Begrüßung, und während wir sie gemeinsam verzehrten, stellte er mir unzählige Fragen: Wie lange ich bleiben wolle? Nach was ich suchte? Ob ich in Zukunft einmal pro Jahr nach Kwamala kommen würde?

Er versprach mir, mich am nächsten Tag bei Sonnen-aufgang zum Häuptling zu begleiten, den ich wieder um die Aufenthaltsbewilligung bitten wollte.

Tag für Tag ging ich wieder mit Koita und dem Jaguar-Schamanen zum Pflanzensammeln. Als erstes verbrachte ich die meiste Zeit damit, die Ergebnisse des Vorjahres zu überprüfen. Professor Schultes hatte mich vor meiner Reise gewarnt, direkt nach dem Kurarerezept zu fragen. Ich sollte vorsichtig sein und einen geeigneten Moment abwarten, um mein eigentliches Ansinnen zur Sprache zu bringen.

Als wir an einem besonders heißen und stickigen Nachmit-tag durch den Urwald streiften, hörte Koita über uns einen Hokko in den Ästen. Mit einer fließenden Bewegung schoß er sofort einen Pfeil ab, der sein Ziel jedoch um Längen verfehlte – übrigens das einzige Mal, daß ich Koita vorbei-schießen sah –, und der Vogel flog lärmend davon. Während Koita den Pfeil suchte, erwähnte ich beiläufig, daß ich gern wüßte, welche Pflanzen man für Pfeilgifte benutzte. Weder er noch der Jaguar-Schamane gingen jedoch auf diese Frage ein, so daß ich die Sache zunächst auf sich beruhen ließ.

Nach der Rückkehr ins Dorf stellte mir Koita zwei Freunde vor. Yaloefuh war einer der farbenprächtigsten Tirió, die ich je gesehen habe. Er war ausgesprochen muskulös und be-tonte dies noch durch seine Körperbemalung. Parallele dun-kelblaue Streifen liefen von den Füßen die Beine hinauf und endeten an der Taille. Sein leuchtend roter Lendenschurz bildete einen auffälligen Kontrast zu der blauen Farbe, und um den rechten Oberarm trug er ein breites Band aus winzi-gen orangefarbenen Samen, um den linken eines aus blauen Kernen. Da bei den Frauen und Männern der Tirió Körper-behaarung als unschön gilt, hatte Yaloefuh seine Augen-brauen fast völlig entfernt. Auf die Stirn hatte er sich einen Streifen aus rotem Beerenextrakt gemalt, der sich bis zur Mitte seiner breiten, flachen Nase fortsetzte. Sein schulterlanges Haar glänzte, da er es mit dem nach Vanille duftenden Öl der Tonkabohne eingerieben hatte, und er trug Federn der großen Harpyie.

Begleitet wurde Yaloefuh von Kamainja; er war kein Tirió, sondern gehörte zum Stamm der Waiwai, die tiefer im Dschungel an der brasilianisch-guyanischen Grenze leben. Er war in Brasilien geboren, hatte später eine Tirió geheiratet und sich in Kwamala niedergelassen. (Obwohl die meisten Heiraten unter Stammesangehörigen stattfinden, gibt es auch Eheschließungen zwischen Mitgliedern fremder Stämme; bei derartigen Verbindungen lebt das Paar normalerweise im Dorf der Frau.) Kamainja trug eine verwaschene Turnhose; das einzige Zugeständnis an die Mode war eine alte schwarze Timex-Uhr, deren Zifferblatt allerdings fehlte.

Wir vereinbarten, daß Kamainja und Yaloefuh mich in den nächsten Tagen abwechselnd in den Urwald begleiten sollten, damit der Jaguar-Schamane und Koita ihren Verpflichtungen nachgehen konnten.

Am nächsten Morgen erwachte ich, als ich Kamainjas nackte Füße auf dem staubigen Pfad vor meiner Hütte hörte. Ich sprang aus meiner Hängematte und fühlte gleich darauf einen stechenden Schmerz im linken Ohr, verlor das Gleichgewicht und stürzte auf den Fußboden. Kamainja half mir wieder in die Hängematte. Obwohl er kleiner und viel leichter war als ich, ging er mit mir um, als sei ich eine Stoffpuppe. Er schaute mir in die Augen und befühlte meine Stirn; dann sagte er, er müsse Hilfe holen, und rannte davon.

Mein Ohr pochte, ich glaubte Fieber zu haben, und mir war schwindlig. Ich konnte die Menschen um mich herum hören, sie aber nicht sehen, und ich begann mich zu fragen, ob ich nicht vielleicht Malaria hatte oder sogar vergiftet oder verhext worden sei. Dann bemerkte ich, daß jemand neben mir stand, konnte sein Gesicht aber nicht erkennen. Der Schatten sagte etwas in einer Sprache, die ich nicht verstand, und beugte sich über mich, um mir in die Augen zu schauen. Langsam nahm ein bekanntes Gesicht Konturen an: der Jaguar-Schamane. Ich versuchte mich mühsam auf seine Bewegungen zu konzentrieren. Er warf Zweige und Blätter

140

ins Feuer, und bald darauf erfüllte ein dichter, aromatischer Rauch die Hütte. Dann baute er sich erneut vor mir auf, zog ein Bambusröhrchen aus dem Gürtel seines Lendenschurzes und schüttete den Inhalt – einige Stücke eines weißen Pilzes – in seine Hand. Er drehte meinen Kopf zur Seite und zerquetschte die Pilze, so daß ihr Saft zuerst in mein linkes und dann in mein rechtes Ohr tropfte. Darauf begann der Medizinmann langsam und klagend zu singen, bevor er mich mit einer warmen Flüssigkeit abwusch. Zum Schluß gab er mir von einem Tee zu trinken, woraufhin ich in einen tiefen Schlaf fiel.

Als ich wieder erwachte, wußte ich nicht, wieviel Zeit verstrichen war. Im Grunde war ich mir nicht einmal sicher, ob das Heilritual wirklich stattgefunden hatte. Vor meiner Hütte spielten einige Kinder, die davonliefen, als sie bemerkten, daß ich versuchte, mich in meiner Hängematte aufzurichten. Kurz darauf kamen sie mit Kamainja im Schlepptau zurück, der mir Wasser zu trinken gab. Als ich ihn fragte, was geschehen sei, sagte er nur: «Du bist krank gewesen.»

Der Pilz, mit dem der Medizinmann meine Krankheit – vermutlich eine Ohreninfektion – behandelt hatte, war mir bekannt, und ich vermute, daß es antibakterielle Substanzen im Saft des Pilzes waren, die mich kurierten. Allerdings erfuhr ich weder vom Schamanen noch von Kamainja jemals die Namen der Kräuter, die der Medizinmann für die warme Waschlotion benutzt hatte, oder die Bedeutung der Wörter, die gesprochen wurden, als er mich wusch. Viele Jahre später, als ich etwas mehr über die Indianer und ihre Lebensweise wußte, mußte ich erneut an dieses Erlebnis denken. In der Realität der Tirió – das gilt auch für andere Naturvölker rund um den Erdball – sind Menschen in Tiergestalt, böse Geister und sprechende Pflanzen nichts Ungewöhnliches. In dieser Welt konnte die Heilung meines kranken Ohrs durch einen Traum, eine Heilpflanze oder einen Sprechgesang erfolgt sein. Während meiner Forschungen gab es keinen Mangel an Vorfällen, Erscheinungen und Träumen, die sich durch die westliche Wissenschaft nicht erklären lassen. Das Geheimnis der Heilung liegt für die Eingeborenenkulturen

141

des Amazonasgebietes also nicht nur in den biochemischen Inhaltsstoffen der Pflanzen, sondern die Behandlung schwerer Krankheiten geht immer auch mit rituellen Handlungen einher.

Während ich mich in meiner Hängematte ausruhte und merkte, daß meine Körperkräfte langsam zurückkehrten, erzählte mir Kamainja, daß er demnächst nach Guyana gehen würde, um wie jedes Jahr an einem Fest seines Stammes teilzunehmen. In der Zwischenzeit würde Yaloefuh mich betreuen.

Nach meiner Genesung schlug Yaloefuh vor, wir sollten mit Ijuki zusammenarbeiten, dem ältesten und mächtigsten Schamanen der Tirió. Gemeinsam gingen wir zur Hütte des Medizinmannes. Ein etwa achtzigjähriger, schmächtiger, weißhaariger Mann erschien im Eingang. Yaloefuh trug ihm unser Anliegen vor, aber der Schamane lehnte ab. Er habe sich den Fuß verstaucht, außerdem hätte er Kopf- und Bauchschmerzen, ein schwaches Herz, Sodbrennen und zahlreiche andere Gebrechen, von denen ich noch nie gehört hatte. Die Liste seiner Krankheiten ließ mich vermuten, daß es mit seinen Heilkräften nicht sehr weit her sein konnte. Da Yaloefuh jedoch behauptet hatte, der alte Mann wisse eine Menge über Pflanzen, beschloß ich, mich in die Verhandlungen einzumischen. «Ich gebe ihm fünf Angelhaken pro Tag, einen Beutel Salz und, wenn alles gut läuft, am Ende der Woche eine Taschenlampe», bot ich an. Als Ijuki dies vernahm, verschwand er in der Hütte, so daß ich schon glaubte, es sei alles verloren, aber er erschien sofort wieder mit seiner Machete in der Hand und sagte: «*Mmpah!*» Laßt uns aufbrechen! Mein Begleiter brach in lautes Gelächter aus, bevor er ihm erklärte, daß wir erst am nächsten Morgen losgehen wollten.

Auf dem Rückweg zu meiner Hütte meldete ich leichte Bedenken an, ob ein so alter Herr unseren Urwaldmärschen gewachsen sei. Yaloefuh lachte. «Der alte Mann bewegt sich so schnell durch den Dschungel, daß du nur noch eine Staubwolke sehen wirst!»

142

Am nächsten Morgen verließen wir das Dorf in Richtung Osten und kamen, nachdem wir etwa zehn Minuten durch den Urwald marschiert waren, zu den *Tebitas*, den Gärten der Indianer. Sie hatten eine Fläche von der Hälfte eines Fußballfelds gerodet und darauf Maniok angebaut. Alle Pflanzen hatten etwa die gleiche Höhe, und ihre palmenartigen Blätter bildeten ein nahezu geschlossenes grünes Dach. Während wir durch die Gärten gingen, stellte ich fest, daß der Untergrund nur aus einer dünnen Schicht hellen Sandes bestand. Yaloefuh erklärte mir das Prinzip der Tirió-Landwirtschaft.

«Was du hier siehst, ist nicht etwa der Garten einer Einzelperson, sondern es sind mehrere Felder. Die Grenzen des Eigentums jeder Person werden durch große Baumstümpfe markiert, die man vom Weg aus nicht sehen kann. Außerdem weiß jeder, wo sein Gebiet ungefähr beginnt, und falls es Streitigkeiten gibt, werden sie vom Häuptling geschlichtet.»

Yaloefuh lieh sich meine Machete, ging in den Garten und kam mit einer großen Ananas zurück. Er schnitt sie in drei Teile und gab jedem von uns ein Stück.

«Ist die aus deinem Garten?» fragte ich und biß in die Frucht.

«Nein, der Garten gehört meinem Schwager. Wenn du jemanden etwas aus einem Garten holen siehst, bedeutet das noch nicht, daß er ihm auch gehört. Wenn man Hunger hat, kann man sich nehmen, was man braucht, aber man muß es dem Besitzer nach der Rückkehr ins Dorf mitteilen. Bei der Arbeit hilft einer dem anderen. Das Roden geschieht normalerweise im Juni oder Juli. Wir lassen die gefällten Stämme liegen, damit sie trocknen, und verbrennen sie dann zwei bis drei Monate später, um auf diese Weise den Boden etwas zu düngen. Einen Monat danach, wenn die Regenzeit beginnt, pflanzen die Frauen Maniok und andere Nutzpflanzen.»

«Was meinst du mit anderen Nutzpflanzen?» fragte ich. «Ich sehe nur Maniok.»

Yaloefuh forderte mich auf, ihm in den Garten zu folgen, um mir zu zeigen, wie blind ich war. Überall standen Bananenbäume mit reifen Früchten; was ich für Unkräuter gehalten hatte, waren Paprikapflanzen, außerdem gab es Melonenbäume, Yamsgewächse, Baumwoll- und Tabakpflanzen, Kaschubäume und Riesenkürbisse. Mit Yaloefuhs Hilfe konnte ich schließlich auch die verschiedenen Manioksorten unterscheiden – insgesamt fast 20 Varietäten.

Ijuki war unterdessen in den Wald vorausgegangen. Während wir ihm folgten, erzählte mir Yaloefuh mehr über den alten Schamanen. «Er ist einer der ältesten Männer des Dorfes und einer der besten Jäger. Er hat eine sehr junge Frau, aber keiner der Männer des Dorfes traut sich, sie auch nur anzuschauen. Zwei meiner Freunde, die überzeugt davon waren, der alte Schamane könne die Frau in seinem Alter nicht mehr glücklich machen, versuchten sich ihr zu nähern. Einer von ihnen ging auf die Jagd und kehrte nie wieder zurück, der andere wurde verhext und ist nun impotent. Viele fürchten sich vor Ijuki, aber er hat noch niemandem geschadet, der sich nicht zuvor seinen Zorn zugezogen hätte.»

Noch während ich darüber nachdachte, sah ich, daß der Medizinmann mit seiner Machete die Spitze eines Schößlings abschlug. Er reichte mir den Pflanzenstengel und deutete auf die weiß-grüne Bänderung hin. *«Eh-ru-ku-ku»*, sagte er. Das war der Name für eine in ähnlicher Weise gezeichnete Schlange. Ich lächelte, da ich glaubte, er wolle auf die Ähnlichkeit zwischen der Pflanze und der Schlange hinweisen, aber er beharrte auf seinem *Eh-ru-ku-ku, eh-ru-ku-epi* (*Epi* bedeutet «Medizin»). Da begriff ich, daß die Pflanze nicht nur wie eine Giftschlange aussah, sondern auch die entsprechende therapeutische Wirkung hatte: Ein Tee aus diesem Gewächs half gegen Schlangengift. Ich begann, mir Notizen zu machen.

Inzwischen war ich in der Tirió-Sprache bewandert genug, um einfache Fragen stellen zu können, sah mich aber natürlich noch nicht in der Lage, beispielsweise die Geheimnisse des Kosmos zu diskutieren. Dennoch benutzte ich nach Möglichkeit keinen Dolmetscher, um zu vermeiden, daß etwas von dem Wissen der Schamanen bei der Übersetzung verlorenging.

Am Rande der Lichtung schnitt Ijuki eine *Ah-mo-de-ah-tuh*-Liane, deren Blätter einen Bittermandelgeruch verströmten. Der Duft war so verlockend, daß ich sie fast probiert hätte, bevor ich mich erinnerte, daß er ein sicheres Anzeichen für ein tödliches Gift ist: Zyankali. In den frühen siebziger Jahren sammelte ein brasilianischer Botaniker große Mengen dieser Pflanzenart für chemische Analysen und atmete dabei so viel von dem flüchtigen Giftstoff ein, daß er mehrfach fast ohnmächtig geworden wäre. Da ich also wußte, daß diese Liane giftig war, fragte ich den Schamanen, stets den Grund meines Hierseins im Hinterkopf: «Kann man diese Art verwenden, um Kurare herzustellen?» Er fixierte mich mit einem durchdringenden Blick, antwortete aber nicht.

Während der ganzen Zeit, die wir zusammen im Urwald verbrachten, erwies sich Ijuki als außerordentlich halsstarrig und weigerte sich, auf meine Fragen bezüglich des Kurare zu antworten. Yaloefuh und ich wurden dagegen Freunde. Er versuchte immer wieder, mir auch etwas über die Jagdtechniken der Tirió zu vermitteln, über die ich sonst nichts erfahren hätte. So erzählte er mir beispielsweise etwas über die *Binas*, magische Pflanzen oder Minerale, mit denen man den Körper oder den Bogen einreiben mußte, um sicherzustellen, daß man das Jagdglück auf seiner Seite hatte, und er demonstrierte mir, wie er durch Stimmimitation Tiere anlockte.

Immer wenn ich naiv genug war zu glauben, ich hätte jetzt gewisse Zusammenhänge einigermaßen verstanden, wurde ich durch neue Ereignisse eines Besseren belehrt. Aufgewachsen in einer materialistisch eingestellten Gesellschaft, war ich von dem Konzept des Teilens und Schenkens, das die Indianer «*E-pah-wah-nah*» nennen, beeindruckt. Gelegentlich verwirrte es mich aber auch. Eines Abends war ich dabei, die Aufzeichnungen, die ich während des Tages gemacht hatte, in mein Notizbuch zu übertragen; Yaloefuh half mir, indem er mir geduldig Einzelheiten zu den Pflanzen wiederholte, die wir gesammelt hatten. Ich lag in meiner Hängematte und schrieb, während Yaloefuh auf einem hölzernen Hocker in der Nähe des Feuers saß. Plötzlich stand er auf, streckte sich und sagte: «*E-pah-wah-nah.* Heute nacht schlafe ich bei dir.»

Ich wäre vor Schreck beinahe aus der Hängematte gefallen. An der Harvard-Universität gibt es keine Vorlesungen über sexuelle Praktiken oder Vorlieben der Eingeborenen, so daß ich nicht wußte, wie ich mich verhalten sollte. Ich versuchte Yaloefuh klarzumachen, daß es Zeit für ihn sei, nach Hause zu gehen, und sicherheitshalber gab ich ihm noch einen Kochtopf für seine Frau mit.

Als ich den Zwischenfall später mit Koita besprach, lachte er ausgiebig über meine Unwissenheit. «*E-pah-wah-nah* bedeutet nicht nur den Austausch von Geschenken», erklärte er mir. «Es ist auch ein Ausdruck der Freundschaft. Yaloefuh wollte dir damit nur sagen, daß du ein so guter Freund für ihn bist, daß er seine Hängematte neben deiner aufhängen würde, damit ihr euer Gespräch während der Nacht fortsetzen könntet. Kein Grund zur Panik!»

Jeden Morgen, wenn ich zu Yaloefuhs Hütte hinüberging, fand ich ihn dort in seiner Hängematte liegend, während er Arme und Gesicht sorgfältig mit Pflanzenfarbstoffen verzierte oder sich einen Kopfschmuck aus Federn knüpfte. Als er wieder einmal mit seiner Morgentoilette beschäftigt war, nörgelte seine Frau (die eine ganze Reihe von Jahren älter zu sein schien) an ihm herum.

«Du gehst doch nicht schon wieder in den Urwald, um Pflanzen zu sammeln? Kannst du nicht endlich wieder einmal auf die Jagd gehen? Wir haben schon über eine Woche kein frisches Fleisch mehr gehabt. Manchmal wundere ich mich wirklich, warum ich gerade dich als Vater meiner Kinder ausgesucht habe...»

Yaloefuh sprang aus der Hängematte, ergriff seinen Bogen und eine Handvoll Pfeile und war schon aus der Hütte. «Ich habe beschlossen, heute auf die Jagd zu gehen», rief er, ohne sich umzudrehen. Als wir an Ijukis Hütte vorbeikamen, stand dieser vor der Tür und reinigte mit der Machete seine Fingernägel. Kaum entdeckte er, daß Yaloefuh seine Waffen dabeihatte, breitete sich ein Lächeln auf seinem Gesicht aus, und er eilte in die Hütte, um gleichfalls seine Jagdausrüstung zu holen.

Wir liefen in einem gleichmäßigen Trott in den Urwald, wobei ich Schwierigkeiten hatte, das Tempo der Indianer mitzuhalten. «Wonach suchen wir?» rief ich atemlos. «Klammeraffen», rief Yaloefuh. Der Pfad führte in den Urwald, durch eine kleine Maniokplantage, einen Palmensumpf, zwischen Felsblöcken durch einen Lianenurwald und schließlich einen steilen Hügel hinauf. Nur noch selten sah ich einen roten Lendenschurz aufblitzen, der zu einem der beiden Indianer gehörte, die vor mir durch den Urwald rasten. Inzwischen hatte der Pfad aufgehört, so daß wir uns durch dichten Dschungel kämpfen mußten. Ich begann, meine Machete zu benutzen, fiel aber noch weiter zurück, so daß ich fürchtete, den Anschluß endgültig zu verlieren. Ich beeilte mich, einen kalten Bach mit starker Strömung zu überqueren, rutschte aus und fiel hin. Ich mußte vor Schmerz aufgeschrien haben, denn die beiden Eingeborenen erschienen sofort auf der Bildfläche.

Der alte Medizinmann kniete nieder und untersuchte meinen Fuß. Als er sah, daß nichts weiter passiert war, legte er mein Bein ins kalte Wasser, um einer Schwellung vorzubeugen. Ich nutzte die Pause, um Yaloefuh nach den unterschiedlichen Pfeilen, die er dabeihatte, zu fragen.

«Auf der Jagd haben wir gewöhnlich fünf verschiedene Pfeiltypen dabei», sagte er. «Ihr Schaft ist aus Schilfrohr, die Steuerfedern stammen meist vom Hokko; nur für die Jaguarjagd benutzen wir die Federn der Harpyie.»

«Dann sind also die Schäfte und die Steuerfedern immer aus demselben Material?» fragte ich.

«Das ist richtig», antwortete er. «Nur die Spitzen sind verschieden. Die größten und wichtigsten werden *Para* genannt.» Er zog einen Pfeil heraus, der eine aus Bambus gefertigte, große, rasierklingenscharfe, lanzenförmige Spitze besaß. «Diesen benutzen wir für die Jagd auf große Landsäuger wie Tapire und Pekaris.»

«Und wo ist das Kurare?»

«Wir benutzen kein Kurare für diese Tiere.»

Ijuki hielt einen seiner Pfeile in die Höhe. «Wie du siehst, befindet sich die Spitze, wenn der Pfeil angelegt wird, rechtwinklig zum Erdboden. Die Rippen der Tiere verlaufen nämlich ebenfalls rechtwinklig zum Boden. So können die Pfeile besser in den Körper eindringen. Als wir gegen die Okomoyana in den Krieg zogen, haben wir die Spitzen parallel angebracht, also in der gleichen Ausrichtung wie die Rippen eines Menschen!»

«Und was ist mit diesem hier, bei dem die Spitzen mit Widerhaken versehen wurden?» fragte ich.

«Der wird hauptsächlich für große Vögel wie Hokkos oder Aras verwendet», entgegnete Yaloefuh. «Schießt man mit einem *Para* auf diese Tiere, gelingt es ihnen manchmal, den Pfeil abzuschütteln. Bei den Widerhaken gibt es kein Entrinnen», fügte er mit einem zufriedenen Lächeln hinzu.

Die restlichen drei Pfeile sahen dagegen nicht sehr gefährlich aus. Einer hatte eine stumpfe Spitze, beim nächsten war ein kleiner Knochen eingesetzt, und der dritte hatte dort, wo die Pfeilspitze eigentlich hingehörte, nur einen kleinen Schlitz. «Den mit der stumpfen Spitze benutzen wir, um beispielsweise Tukane zu betäuben, wenn wir nur ein paar Federn für einen Kopfschmuck brauchen. Für kleine Landsäuger nehmen wir den mit dem spitzen Affenknochen.»

«Und was ist mit dem letzten?» wollte ich wissen. «Er hat ja überhaupt keine Spitze.»

Yaloefuh lächelte und löste von der Schnur, die seinen Lendenschurz hielt, ein kleines Bambusröhrchen, entfernte den Verschluß aus Tierhaut und schüttete den Inhalt vorsichtig in meine Hand. Es waren sechs Pfeilspitzen aus Bambus, von denen jede mit einer rötlichbraunen Kruste überzogen war – Kurare.

Ich wollte gerade fragen, warum diese Spitzen gesondert aufbewahrt wurden, aber die Antwort lag auf der Hand. Wenn ein Jäger mit einer vergifteten Pfeilspitze ins Stolpern geriet, würde er wahrscheinlich keine Gelegenheit haben, diesen Fehler noch einmal zu machen. Der Naturforscher Charles Waterton berichtet von einem Unfall, der die tödliche Wirkung des Kurare deutlich macht:

Der Jäger hatte einen vergifteten Pfeil dabei und schoß diesen auf einen Brüllaffen ab. Der Pfeil verfehlte sein Ziel, streifte aber beim Herabfallen den Arm des Schützen oberhalb des Ellbogens. Der wußte sofort, daß es mit ihm zu Ende gehen würde. «Ich werde diesen Bogen nie wieder spannen», sagte er, nahm das kleine Bambusröhrchen mit den vergifteten Spitzen ab, das er über der Schulter trug, legte es zusammen mit dem Bogen und den Pfeilen auf die Erde, bevor er sich selbst hinlegte, seinem Begleiter Lebewohl sagte und dann den Mund für immer schloß.

Plötzlich bedeutete uns Ijuki, ruhig zu sein. In einiger Entfernung konnte ich das Geräusch fallender Früchte hören, das entsteht, wenn sich Tiere auf der Futtersuche durch die Baumwipfel bewegen. Sie schienen geradewegs auf uns zuzukommen. Ijuki öffnete sein Bambusröhrchen, steckte eine Spitze auf einen Pfeil, spannte den Bogen und schoß. Alle Handgriffe wurden in einer einzigen fließenden Bewegung ausgeführt, und das «Hun», das er beim Abschießen des Pfeiles ausstieß, war der einzige Hinweis darauf, daß der Medizinmann überhaupt Kraft aufgewendet hatte. Gleich darauf stürzte ein Kapuzineräffchen einige Meter von uns entfernt herab. Es war mitten ins Herz getroffen und bereits tot, als es auf dem Boden aufschlug, während der Rest der Affenhorde lärmend die Flucht ergriff.

Ijuki lieh sich meine Machete und schnitt eine Kletterpflanze in Stücke, mit der er die Gliedmaßen des Tieres zusammenband und sich die Beute für den Rückmarsch ins Dorf über die Schulter hängte.

Yaloefuh fuhr inzwischen mit seiner Unterrichtsstunde fort. «Bei der Jagd auf Affen benutzen wir immer Kurare. Es ist nämlich nicht einfach, sie zu treffen, und gelingt es, halten sie sich oft mit dem Schwanz fest und sterben dann unerreichbar in den Bäumen. Mit vergifteten Pfeilen ist schon der kleinste Kratzer tödlich, und das Kurare sorgt dafür, daß die Tiere sich entspannen und auf den Boden fallen.»

Auf dem Heimweg, während uns Ijuki Jagderlebnisse aus seiner Jugend erzählte, hielt Yaloefuh plötzlich an und stieß einen leisen Pfiff aus. Er glitt völlig lautlos zwischen den Bäumen durch, obwohl er, da wir uns mitten in der Trockenzeit befanden, über dürre Blätter gehen mußte. Er suchte die Baumkronen ab, nahm einen der stumpfen Pfeile heraus und schoß ihn ab. Sofort trudelte einer der schönsten Vögel, die ich je gesehen habe, aus den Wipfeln herab. Er hatte einen smaragdgrünen Kopf, einen pechschwarzen Rücken, einen zinnoberroten Bürzel, eine purpurfarbene Brust und eine glänzend blaugrüne Kehle. Yaloefuh zupfte ihm einige Federn aus und ließ ihn dann liegen. Die Federn steckte er vorsichtig in seinen Kurareköcher, damit sie nicht beschädigt wurden. Ich mußte lächeln. Bei der Aussicht auf einen neuen Kopfschmuck hatte er den Wunsch seiner Frau nach frischem Fleisch völlig vergessen; von seinem Jagdausflug kam er mit nichts als einigen bunten Federn nach Hause.

Die außerordentliche Treffsicherheit der südamerikanischen Indianer beeindruckt jeden Fremden. Russ Mittermeier sah bei einem Besuch der Jivaro in Peru, wie ein Indianer mit dem Blasrohr auf einen Kolibri schoß; der Pfeil drang dem Vogel in den linken Flügel. Der Mann zog das Geschoß vorsichtig heraus und ließ den Kolibri, der augenscheinlich nicht weiter verletzt war, frei. Mittermeier fragte den Indianer, ob es sich um einen Zufallstreffer gehandelt habe, worauf der Mann erneut sein Blasrohr hob, auf den davonfliegenden Vogel zielte, um ihn im rechten Flügel zu treffen.

Eine ähnliche Begebenheit wird von einem Ornithologen berichtet, der im Amazonasgebiet Ecuadors unterwegs war, um Vögel zu fangen. Da die Eingeborenen ihm gern behilflich sein wollten, boten sie ihm zahlreiche Tiere an, die sie mit ihren Blasrohren erlegt hatten. Er lehnte ihr Angebot höflich ab und erklärte ihnen, daß er die Vögel für ein Museum in den Vereinigten Staaten benötigte und daher keine Tiere gebrauchen konnte, deren Haut durchlöchert war. Am nächsten Tag kamen die Indianer mit einem Sack voller Vogelkadaver, die ausschließlich dadurch getötet worden waren, daß man ihnen einen Blasrohrpfeil ins Auge geschossen hatte.

An jenem Abend kletterte ich in eine der Hängematten in Yaloefuhs Hütte und begann in bester Tirió-Manier ein Gespräch über dies und jenes, bis ich endlich zur Sache kam: Ich wollte mehr über Kurare wissen. Yaloefuh schwieg eine Weile und schien sich seine Antwort sehr genau zu überlegen. «Kurare ist anders als die Pflanzen, die wir dir bisher gezeigt haben», begann er. «Die Tirió haben einen sehr hohen Preis dafür bezahlt und geben ihr Wissen nur an diejenigen weiter, die seinen Wert wirklich zu schätzen wissen. Am Anfang der Welt gab es nur einen einzigen Mann, einen Tirió. Dieser hatte drei Haustiere – einen Brüllaffen, eine Gelbscheitelamazone und einen Gelbkopf-Truthahngeier. Als er eines Tages von der Jagd zurückkam, sah er, daß jemand Maniokbrot gebacken hatte. Neugierig versteckte er sich am nächsten Tag, in der Hoffnung, der Brotbäcker werde zurückkehren. Von seinem Versteck aus konnte er beobachten, wie sich seine Tiere in Menschen verwandelten, um Brot zu backen. Als er die Tiermenschen zur Rede stellte, verwandelte sich der Brüllaffe in ein hübsches Mädchen, und sie heirateten.

Als der Mann eines Tages wieder im Urwald war, zeigte ihm eine Harpyie ihre Krallen und sagte: ‹Das ist mein Kurare.› Dann deutete der Greifvogel auf eine Liane und sagte: ‹Das ist euer Kurare› und erklärte dem Mann dann, wie man aus dieser Pflanze Pfeilgift herstellt. Der Tirió war begierig darauf, das Kurare auszuprobieren, und da gerade eine Horde Brüllaffen vorüberzog, schoß er auf sie, bis es im ganzen Urwald nur noch einen einzigen Brüllaffen gab. ‹Bitte erschieß mich nicht›, bat der letzte Affe – ein Weibchen, aber der Indianer erhörte die Bitte des Tieres nicht, sondern erschoß es, und als es auf die Erde fiel, verwandelte sich der Brüllaffe in den leblosen Körper seiner Frau.»

Yaloefuh schwieg, und ich ließ die Geschichte auf mich wirken. Meine Worte sehr sorgfältig wählend, sagte ich schließlich: «Mein Freund, ich wußte nichts von dem Preis, den die Tirió für das Kurare zahlen mußten. Ich bin hierhergekommen, um zu lernen und um zuzuhören, und ich habe dem Häuptling versprochen, die Namen aller Pflanzen auf-

151

zuschreiben, die von den Tirió benutzt werden, ebenso die Art der Verwendung. Wenn du mir jetzt beibringst, wie man Kurare macht, werden deine Kinder ein Testament haben, von dem sie lernen können.»

Er saß eine Weile schweigend und in Gedanken versunken da, bis er antwortete: «Mein Freund, darüber muß ich erst nachdenken. Morgen werde ich dir meine Antwort mitteilen.»

Am nächsten Morgen wurde ich von Yaloefuhs jüngstem Sohn geweckt. «Mein Vater hat mir gesagt, ich soll dich zum Haus des Kuraremeisters bringen.» Da ich der Meinung war, es handle sich um einen besonderen Anlaß, zog ich lange Hosen und ein sauberes T-Shirt an. Während wir durch das Dorf gingen, fragte ich mich, was der Kuraremeister wohl für ein Mensch sei. Kurz darauf hielten wir vor der Hütte meines alten Freundes Tyaky. Er war damit beschäftigt, Babyrasseln aus getrockneten Flaschenkürbissen herzustellen. Er blickte auf und begann zu kichern. «Ah, der weiße Mann, der immer auf den Hintern fällt.»

Erst jetzt erblickte ich Yaloefuh, der am Feuer saß. Er deutete auf Tyaky und sagte: «Wenn du zu unserer Abmachung stehst, ist er bereit, dir beizubringen, was du wissen willst.»

Um das Abkommen zu besiegeln, wurde ein Krug Maniokbier herumgereicht, und nachdem dieser geleert worden war, ergriff Tyaky seine Machete, und wir machten uns auf in den Urwald.

In meiner romantischen Vorstellung glaubte ich, wir würden bis in die tiefsten Tiefen des Urwalds dringen und dort geheimnisvolle Pflanzen sammeln, aber Tyaky führte uns nur zu einem nahen, verlassenen Garten, wo er sofort mit der Machete im Boden zu graben begann. Schon nach wenigen Minuten hatte er das Ende einer dicken Wurzel freigelegt, an der er zu ziehen begann, bis er eine etwa zwei Meter lange Liane in der Hand hielt. Von dieser schälte er vorsichtig einen Teil der Rinde ab und seufzte vernehmlich, als roter Saft aus der Wurzel trat.

«Aha!» sagte er. «Blut!» Die rötliche Flüssigkeit war nach Yaloefuhs Aussage ein sicheres Anzeichen dafür, daß die Pflanze sehr giftig war. Tyaky schlug die Liane in Stücke, klemmte sie unter den Arm, und wir gingen wieder ins Dorf zurück. Unterwegs weihte er mich in die Verhaltensmaßregeln für die Herstellung des «fliegenden Todes» ein:

«Das Gift darf nur von Männern gebraut werden, Frauen dürfen bei der Präparation nicht anwesend sein. Auch wird behauptet, Kinder, die sich in der Nähe befinden, wenn Kurare gekocht wird, würden erkranken und sterben.»

Im Dorf angekommen, holte Tyaky einige winzige Bananen, einen Blechtopf, stumpfe Bambuspfeilspitzen und einen Pinsel aus Affenfell, mit dem das Gift auf die Pfeilspitzen aufgetragen werden sollte. Yaloefuh nahm den Stapel Kurarewurzeln auf, und dann gingen wir zurück in den Urwald.

Dort baute Tyaky mit Palmwedeln und -stämmen einen einfachen Unterstand, der knapp zwei Leuten Unterschlupf bot. Dann füllte er an einem nahen Bach den Topf mit Wasser, während Yaloefuh Holz für ein Feuer sammelte. Mit der Machete schabte der Medizinmann lange Rindenstreifen von der Wurzel und warf sie ins Wasser, das sich gleich darauf gelbbraun färbte. Auf seine Anweisung holte Yaloefuh weitere Pflanzen, zerpflückte sie und gab sie eine nach der anderen in den Topf.

«Das ist *Ah-lah-ku-pah-ne*», sagte er. «Es ist dafür verantwortlich, daß das Opfer aus den Ohren blutet. Als nächstes kommt *Ku-neh-beh-beh* hinzu, das das Opfer bewegungsunfähig macht. Das *Poi-fuh* verursacht Krämpfe, und das *Pomweh* läßt das Gift schnell ins Blut übergehen. Als letztes geben wir die Stengel des *Tow-tow* in das Gebräu, dessen Öl dafür sorgt, daß das Gift an den Pfeilspitzen haftenbleibt.»

Während ich das uralte Ritual beobachtete, gab mir Yaloefuh einen Zweig. «Der ist von der Kurarepflanze», sagte er. «Sicher möchtest du wissen, wie die Blätter aussehen.»

Anhand des Zweiges konnte ich die Kurareliane als *Strychnos guianensis* identifizieren, die zu den häufigsten Kletterpflanzen im Amazonasgebiet gehört und von der bekannt ist, daß sie von vielen Nachbarstämmen zur Herstellung von Kurare verwendet wird. Natürlich war es eine gewisse Enttäuschung, daß die von den Tirió benutzte Pflanze bereits bekannt war, aber schließlich überwog doch die Freude, an einem Ritual dieser Art teilnehmen zu dürfen. Tyaky wirkte bei der gesamten Prozedur sehr konzentriert. Immer wieder nahm er den Topf kurz vom Feuer, um die Temperatur zu prüfen. Zunächst hielt er das Wasser warm, aber nicht zu heiß, dann ließ er es heiß werden, aber nicht kochen, und zum Schluß brachte er es zum Kochen, um das Gift einzudicken. Währenddessen erzählte er mir, daß sein Gift bei Klammeraffen (seiner Lieblingsmahlzeit) besonders wirksam war. Manchmal fügte er einige der großen, wehrhaften Ameisen hinzu, um die Mixtur noch stärker zu machen.

Die Rolle der Zutaten neben der eigentlichen Kurarepflanze hat in den vergangenen Jahren immer wieder zu heftigen wissenschaftlichen Diskussionen geführt. Sowohl bei Pfeilgiften als auch bei halluzinogenen Drogen scheint es stets *eine* aktive Substanz zu geben, und viele Wissenschaftler tun die Zusätze als Hokuspokus ab. Wie schon Robert Schomburgk, der 1837 beschloß, das Gift in eigener Regie herzustellen, nachdem die Indianer sich geweigert hatten, ihm das Rezept zu verraten. Da er die Hauptpflanze kannte, sammelte er sie, ließ sie über Nacht in Wasser ziehen und dickte den Sud dann ein, bis er die Konsistenz von Sirup hatte. Er testete die Substanz an einem Huhn, und es stellte sich heraus, daß sie tatsächlich giftig war. Daraufhin schrieb er seinem Bruder Richard: «Damit ist erwiesen, daß schon *Strychnos toxifera* allein, ohne weitere Beimengungen, tödliche Wirkung entfalten kann und daß all die anderen Zutaten, die von den Indianern verwendet werden, nicht wesentlich zur Giftigkeit beitragen.»

Wie jedoch neuere, mit modernen Hilfsmitteln durchgeführte Untersuchungen zeigten, intensivieren die Beimengungen die Gift- beziehungsweise halluzinogene Wirkung tatsächlich. Wieder einmal haben Eingeborene bewiesen, daß sie uns auf dem Gebiet der organischen Chemie ebenbürtig, wenn nicht sogar überlegen sind.

154

Als ich schon glaubte, meine Suche nach dem Kurarerezept sei recht unspektakulär verlaufen, stellte sich heraus,
daß es doch noch Unentdecktes gab. Einige Tage, nachdem
mir Tyaky die Herstellung von Kurare gezeigt hatte, las ich
abends beim Licht meiner Lampe in meinen Aufzeichnungen, als ich plötzlich die Anwesenheit eines Menschen
spürte. Ich blickte auf und sah den Jaguar-Schamanen, der
schweigend vor mir stand. In der Hand hielt er einen Busch,
den ich noch nie gesehen hatte.

«Großvater», sagte ich, «du hast mich erschreckt.»
Er antwortete nicht.

«Was ist das?» fragte ich.

«Kurare», erwiderte er und gab mir mit dem Anflug eines
Lächelns die Pflanze.

«Das ist doch kein Kurare», sagte ich, im Glauben, er wolle
mich veralbern.

«Haben die *Pananakiri* nicht auch unterschiedliche Gewehre? Warum sollten wir da nicht mehrere Arten von
Kurare haben?»

Ich untersuchte die Pflanze näher. Ich konnte sie als eine
krautige *Strychnos*-Art bestimmen, von der bisher nicht
bekannt war, daß sie zur Kurareherstellung verwendet wird.
Als ich aufsah, um dem Medizinmann weitere Fragen zu
stellen, war er verschwunden.

Es erscheint mir an dieser Stelle nicht nur interessant, sondern auch sehr lehrreich, zu schildern, was mit den Macushi-
Indianern geschehen ist, jenen stolzen und gastfreundlichen
Blasrohrjägern, denen wir die Verwendung von Kurare in der
modernen Medizin ursprünglich verdanken. 1981 folgte R. J.
Lee, der UNESCO-Bevollmächtigte für Guyana, den Spuren
des Forschers Charles Waterton in das Dorf, in dem dieser im
vorigen Jahrhundert das Gift entdeckt hatte. Lee schrieb:

Der Süden Guyanas hat sich in den letzten 2000 und erst
recht in den 200 Jahren seit Watertons Geburt nur wenig
verändert. Allerdings gilt das nicht für die Menschen. Die
Indianer wurden christianis᾽ ᴣrt und «zivilisiert», schika-

niert und betrogen. Ihre Kultur wurde von europäischen Missionaren der Lächerlichkeit preisgegeben und ging so langsam verloren. Im Gebiet der Macushi-Indianer weiß keiner der Männer mehr, wie man Pfeilgift herstellt, und es gibt nur noch wenige, die jemals ein Blasrohr gesehen haben. Ihre Ernährung bestreiten sie zur Hauptsache aus Maniokknollen; einige der Frauen sind noch in der Lage, einen fiebersenkenden «Buschtee» zu brauen, aber sie leben nicht mehr mit dem Urwald.

Zehn Jahre nach Lees Reise konnte auch ich feststellen, wieviel sich in diesem Gebiet verändert hatte. Die Indianer besaßen inzwischen viele der «Segnungen» westlicher Zivilisation: Lautsprecherboxen, Rap-Musik, Sonnenbrillen, Fahrräder und Bibeln.

Missionare und brasilianische Händler führten schon vor über einem Jahrhundert Gewehre ein, so daß es die Indianer schnell verlernten, Blasrohre und Kurare herzustellen. In den sechziger Jahren, als sich die ökonomischen Verhältnisse des Landes verschlechterten, bekamen sie plötzlich keine Munition und keine Ersatzteile mehr. Sie versuchten, wieder auf die alte Art und Weise zu jagen, aber die alten Männer, die die dazu nötigen Techniken noch beherrscht hätten, waren längst gestorben. Und so jagen die Macushi heute mit einfachen Pfeilen und Bogen, manchmal sogar mit Macheten, aber ohne Pfeilgift. Dafür gibt es Kurare heute in nahezu jeder größeren Klinik in den Vereinigten Staaten und in Europa.

Natürlich haben wir keine Garantie dafür, daß die Tirió, ähnlich den Macushi, nicht auch eines Tages ihre alten Lebensgewohnheiten gegen neue eintauschen. Wenigstens wird dann das Kurarerezept ihres Stammes – ein wichtiger Teil des Erbes ihrer Vorväter – durch meine Aufzeichnungen erhalten bleiben, so daß das Vertrauen, das diese freundlichen Menschen mir entgegenbrachten, auch ihren Nachkommen zugute kommt.

Durch die Sipaliwini-Savanne

Es wird in Zukunft noch eine Menge Feldforschung nötig sein, und wenn wir uns nicht beeilen, wird das Wissen, das heute noch vorhanden ist, vermutlich für alle Zeit verloren sein. Die sogenannte «Öffnung des Landes» für Händler, Viehzüchter, Holzfäller und Kautschuksammler wird sich vielleicht auf das Leben der Kreolen, Schwarzen und Europäer positiv auswirken; für die Indianer bedeutet es Verderben, Erniedrigung und Untergang.

Walter Roth, 1916

Insgesamt hatte ich zwölf Wochen bei den Tirió verbracht und ungefähr 100 Pflanzenproben gesammelt, aber gleichgültig, mit welchem der alten Medizinmänner ich arbeitete, die Hälfte der Pflanzen, die sie mir zeigten, kannte ich bereits. Damit war ich natürlich nicht zufrieden. Dann erwähnte einer der Indianer Palu, eines von drei Tirió-Dörfern dieses Gebiets, ungefähr 80 Kilometer von Kwamala entfernt am Rande der Savanne jenseits der Grenze in Brasilien. Würden die Indianer dort die gleichen Pflanzen benutzen wie die Tirió in Kwamala, fragte ich mich, und für dieselben Zwecke? Waren sie Bewohner des Urwalds, oder lebten sie hauptsächlich in der Savanne? In welchem Stadium der Akkulturation befanden sie sich? Wieviel Kontakt hatten sie bereits mit der Außenwelt gehabt? Niemand konnte mir Antworten auf diese Fragen und zahlreiche andere, die in meinem Kopf herumspukten, geben, so daß die einzige Möglichkeit, meine Neugierde zu befriedigen, darin bestand, dieses Dorf aufzusuchen.

Ich beschloß, den Weg zu Fuß zurückzulegen, da ich das Land so erleben wollte wie einst die Indianer. Seit Tausenden von Jahren ist die Sipaliwini-Savanne nämlich Schnittpunkt indianischer Wanderungen: Stämme vom Orinoko in Venezuela waren auf ihrem Weg ostwärts dort vorbeigekommen, ebenso diejenigen, die vom Amazonas aus nach Norden zogen oder von der Küste aus nach Süden. Kamainja und Fritz von Troon erklärten sich bereit, mir als Führer zu dienen.

Ich traf Fritz im August 1984 in Paramaribo. Es waren vier Jahre vergangen, seit wir uns zuletzt gesehen hatten, und während wir über das unendliche grüne Blättermeer flogen, tauschten wir Neuigkeiten aus. Ich fragte nach Petrus, dem Jungen, an dessen Heilungsritual ich teilgenommen hatte, als ich bei den Marons gewesen war. Fritz versicherte mir, es ginge dem Jungen gut und er habe sich vollständig von seiner Krankheit erholt.

Dort, wo die gelbe Savanne und der grüne Urwald aufeinandertreffen, etwa 400 Kilometer von Paramaribo, 60 Kilometer von Kwamala und 10 Kilometer von der brasilianischen Grenze entfernt, landeten wir auf einer winzigen Landebahn und trafen auf Kamainja. In der Ferne konnten wir die grauen Gipfel der Tumucamaque-Berge sehen, die die Grenze zu Brasilien bilden.

In der Nähe der Landebahn gab es drei kleine, nur aus je einem Raum bestehende Hütten, die für die Arbeiter, die die Landebahn gebaut hatten, errichtet worden waren. Kamainja half uns, unser Gepäck in diese Unterkünfte zu bringen.

Am Abend wurden wir von dem Inder, der den kleinen Flugplatz leitete, zum Abendessen eingeladen. Es gab Reis und gekochte grüne Papaya, die in Südamerika zu den wichtigen Grundnahrungsmitteln gehört und nicht nur wegen des süßen Fruchtfleisches geschätzt wird, sondern auch wegen der Enzyme, die sie enthält. Eines davon, das sogenannte Papain, wird aus dem Saft unreifer Früchte gewonnen und wird etwa in Weichmachern für Fleisch oder in verdauungsfördernden Medikamenten verwendet. Seit den frühen achtziger Jahren wird noch eine weitere Substanz aus Papaya-Früchten genutzt, das sogenannte Chymopapain, das als enzymatischer Reiniger für Kontaktlinsen Verwendung findet und auch bei Bandscheibenschäden eingesetzt wird.

Nach dem Abendessen ging ich in meine kleine Hütte zurück, um mich für die Reise vorzubereiten. Ich saß unter der nackten Glühbirne und faltete gerade meine Kleidungsstücke zusammen, als ich aus den Augenwinkeln einen grauen Schatten an der Tür sah und gleich darauf einen Schmerz in einem meiner Beine spürte. Bei genauem Hinsehen entdeckte ich eine *Munu*, eine Vampirfledermaus, an meinem Knöchel. Ich schrie auf und zog den Fuß zurück, aber die Fledermaus hatte bereits zugebissen und begann, mein Blut aufzulecken. Fritz kam mit der Machete in der Hand herbeigelaufen, da er glaubte, ich sei auf eine Giftschlange getreten. Mit der Schneide entfernte er die Fledermaus, die eine Flügelspannweite von etwa 20 Zentimetern hatte, von meinem Bein und zertrat sie. Schockiert beobachtete ich ihn dabei, während das Blut aus meinem Bein weiter auf den Betonfußboden tropfte.

Fritz dirigierte mich zu meiner Hängematte, wusch die Wunde mit Seife und Wasser aus und verband sie mit einem meiner T-Shirts. «Morgen gehe ich Pflanzen holen, die die Heilung beschleunigen werden», sagte er. «Du solltest jetzt ein wenig schlafen.» Er klopfte mir freundschaftlich auf die Schulter, nahm seine Machete auf, entfernte die blutigen Überreste der Fledermaus und wollte davongehen.

«Fritz! Ich werde doch hoffentlich keine Tollwut bekommen?»

«Aber nein», versicherte er mir. «Was ist Tollwut?»

Ich versuchte, mich an die Symptome zu erinnern, und zählte sie auf: Fieber, Bewußtseinsstörungen und Schaum vor dem Mund. Er schien etwas mit meiner Beschreibung anfangen zu können, denn er sagte: «Nein, vermutlich nicht. Also, mach dir keine Gedanken!»

Ich war viel zu aufgeregt, um schlafen zu können, so daß ich zu Kamainja hinüberhumpelte, um eine zweite Expertise einzuholen.

Dieser schlief bereits, und ich mußte ihn wecken.

«Was ist los?» fragte er.

Ich deutete auf den blutgetränkten T-Shirt-Verband und erklärte, was geschehen war. Kamainja forderte mich auf, den verletzten Fuß in seinen Schoß zu legen. Dann entfernte er den Verband und schaute sich meinen Knöchel an. Die

Zähne der Fledermaus waren so scharf und die Wunde daher so winzig, daß er fast eine Minute brauchte, um die Stelle zu finden. «Das war doch nur eine Vampirfledermaus», sagte er und band das T-Shirt wieder um den Knöchel. «Geh zurück in deine Hängematte und versuch ein wenig zu schlafen.» «Ich werde doch hoffentlich keine Tollwut bekommen?» «Was ist Tollwut?» fragte er.

Vampirfledermäuse leben ausschließlich von Blut. Sie durchbeißen die Haut des Opfers mit ihren scharfen Schneidezähnen; ein Antigerinnungsmittel im Speichel der Tiere sorgt dafür, daß das Blut reichlich fließt. Ursprünglich ernährten sich Vampirfledermäuse vermutlich vom Blut großer Urwaldtiere, aber als Viehherden in die Savannen eingeführt wurden, setzten die Fledermäuse diese ebenfalls auf ihre Speisekarte. Es kommt vor, daß Vampirfledermäuse Tollwut haben, und es beunruhigte mich, daß das Tier in meine hell erleuchtete Hütte geflogen war, um mich zu beißen – eine eher ungewöhnliche Verhaltensweise für ein nachtaktives Tier. Glücklicherweise behielten Fritz und Kamainja recht, als sie behaupteten, ich hätte nichts zu befürchten, aber damals erschienen mir ihre beruhigenden Worte wenig tröstlich.

Ich verbrachte eine lange, schlaflose Nacht, und ich war froh, als die Sonne endlich aufging.

Als ich von der Morgentoilette in meine Behausung zurückkam, kochten dort bereits zwei Töpfe mit Wasser: Einer enthielt Teebeutel, in dem anderen lagen lange, dünne, wachsige Blätter von hellgrüner Farbe. «Was sind das für Blätter?» fragte ich Fritz.

«Riech doch mal», sagte er. «Sie stammen vom *Masoesa*-Busch und sind ausgezeichnet geeignet, um Wunden zu säubern.»

Dem Topf entströmte ein angenehmer, wenn auch strenger Geruch, und das Wasser hatte eine leicht grünliche Farbe. Ich konnte mich erinnern, daß dieser Busch zu den Ingwergewächsen gehört, die besonders reich an ätherischen Ölen sind. Arten aus dieser Familie werden überall in den Tropen für die unterschiedlichsten Zwecke verwendet, etwa

160

bei Husten und Erkältungen oder zur beschleunigten Heilung von Wunden. Die ätherischen Öle haben möglicherweise antibiotische Fähigkeiten, was allerdings erst noch durch Laboruntersuchungen bestätigt werden muß. Daher nahm ich einige Proben für meine Pflanzenpresse.

Inzwischen war die Bißwunde kaum noch zu erkennen. Nur ein kleiner blauer Fleck zeugte von dem Angriff der Fledermaus. Wir beschlossen trotzdem, unseren Aufbruch um einen Tag hinauszuschieben, damit mein Knöchel sich ganz erholen konnte.

Bei den Indianern, die am Flugplatz siedelten, erkundigte ich mich inzwischen, wie weit es bis nach Palu sei.

«Sieben Tage», antwortete ein älterer Mann.

«Wie weit?» fragte ich ungläubig.

«Nein, nur ein Tag», korrigierte sein Sohn ihn.

«Also ein Tag?» wiederholte ich.

«Ja, für einen Indianer», sagte Kamainja. «Für dich sind es drei Tage. Du gehst schließlich wie ein Weißer.»

«Ich bin ein Weißer», sagte ich, «also drei Tage?»

«Nein», sagte ein anderer Indianer, der den Weg gerade gegangen war, «für dich sind es zwei Tage.»

«Also zwei Tage?» fragte ich hoffnungsvoll.

«Nein», sagte der alte Mann. «Für dich sind es sieben Tage.»

Natürlich hatte ich die Entfernung vor meiner Reise auf einer Karte abgeschätzt und war auf ungefähr 30 Kilometer Luftlinie gekommen. Indianer nehmen jedoch nur selten den kürzesten Weg. Obwohl ich Kamainja blindlings vertraute, waren für mich die mentalen und physischen Vorbereitungen für einen Zwei-Tage-Marsch doch anders als für einen Sieben-Tage-Marsch, und ich wollte gern wissen, wie weit der Weg wirklich war. Allerdings gelang es mir nicht, eine auch nur annähernd befriedigende Antwort zu bekommen. Zeit und Entfernung haben für die Tirió eine andere Bedeutung, und mein Beharren herauszufinden, wie lange wir nach Palu brauchen würden, stieß auf Unverständnis.

Als die Sonne am nächsten Morgen aufging, machten Fritz, Kamainja und ich uns für den Abmarsch bereit. Da

Fritz keinen Ausweis besaß, wollte er uns nur bis an die brasilianische Grenze begleiten.

Kurz bevor wir aufbrachen, bat mich Kamainja um ein Hemd.

«Wofür brauchst du es?» fragte ich.

«Die Insekten der Savanne sind eine wahre Plage!» antwortete er. Das war eine Untertreibung, wie sich herausstellen sollte.

Der erste Teil des Weges führte durch Dschungelgebiet. Kamainja ging auf dem schmalen Pfad voran, ich in der Mitte, und Fritz bildete die Nachhut. Wir waren bereits einige Stunden unterwegs, als Kamainja plötzlich erstarrte und uns ein Zeichen gab, anzuhalten. Er reckte die Nase in den Wind und saugte die Luft ein. Dann sagte er nur ein Wort – *Pingo* –, was soviel bedeutet wie «Weißbartpekari».

Eine verwandte Art dieses Tieres, das Halsbandpekari, ist im Amazonasgebiet sehr häufig. Seine Verbreitung reicht von Nordwest-Argentinien bis zu den Wüsten des amerikanischen Südwestens. Es gilt als friedlich und flieht normalerweise, wenn es Menschen sieht. Nicht so das Weißbartpekari. Dieses an ein Schwein erinnernde Säugetier wird fast 50 Kilogramm schwer, tritt häufig in Herden von bis zu 200 Tieren auf und ist äußerst unberechenbar.

Die Herde, auf die wir getroffen waren, mußte sehr hungrig sein, denn die Tiere schenkten uns keine Beachtung; schließlich machten sie sich grunzend in eine andere Richtung davon. Gleich darauf sahen wir die Reste ihrer Mahlzeit: die Nüsse der *Mu-ru-mu-ru*-Palme, die von den gewaltigen Zähnen der Weißbartpekaris zermahlen worden waren. Kamainja zeigte uns außerdem Stellen, an denen sie mit ihren Hauern den Boden umgegraben hatten, um an Wurzeln und Knollen zu gelangen.

Am Ufer eines kalten, schnell fließenden Baches verließ uns Fritz, da wir schon in der Nähe der Grenze waren.

Der Pfad begann langsam, aber regelmäßig anzusteigen. Auf der Höhe erwartete uns eine großartige Aussicht. So weit das Auge reichte, breitete sich die Sipaliwini-Savanne mit ihrem meterhohen blaßgelben Gras vor uns aus. Die einzigen

Bäume waren vereinzelte Sandpapierbäume, deren dunkelgrüne Blätter in starkem Kontrast zu der gelben Savanne standen, und am Horizont erhoben sich die grauen Tumucamaque-Berge in den klaren blauen Himmel. Sowohl Kamainja als auch ich standen schweigend da und genossen die Schönheit des Ausblicks.

«*Mmpah*», sagte er schließlich. «Laß uns aufbrechen.» Jetzt führte unser Weg durch hohes Gras, und man konnte nur schwer erkennen, wohin man trat. Die Indianer setzen normalerweise einen Fuß vor den anderen, so daß der Pfad durch die hohen Grashalme weniger als 15 Zentimeter breit war. Während ich versuchte, dem barfüßigen Kamainja zu folgen, ging mir auf, warum er sich ein Hemd geliehen hatte.

Das Ungeziefer fiel in Scharen über uns her, kroch in Nasen, Ohren, verfing sich im Haar oder flog uns in die Augen. Besonders schlimm waren kleine Fliegen – die kaum zu sehen und noch schwerer zu erschlagen waren –, deren ständige, nervtötende Bisse aber die Wirkung von Nadelstichen hatten.

Außerdem brannte die Sonne auf uns nieder. Viele Menschen glauben, im tropischen Regenwald sei es schwül und stickig, aber in Wahrheit hält das Blätterdach einen großen Teil der Sonne ab, so daß es im Urwald angenehm kühl ist. In der Savanne gibt es dagegen keine schützenden Bäume, und die Sonne am Äquator ist gnadenlos.

Der Schlamm war das dritte Martyrium. Es hatte erst kürzlich geregnet, und der Savannenboden war stark aufgeweicht. Viele Biologen, die in den Tropen arbeiten, tragen Stiefel, aber mir ist solches Schuhwerk zu heiß, zu schwer und zu schlecht zu trocknen, so daß ich statt dessen Wanderschuhe bevorzuge. In diesem Augenblick wünschte ich mir allerdings, ich hätte Stiefel dabeigehabt, denn ich versank bei jedem Schritt im Schlamm, teilweise so tief, daß meine Schuhe darin steckenblieben.

Das Gelände wurde nach und nach hügeliger, und das Gewicht meines Rucksacks – mit Hängematte, Moskitonetz, einer Decke, Kochgeschirr, Essen und Kleidung – schien mich beim Aufstieg zurückzuziehen und beim Abstieg nach vorn zu drücken, wodurch meine Schritte noch unsicherer wurden. Irgendwann verschwand Kamainja hinter einer kleinen Hügelkuppe. Als ich den Gipfel erreichte und mich umschaute, sah ich ihn auf einem Felsen sitzen und geduldig auf mich warten. Er sah mich an und sagte in schulmeisterlichen Ton: «Schau dich nur an. Du bist ja ganz verschwitzt!» Kamainjas Körper dagegen zeigte keinerlei Spuren von Schweiß, und er hatte bisher auch noch nichts getrunken. Ich jedoch war so durstig, daß meine Feldflasche bereits leer war.

Weiße haben eine höhere Stoffwechselrate als südamerikanische Indianer – eine Anpassung an das kältere europäische Klima – und müssen daher mehr Körperwärme ableiten. Da in den Regenwäldern ein feuchtwarmes Klima herrscht, ist Schwitzen keine sehr effektive Möglichkeit, den Körper zu kühlen, denn der Schweiß verdunstet nur schlecht. Aus diesem Grunde schwitzen Indios kaum.

Ich überhörte Kamainjas Bemerkung und fragte statt dessen: «Wie weit ist es noch bis Palu?»

«Halb», antwortete mein indianischer Freund.

«Halb? Haben wir schon den halben Weg geschafft?» fragte ich aufgeregt. In diesem Fall könnten wir in weniger als zwei Tagen am Ziel sein. Dieser Gedanke verlieh mir neue Kräfte. «Die halbe Strecke?» fragte ich. «Bist du sicher?»

«Halb», sagte Kamainja, während er sich erhob.

Wir machten uns wieder auf den Weg, und nach drei weiteren Stunden Fußmarsch sah ich am Horizont eine kleine Urwaldinsel auftauchen. Es war inzwischen später Nachmittag, so daß wir langsam nach einem Rastplatz Ausschau halten mußten. Der Pfad führte geradewegs zu den Bäumen, und es gab dort sogar eine kleine Hütte am Ufer eines Baches, der durch die Waldinsel führte. Das Plätschern des Baches, das Geräusch des Windes im Blätterdach und der erfrischende Schatten waren eine wahre Wohltat gegenüber der Hitze in der Savanne. Kamainja nahm seinen Rucksack ab und sagte: «Hier werden wir übernachten.»

Als wir unsere Hängematten aufgehängt hatten, begann die Sonne bereits unterzugehen. Ich war begierig darauf, ein Bad zu nehmen und mich auszuruhen, aber Kamainja rief mich in den Urwald, weil er mir etwas zeigen wollte. Wir gingen zu einem großen orangebraunen Felsen, der mit grünen Moosen bewachsen war. Kamainja deutete auf ein Tier, das bewegungslos auf dem Felsen saß. Als sich meine Augen an das Dämmerlicht gewöhnt hatten, erkannte ich einen winzigen Frosch, der wie ein Urwaldjuwel leuchtete, denn sein pechschwarzer Körper war mit schillernden blauen Punkten übersät. Russ Mittermeier hatte mir schon von dieser besonderen Tierart erzählt, und ich wußte daher, daß man sie nur in den Waldinseln der Sipaliwini-Savanne findet. Dieser kleine Lurch gehörte zu den berühmten Pfeilgiftfröschen, die ein giftiges Sekret ausscheiden. Wie Wissenschaftler festgestellt haben, kann ein einziges Tier genug Gift produzieren, um hundert Menschen zu töten. Russ Mittermeier fing diese Amphibien als einer der ersten Biologen in der Sipaliwini-Savanne. Dabei machte er allerdings den Fehler, sich an einigen Schnittwunden, die er an den Beinen hatte, zu kratzen, nachdem er die Frösche in der Hand gehabt hatte. Das Ergebnis war, daß er den Rest des Nachmittags in einem Bach saß und die Schnittwunden mit einer Bürste schrubbte, um das Gift wieder herauszubekommen.

Wir gingen zur Hütte zurück, und da wir schrecklich erschöpft waren, legten wir uns ohne Abendessen in unsere Hängematten. Ich versuchte erneut, die Wegstunden bis Palu auszurechnen: Am frühen Nachmittag hatte Kamainja gesagt, wir hätten die Hälfte geschafft. Danach waren wir noch einmal drei Stunden gegangen. Nach meiner Schätzung mußten wir also bereits zwei Drittel zurückgelegt haben und sollten demnach unser Ziel schon vor Mittag des nächsten Tages erreichen.

«Kamainja», sagte ich, «wir sind schon fast am Ziel, oder?»

«Halb», sagte er und drehte sich auf die Seite. Wenige Minuten später schnarchte er bereits.

Obwohl ich nie eine genaue Antwort auf die Frage bekam, was Kamainja mit «halb» meinte, so vermute ich doch, daß die Indianer, wenn sie auf einer Wanderung sind, jede beliebige Entfernung zwischen dem Ausgangspunkt und dem Ziel der Reise als «halb» bezeichnen.

Wir erwachten sehr früh und aßen etwas Maniokbrot. Kamainja wollte so bald wie möglich aufbrechen, da er meinte, die Plagegeister seien in den frühen Morgenstunden weniger schlimm. Ich füllte meine Feldflasche in dem kleinen Bach auf, und wir machten uns auf den Weg.

Ich versuchte, gleichmäßig zu atmen, sorgfältig einen Fuß vor den anderen zu setzen und möglichst nicht an meine Müdigkeit zu denken. Als die Sonne höher stieg, begann mir allerdings schon wieder der Schweiß in die Augen zu laufen. In der Ferne flimmerten Bäume. Glücklicherweise war der Wald keine Sinnestäuschung. Als wir ihn endlich erreichten, muteten sein Schatten, die Kühle und der sprudelnde Bach fast paradiesisch an.

Wir ließen Rucksäcke und Kleider fallen und sprangen in den Bach. Das Wasser war kalt, kaffeebraun und überraschend tief. Ein großer Baumstamm diente als Brücke, und da das Wasser zu tief war, um zu stehen, hielt ich mich daran fest und ließ mich von den kühlen Fluten umspülen.

Kamainja war bereits wieder aus dem Wasser gestiegen und überprüfte unsere Rucksäcke, um sicherzustellen, daß alles gut befestigt war. Als ich aus dem Bach kletterte und mich anzog, sah ich, daß Kamainja in das Wasser unter dem Baumstumpf starrte, an dem ich kurz zuvor noch gehangen hatte.

«Was siehst du?» fragte ich.

«*Ah-de-me-nah*», antwortete er. «*Ah-de-me-nah-e-muh.*»

Viele Menschen meinen, die ersten Worte, die man in einer fremden Sprache lernen sollte, müßten die der Begrüßung und des Dankes sein. Ich glaube jedoch, daß es zumindest im tropischen Regenwald besser ist, sich zuerst um die Namen der gefährlichen Tiere zu kümmern.

Ich wußte, daß die Nachsilbe *e-muh* in der Sprache der Tirió «groß» bedeutete und *Ah-de-me-nah* soviel wie «Zitteraal». Ich schaute ins Wasser und sah unter dem Baumstamm einen graubraunen Zitteraal schwimmen, der sicherlich einen Meter zwanzig lang war und mindestens so dick wie mein Oberschenkel. Alexander von Humboldt hatte einst das Pech, auf einen dieser Fische, die es nur in Südamerika gibt, zu treten, und erhielt einen Schlag, daß er für den Rest des Tages «einen schrecklichen Schmerz in den Knien und in fast allen anderen Gelenken» verspürte. Die Stärke des Schlages hängt von der Größe des Fisches ab; am schlimmsten ist es, wenn der Kopf und der Schwanz des Aals verschiedene Körperteile des Opfers berühren. Kamainja lächelte säuerlich, zuckte die Schultern und nahm seinen Rucksack auf, um den Weg fortzusetzen.

Die Savanne ist im Grunde eine monotone Landschaft; wir sahen auch nur wenige Tiere. Die einzige Abwechslung bildeten die Vögel, die man im Urwald zwar ständig hört, aber nur selten sieht. In der Savanne gehören sie dagegen zu den ständigen Begleitern. Rötlich gefärbte Habichte saßen in den Sandpapierbäumen und suchten die Umgebung nach einer Mahlzeit ab. Schwärme von kreischenden Sonnensittichen mit auffällig gelb-orange gefärbtem Gefieder und schwarzen, blauen oder grünen Flügeldecken flogen auf der Suche nach Palmfrüchten über unseren Köpfen dahin, und zahllose kleine grüne Papageien, die zu schnell und zu weit entfernt waren, als daß man sie hätte identifizieren können, flatterten in der offenen Savanne auf und nieder.

Nach einigen Stunden – der Horizont flimmerte noch immer in der Mittagshitze – glaubte ich einen Moment, meine Augen würden mir einen Streich spielen, denn ich entdeckte zwei winzige Figuren, die auf uns zukamen. Etwa eine halbe Stunde später konnte ich sie genauer erkennen: Es handelte sich um einen Mann und eine Frau.

Es waren Tirió, die nordwärts zogen, um ihre Familie in Surinam zu besuchen. Der Mann trug nichts weiter als ein Gewehr und eine Machete, während die Frau unter dem Gewicht eines großen Rucksacks stöhnte, der aus Palmblättern gefertigt war. Darin waren Hängematten, Moskitonetze, Kochtöpfe, Patronenhülsen, eine Machete, Maniokbrot, eine lebende Schildkröte, ein Bündel grüner Bananen und eine Menge anderer Nahrungsmittel zu erkennen. Der Mann schaute mich an und fragte Kamainja:

«Was machst du hier mit diesem *Pananakiri*?» Offensichtlich nahm er an, daß ich seine Sprache nicht verstand.

«Er ist ein Freund von mir», erwiderte Kamainja. «Wir sind auf dem Weg ins Dorf.»

«Seid ihr verrückt?» fragte der Indianer. «Weißt du nicht, daß das Dorf voll ist mit brasilianischen Soldaten?» Der Indianer schüttelte den Kopf, winkte seiner Frau und ging weiter. Ein verwahrloster Jagdhund folgte ihnen durch das hohe Gras.

Kamainja starrte nachdenklich auf den Boden. Dann drehte er sich zu mir um und sagte: «Wir müssen zurück.»

«Warum?»

«Hast du nicht gehört, was er gesagt hat? Es sind Soldaten dort. Wir werden Schwierigkeiten bekommen.»

Ich wollte auf keinen Fall zurückgehen. Wir mußten schon in der Nähe des Dorfes sein, und ich konnte mich nicht mit dem Gedanken abfinden, daß wir vergeblich so weit gekommen waren. Außerdem war die Vorstellung, daß ich den ganzen Weg durch die Savanne zurückgehen sollte, unerträglich. Ich versuchte ihn zu beruhigen:

«Kamainja, wir tun doch nichts Ungesetzliches. Du bist doch schon viele Male in Palu gewesen, und ich habe meinen Ausweis und spreche Portugiesisch; ich kann den Soldaten alles erklären. Du mußt dir keine Sorgen machen!»

Kamainja schwieg eine Weile, bevor er sagte: «Geh du allein. Ich kehre um.»

Ich begann die Geduld zu verlieren. «Hör zu, Kamainja. Du hast versprochen, mich in das Dorf zu bringen, also führe mich auch dorthin. Du hast mir dein Wort gegeben, und ich werde dir jetzt meines geben: Wir werden keine Probleme bekommen in Palu.»

Er zögerte, dann sagte er: «*Mmpah!* Laß uns aufbrechen!»

Kurz darauf marschierten wir weiter.

Wenn ich heute, neun Jahre später, an die blutigen Auseinandersetzungen zwischen den Eingeborenen Amerikas und den Armeen der Weißen denke – gleichgültig ob in Süd-, Zentral- oder Nordamerika –, ist mir klar, daß ich damals eine sträfliche Verantwortungslosigkeit an den Tag legte.

Als wir am Abend an einen langsam fließenden Bach

kamen, war ich so müde und erhitzt, daß ich mich samt den Kleidern ins Wasser fallen ließ. Ich hoffte nur, der Bach möge für Zitteraale zu flach sein. Kamainja jedoch schaute mir aufmunternd zu und sagte fröhlich: «Wir sind da!»

«Was ist los?» fragte ich.

«Wir sind da!» wiederholte er und zeigte auf zwei kleine Indianerjungen am Ufer. Wir waren tatsächlich angekommen.

Kamainja und ich folgten den Jungen auf einem gewundenen Pfad in den Urwald, und kurz darauf standen wir am Dorfeingang von Palu.

Palu liegt am Westufer des Paru-Flusses und ist im Süden und Osten von tropischem Regenwald umgeben, während sich nach Norden und Westen, so weit man sehen kann, die Savanne erstreckt. Das Dorf selbst bot einen traurigen Anblick, besonders wenn man es mit Kwamala verglich. Obwohl es noch einige in traditioneller Weise mit Palmblättern gedeckte Hütten gab, waren die meisten Häuser bloße Baracken. In der Mitte des Dorfes standen drei große weiße, steinerne Gebäude. Eine Kirche, ein Speisesaal und ein Missionshaus.

Den erschütterndsten Anblick vermittelten allerdings die Indianer. Alle trugen abgetragene Kleider westlichen Zuschnitts, und es schien, als habe die schäbige Kleidung sie gleichzeitig aller Vitalität beraubt – sie wirkten phlegmatisch, ernst und niedergeschlagen.

Kamainja fand, wir müßten als erstes den *Padre* von unserer Ankunft unterrichten.

«Müssen wir nicht zuerst mit dem Häuptling sprechen?» fragte ich.

«Hier ist es üblich, zuerst zum *Padre* zu gehen», erklärte er.

Ich bereitete mich also darauf vor, mit einem dieser wenig liebenswerten Zeitgenossen zusammenzutreffen, die durch ihre Tätigkeit mithelfen, die Indianerkulturen des Dschungels zu zerstören. Ich war daher angenehm überrascht, einen engagierten, etwa sechzigjährigen Bayern vorzufinden: Peter Haas. Er war gelernter Zimmermann, lebte schon viele Jahre unter den brasilianischen Tirió und versuchte, sie auf den unvermeidlichen Kontakt mit der Außenwelt vorzubereiten.

Er unterhielt sich mit Kamainja in fließendem Tirió und begrüßte mich dann freundlich in Portugiesisch. Er meinte, wir müßten nach der langen Wanderung müde und hungrig sein, und schlug vor, wir sollten uns frisch machen und dann mit ihm zu Abend essen. Wir könnten in einem Raum hinter der Kirche wohnen.

Als wir durch das Dorf zu der kleinen weißen Kirche gingen, sah ich, daß viele der Indianer an schweren Hautkrankheiten litten. Kamainja meinte, das komme von den ungesunden Kleidern.

Unser Zimmer lag hinter dem Altar. Der Raum war vollkommen leer, wenn man von einigen Haken absah, an denen wir unsere Hängematten befestigten. Nachdem wir damit fertig waren, setzte ich mich auf den Boden und zog die Schuhe von den schmerzenden Füßen. Der Anblick war wenig erfreulich: Zwei meiner Zehennägel waren zerbrochen und hatten sich bereits schwarz gefärbt. Außerdem fühlte ich ein starkes Jucken unter dem großen rechten Zeh. Ich rief Kamainja, der ihn sich ansah und nur ein Wort sagte: «*Sika.*» Er griff in seinen Rucksack, zog seine Machete heraus, und bevor ich einen Protest anmelden konnte, stach er damit in das Fleisch unter meinem Nagel. Er drückte auf den Zeh, und blutiger Eiter trat aus. Der *Sika* ist ein Menschenfloh, der seine Eier unter Zehennägeln ablegt.

Ich verband meinen malträtierten Zeh, zog frische Socken und trockene Schuhe an und humpelte dann mit Kamainja hinüber zum Speisesaal. Am Eingang des Gebäudes wurden wir von dem rundlichen brasilianischen Koch begrüßt, der vermutlich für die Kirche arbeitete. Hinter ihm befanden sich zwei Türen. Während er die eine für mich öffnete, deutete er Kamainja an, er solle die andere benutzen. Ich betrat den Speisesaal, der etwa zehn Meter lang und eintönig weiß gestrichen war. Der einzige Schmuck waren ein großes Kruzifix und ein Kalender, auf dem ein Foto von Rio de Janeiro zu sehen war. An den beiden langen hölzernen Tischen saßen brasilianische Arbeiter, die auf ihr Essen warteten.

Als ich mich umdrehte, sah ich Kamainjas Kopf in der Durchreiche. Mein Freund war in die Küche geschickt worden, um mit den Küchenhelfern zu essen. Kamainja, der während unserer Wanderung auf mich aufgepaßt hatte, der geduldig auf mich gewartet hatte, als ich mich mühsam den Savannenpfad entlang gequält hatte, der meinen verletzten Fuß behandelt hatte, wurde nun wie ein Bediensteter behandelt. Ich ballte die Fäuste. Doch ich mußte den Mund halten, denn ich war nur Gast in diesem Haus und hatte mich an die Regeln zu halten.

Ich fühlte die Hand des Paters auf meiner Schulter. «Wir dürfen einen gerngesehenen Gast aus Amerika begrüßen, der einige Tage bei uns bleiben wird», sagte er zu den Anwesenden. «Laßt uns beten und Gott dafür danken, daß er sicher hier angekommen ist.»

Während des Essens wurde ich von allen Seiten mit Fragen bedrängt – wer ich war, wo ich herkam und was ich hier tat. Die brasilianischen Arbeiter ihrerseits stammten aus Belém, einer Stadt an der Mündung des Amazonas. Sie waren von der Kirche angeheuert worden, um Zimmer- und Bauarbeiten auszuführen.

Als wir mit dem Essen fertig waren, öffnete sich die Tür, und vier brasilianische Soldaten kamen herein. Sie begrüßten den Pater und setzten sich dann ans andere Ende des Tischs. Nach allem, was ich bisher über die Anwesenheit des Militärs im Dorf gehört hatte, war ich ein wenig nervös und versuchte, so gelassen wie möglich zu erscheinen. Nachdem ich meinen Kaffee getrunken hatte, entschuldigte ich mich und ging hinaus.

Kamainja saß draußen auf einem Baumstumpf und wartete auf mich. Bei ihm befand sich ein etwa fünfundvierzigjähriger Indianer, der eine verwaschene blaue Turnhose trug. Sie unterhielten sich in einer Sprache, die ich nicht verstand.

«Dies ist mein Freund Shafi», sagte Kamainja. «Er gehört zum Stamm der Kaxuyana.»

Der Indianer wechselte ins Portugiesische und stellte sich vor. «Kamainja sagt, du gehst wie ein weißer Mann», sagte er.

«Ich *bin* ein Weißer», antwortete ich.

Beide brachen in Gelächter aus, wobei mir der Grund allerdings nicht klar war.

Die Tür des Speisesaals ging auf, und als ich mich umdrehte, sah ich einen brasilianischen Unteroffizier, der mich musterte.

«Wir sollten uns wohl ein wenig unterhalten», sagte er.

«Wie Sie wünschen», antwortete ich.

Die beiden Indianer waren lautlos verschwunden.

«Folgen Sie mir. Wir können das Büro des Paters benutzen.»

Er führte mich zum nahe gelegenen Schulhaus, das im selben Stil erbaut war wie die Kirche und der Speisesaal.

Das Arbeitszimmer des Paters wurde von einem gewaltigen Mahagonischreibtisch beherrscht. An den Wänden gab es Bücherregale mit Werken in Portugiesisch, Spanisch, Deutsch, Italienisch, Französisch und Englisch.

Der Unteroffizier setzte sich hinter den Schreibtisch. Er blickte mich einen Moment an und sagte dann: «Ihren Paß!»

Nach eingehender Prüfung gab er mir den Ausweis zurück und fragte, was ich in Brasilien zu tun hätte. Ich erklärte ihm, daß ich eine Untersuchung über die Heilpflanzen der Tirió in Surinam durchführte und ich einen kurzen Abstecher bei den brasilianischen Tirió machte, um beide Gruppen miteinander zu vergleichen.

Diese Erklärung schien ihn zufriedenzustellen. Er stand auf und gab mir die Hand. *Bemvindo ao Brasil*», sagte er. «Willkommen in Brasilien.» Trotz meiner Müdigkeit führten wir anschließend eine lebhafte Unterhaltung über brasilianische und amerikanische Politik und über die Rolle des Militärs in beiden Gesellschaften. Plötzlich fragte er argwöhnisch: «Sie wollen doch hoffentlich nicht unsere wertvollen Pflanzen stehlen und sie mit nach Amerika nehmen?»

«Nein», antwortete ich. «Ich werde in Brasilien überhaupt nichts sammeln.»

«Gut. Brasilien mit all seinen wundervollen Pflanzen wäre nämlich heute ein reiches Land, wenn die Engländer uns nicht unseren Kautschuk gestohlen hätten.»

Daß der Unteroffizier sich Sorgen über Pflanzendiebe

machte, hatte damit zu tun, daß es dem unternehmungslustigen britischen Botaniker Henry Wickham 1876 gelungen war, Brasilien das Kautschukmonopol zu stehlen. Er charterte ein britisches Frachtschiff, das in Manaus – dem Hauptumschlagplatz für Kautschuk – vor Anker lag. Flußabwärts in Santarém ließ er es mit reifen Früchten des Kautschukbaums beladen, die offiziell als Exportgut für England deklariert wurden. Zwar keimten nur etwa 3000 der über 70 000 Kautschukbaumsamen, die Wickham aus Brasilien herausschmuggelte, aber die jungen Bäume, die aus diesen Samen entstanden, wurden auf englische Plantagen im gesamten südostasiatischen Raum verteilt, wo heute der Großteil des Kautschuks produziert wird.

Ich fühlte mich genötigt, den Unteroffizier darauf hinzuweisen, daß Brasilien einst von einer ähnlichen «Verpflanzung» profitiert hatte.

«Wissen Sie, woher der Kaffee kommt?» fragte ich.

«Aus Brasilien, *Senhor*. Das wissen Sie doch.»

«Nun, der größte Teil des Kaffees auf der Welt wird in Brasilien produziert», gab ich zu, «aber er stammt eigentlich nicht von hier, sondern aus Äthiopien in Afrika. Wenn man sich mit der Geschichte der Nutzpflanzen beschäftigt, findet man sehr viele Pflanzen, die von ihrem Ursprungsort an andere Plätze verfrachtet wurden.»

Kurz darauf verabschiedeten wir uns freundlich voneinander. Ich hatte allerdings den Eindruck, daß ich es nicht geschafft hatte, ihn davon zu überzeugen, daß ich nur ein Wissenschaftler auf der Durchreise war.

Am nächsten Morgen führte mich Kamainja zu einer kegelförmigen Palmenhütte am nördlichen Ende des Dorfes. Vor dieser saß ein gutaussehender Tirió mit nagelneuen Jeans und einem rotblauen T-Shirt, auf dem in großen gelben Buchstaben Rio de Janeiro stand: der Häuptling von Palu. Um das Handgelenk trug er eine Casio-Uhr und als augenscheinlich einziges Zugeständnis an die indianische Tradition einen Kopfschmuck aus roten, gelben und schwarzen Tukanfedern.

Er fragte uns über unsere Reise aus und darüber, ob wir gut untergebracht seien, aber sein Tonfall klang eher gleichgültig, so daß ich den Eindruck hatte, er sei nur höflich und nicht wirklich an unserem Wohlergehen interessiert. Aber schließlich war er aufgrund der Anwesenheit des Paters auch nicht direkt für uns verantwortlich, wie es in einem traditionellen Dorf der Fall gewesen wäre.

Danach begann der Häuptling, die bei den Tirió üblichen Fragen zu stellen. Warum ich hier sei, wie alt ich sei, ob ich Kinder habe, wie mein Vater heiße, wie der Name meiner Mutter sei.

Nachdem seine Neugier befriedigt war, begann ich über meine Arbeit bei den Tirió in Surinam zu erzählen und fragte: «Benutzt ihr hier häufiger Heilpflanzen aus der Savanne oder aus dem Urwald?»

Die Antwort des Häuptlings überraschte mich. «Ich weiß nicht. Wenn ich krank bin, bekomme ich Medizin vom Pater!»

«Nun, und wer ist hier der *Piai* – der Medizinmann?» fragte ich.

«Der *Piai*? Derartig altmodische Dinge haben wir hier nicht mehr. Der letzte ist schon vor vielen Jahren gestorben!»

Ich war schockiert angesichts dieser unerwarteten Neuigkeit. «Gibt es denn keine älteren Menschen hier, die etwas über die Heilpflanzen des Stammes wissen?»

«Nun», sagte der Häuptling, «vielleicht kannst du meinen Vater fragen, der ist allerdings schon sehr alt, halb taub und vergeßlich.»

Kein Medizinmann. Keiner, der sich an die Heilpflanzen des Stammes erinnerte. Keiner, der die spirituelle Tradition aufrechterhielt. Mich überfiel große Traurigkeit, als mir klar wurde, daß ich hier in Palu einen Blick in die Zukunft tat: Auch meine Tirió-Freunde in Kwamala, ja alle Indianer würden höchstwahrscheinlich ihre alte Lebensweise gegen eine neue eintauschen.

An diesem Tag ließ ich das Abendessen aus; ich wollte nicht mit ansehen, wie man Kamainja erneut in die Küche verbannte. Wir teilten uns eine Dose Thunfisch aus meinem Lebensmittelvorrat. Ich lag bereits in meiner Hängematte und schrieb beim Licht der Taschenlampe in meinem Tagebuch, als es an die Tür klopfte und der Pater eintrat.

«Haben Sie Lust auf einen Abendspaziergang?» fragte er.

Da meine Füße immer noch schmerzten, zog ich vorsichtig die Schuhe an, und wir machten uns auf den Weg durchs Dorf. Kochfeuer glühten in den Hütten, und die Frösche der Savanne quakten im Chor.

«Was halten Sie von unserem kleinen Dorf?» fragte der Pater.

«Oh, eine nette Siedlung», antwortete ich.

Er blieb stehen, um seine Pfeife anzuzünden, und die Flamme des Streichholzes beleuchtete sein faltiges Gesicht.

«Und die Mission?»

Ich zögerte, da ich nicht wußte, worauf er hinauswollte. Ich versuchte meine Worte sorgfältig zu wählen und antwortete: «Ich bin Biologe, Pater. Mit der Religion kenne ich mich nicht aus.»

Er seufzte und setzte sich auf einen Baumstumpf. «Wissen Sie, was unser Problem ist? Es ist nicht die Religion an sich, sondern der Umstand, daß es mehrere gibt. Als die amerikanischen Missionare zu den Tirió nach Surinam kamen, brachten sie ihnen bei, daß der Protestantismus die einzig wahre Lehre sei. Unsere Station gehört dagegen zum katholischen Orden der Franziskaner. Dadurch wurde der Stamm in zwei Gruppen gespalten, die nun jeweils glauben, es handle sich bei der anderen Hälfte um Heiden, die irgendwann in der Hölle schmoren werden. Tragisch, nicht?»

«Und was ist mit der ursprünglichen Religion der Indianer?»

«Die Tirió hatten viele Götter; Kan war der mächtigste unter ihnen. Es war nicht schwierig, sie davon zu überzeugen, daß es nur einen wahren Gott gibt und daß die anderen nur Heilige und Propheten sind.» Er lachte, ob aus Verlegenheit oder Stolz über diese Manipulation, konnte ich nicht sagen.

«Wie war es hier, als Sie ankamen?»

«Traditionellerweise leben die Tirió nicht in großen Dörfern wie diesem. In Palu gibt es etwa dreihundert Tirió und achtzig Kaxuyana...»

Er sprach bis tief in die Nacht weiter. Es war ein lebhafter Monolog, in dem berühmte Medizinmänner und Jäger vorkamen, die schon lange gestorben waren. Er beschrieb, wie es die Kirchenleute geschafft hatten, die Indianer davon zu überzeugen, daß sie in der Mission ein besseres Leben erwartete, und zum Abschluß erzählte er mir eine Stammeslegende, die so außergewöhnlich ist, daß ich sie niemals vergessen werde.

«Sie müssen sich ins Gedächtnis rufen», begann der Pater, «daß sich die Wissenschaft, als wir hier in den fünfziger Jahren anfingen, noch nicht darüber einig war, woher die Indianer eigentlich stammen. Heute glaubt man, daß sie aus Asien kamen und die Beringstraße, damals eine Landbrücke, während der letzten Eiszeit überquerten. Als ich hierherkam, gab es noch unzählige seltsame Hypothesen. So behauptete einer unserer Bischöfe in Deutschland, die Indianer seien Nachkommen der verlorenen Stämme Israels!

Wie auch immer, wenn wir den Indianern die biblische Geschichte näherbrachten, baten wir sie manchmal, auch etwas von ihren Vorfahren zu erzählen. Eine dieser Geschichten, die ich von einem alten Mann gehört habe, erzählte, daß in der fernen Vergangenheit die Tirió durch ein Land gekommen sind, das so kalt war, daß sie sich in Tierhäute einhüllen mußten. Bekanntlich leben die Tirió aber im nordöstlichen Amazonasgebiet. Das heißt, sie haben noch nie Schnee gesehen, sie wissen nicht, was Kälte ist, und sie wickeln sich auch nicht in Tierhäute ein, um sich zu wärmen. Ich glaube, daß diese Geschichte die Erinnerung des Stammes an die Überquerung der Beringstraße ist. Wenn das zutrifft, ist sie über 20 000 Jahre alt.»

Als ich am nächsten Morgen meinen Verband wechselte, fielen die beiden verletzten Fußnägel ab. Ich humpelte zum Fluß hinunter und wusch die Wunden aus, als Kamainja auf mich zukam.

«*Mmpah*», sagte er. «Laß uns aufbrechen!»

«Wohin willst du gehen? Meinst du, ich kann mit meinen kaputten Füßen besonders weit laufen?»

Er schaute sich meine Verletzung an. «Wir werden ein Kanu nehmen. Ich hole ein Paddel.»

Einige Minuten später kam er mit dem Paddel und seinem Freund Shafi zurück. Es dauerte einen Moment, bis ich den Kaxuyana wiedererkannte. Zwar trug er immer noch die blaue Turnhose, aber durch seine Nasenscheidewand hatte er zwei große Federn eines Hellroten Ara gesteckt. Diese wirkten wie ein riesiger Schnurrbart und verliehen ihm ein drohendes Aussehen. Er deutete auf ein Kanu, das an einem großen, säulenartigen *Walaba*-Baum befestigt war, und ich stieg ein. Kamainja holte unterdessen drei Hängematten, ein Gewehr, einen Kochtopf und ein großes Maniokbrot. Offenbar sollte es nicht nur ein Nachmittagsausflug werden, sondern eine Expedition mit Übernachtung.

Schon bald lenkten wir unser Kanu ans Ufer, um nach jagdbaren Tieren Ausschau zu halten. Wir streiften durch den Urwald, bis Shafi die Spuren eines Aguti fand. Kamainja zeigte mir die Fußabdrücke und die halbverdauten grünen *Tonka*-Früchte, die das Tier zurückgelassen hatte. Wir folgten den Spuren, bis wir auf eine kleine Lichtung kamen. Dort sahen wir das Tier, das auf seinen Hinterläufen saß und eifrig große rotbraune *Walaba*-Früchte in sich hineinschlang. Shafi riß das Gewehr an die Schulter und schoß – wie es schien, konnten die Indianer mit Gewehren ebensogut umgehen wie mit Blasrohren. Kamainja ging zurück zum Kanu, um den Kochtopf zu holen, während der Kaxuyana das Tier abhäutete. Das Aguti gehört zu den Nagetieren. Sein Fell ist dicht und rotbraun, und der Körper erinnert an ein Meerschweinchen mit dem Kopf einer Katze. Kamainja erzählte mir, daß die Agutis Nahrungsvorräte anlegen. Dazu graben sie wie Eichhörnchen unterirdische Lagerstätten, in denen sie Paranüsse und Palmfrüchte anhäufen.

Einige Stunden später, nachdem wir uns mit gekochtem Aguti gesättigt hatten, setzten wir uns um das prasselnde Feuer und lauschten dem Quaken der Frösche.

In dieser Nacht ging ein schreckliches Gewitter über dem Urwald nieder. Obwohl das Palmdach unseres Unterstandes sich als wasserdicht erwies, erwachte ich mehrfach von einem ohrenbetäubenden Donner, der auf Blitze folgte, die den ganzen Urwald erhellten.

Die zahlreichen Wasserpfützen waren am nächsten Morgen der einzige Hinweis darauf, daß in der Nacht ein Gewitter niedergegangen war. Wir wollten unsere Reise zu Fuß fortsetzen, und Shafi tarnte das Kanu mit Palmwedeln. Ich wunderte mich ein wenig darüber, besonders, als mir Kamainja auch noch sagte, wir sollten uns so ruhig wie möglich verhalten.

Der Urwald erschien mir unnatürlich still: In den Bäumen sangen keine Vögel, und auch das Geschnatter der Affen fehlte. Ich fragte Kamainja nach dem Grund, und seine Antwort war kurz und bündig: «Überjagung.»

Nachdem wir einige Stunden marschiert waren, hörten wir vor uns Stimmen. Als wir näher kamen, sah ich, daß es spielende Kinder waren. «Wo gehören die hin?» fragte ich. Aber Kaxuyana hielt mir den Mund zu und legte einen Finger der anderen Hand auf seine Lippen. Gleich darauf kamen wir ans Ende des Pfads. Aus dem Schutz der Bäume erblickten wir einen riesigen Streifen gerodeten Landes.

«Pananakiri poy-deh-ken!» sagte Kamainja kichernd. «Eine Siedlung des weißen Mannes!»

Shafi stieß ihn in die Rippen und machte ihn prustend auf etwas aufmerksam.

«Was ist daran so lustig?» fragte ich leise.

«Schau dir diesen Garten an», flüsterte Kamainja. «Ich habe schon Gärten von Blattschneiderameisen gesehen, die besser in Schuß waren!»

Für mein untrainiertes Auge sah der Garten nicht anders aus als die in den Dörfern der Indianer. Aber Kamainja sagte:

«Achte nur einmal auf den Maniok! Er steht viel zu weit auseinander. Kannst du dich erinnern, wie nahe wir ihn zusammenpflanzen? Die Blätter bilden dann ein dichtes Dach wie im Urwald, dadurch gelangen die Sonne und der Regen nicht direkt auf den Boden. Außerdem wächst hier nur eine einzige Sorte, während wir mehr als zwanzig verschiedene anbauen. Diese Gärten sind eine regelrechte Einladung für alle Arten von Ungeziefer.»

«Und schau dir die Kräuter an!» ließ sich jetzt auch Shafi vernehmen.

«Ich sehe keine», sagte ich.

«Genau! In unseren Gärten lassen wir immer einige stehen, damit die Erde während der Regenzeit nicht weggeschwemmt wird. Der Garten dieses Bauern ist vermutlich sauberer als sein Haus!»

«Wenn du dir diese Anpflanzung ansiehst», sagte Kamainja, «weißt du sofort, daß dieser Mann den Urwald nicht versteht. Ein guter Garten sollte aussehen wie ein Loch im Urwald, das entsteht, wenn man einen riesigen *Ku-mah-kah*-Baum fällt. Auf kleinen Lichtungen breiten sich sofort wieder schnellwachsende Pflanzen aus, durch die jagdbare Tiere angezogen werden. Wenn man zu viele Bäume fällt, können die Kräuter nicht mehr nachwachsen, und dann gibt es dort auch keine Vögel und keine Pekaris mehr, die man jagen kann.»

«Außerdem hat dieser Mann einen Zaun um seinen Garten gezogen», sagte Shafi. «Was für eine blöde Idee! Manchmal stehlen die Pekaris zwar ein paar grüne Bananen oder etwas Maniok aus meinem Garten, aber wenn das passiert, haben meine Kinder eine Woche lang Fleisch zu essen!»

Auf einem der schwärzlichen Hügel stand ein einfaches, einstöckiges Haus mit einer Veranda, über die eine Wäscheleine gespannt war, an der T-Shirts und Hosen hingen.

Vor dem Haus spielten Kinder – weiße Kinder –, und während ich sie beobachtete, spürte ich, wie mich Unbehagen überfiel.

«Laßt uns gehen!» sagte ich.

«*Du* gehst», sagte Kamainja.

«Was soll das heißen, ich soll gehen? Laßt uns alle von hier verschwinden.»

«Wir haben keine Gewehrpatronen mehr, geh hinüber und bitte sie um einige!»

Ich deutete auf Shafi. «Er spricht sehr viel besser Portugiesisch als ich. Warum schickst du nicht ihn?»

«Weil er Indianer ist», antwortete Kamainja. «Sie würden ihn erschießen.»

Zunächst glaubte ich, er hätte einen Scherz gemacht, aber sein ernstes Gesicht belehrte mich eines Besseren; außerdem nickte der Kaxuyana bestätigend.

Als ich auf die Lichtung hinaustrat, erblickte mich eines der Kinder und rannte sofort ins Haus. Ein Mann trat auf die Veranda. Obwohl ich ihn so freundlich wie möglich anlächelte, starrte er mich nur schweigend an.

«Boa tarde», sagte ich.

«Boa tarde», antwortete er.

«Ich bin ein amerikanischer Biologe, der zur Zeit am Museum in Belém arbeitet, um die brasilianische Flora zu untersuchen», begann ich meine Anwesenheit zu erklären. «Ich bin mit dem Boot den Fluß hinaufgekommen, aber dann unglücklicherweise mit einem im Wasser treibenden Baumstamm zusammengestoßen und gekentert. Dabei habe ich meine Munition und meine gesamten Nahrungsmittelvorräte verloren. Meine Freunde warten etwa zwei Tagesreisen flußabwärts auf mich, und ich wollte fragen, ob ich Munition und etwas zum Essen kaufen kann, das ausreicht, bis ich meine Kameraden wieder erreicht habe.»

«Kommen Sie herein», sagte der Mann.

Wir betraten das einfache Haus, in dem es weder Strom noch fließendes Wasser gab. Ein roh behauener Tisch, einige Stühle und Hängematten waren die einzigen Möbelstücke, die ich sah. Er bat mich in den Raum, der augenscheinlich als Küche diente. Dort saß eine Frau mittleren Alters und rührte in einem Topf, der auf einem mit Holz befeuerten Herd stand. Ihr Ehemann erzählte ihr meine Geschichte, worauf sie mich mitleidig ansah und sagte: «Sie Ärmster! Wie lange haben Sie schon nichts mehr zu essen gehabt?»

«Seit gestern», log ich.

Sie nahm einen Teller aus einem Regal, wischte ihn mit ihrer Bluse ab und füllte ihn mit einem Berg Bohnen und Reis aus dem Topf. Nachdem ich meine Mahlzeit mit einer Tasse heißen pechschwarzen, stark gesüßten brasilianischen Kaffees beendet hatte, fragte ich meine Gastgeber, wie es kam, daß sie hier ganz allein lebten.

«Wir stammen aus dem Bundesstaat Ceará im Nordosten», erzählte der Mann, «dem heißesten und trockensten Teil des Landes. Als mein ältester Sohn zur Welt gekommen war, hörten wir von einem Programm, das man ins Leben gerufen hatte, um Menschen aus Ceará an der neuen Straße, die durch das Amazonasgebiet gebaut wurde, anzusiedeln. Krankenhäuser! Schulen! Landbesitz! All dies wurde uns versprochen, als wir damals unterschrieben. Am Anfang führten wir auch tatsächlich ein besseres Leben. Wir besaßen Grund und Boden, der mehr abwarf als der in Ceará. Die Regierung versicherte uns, die Schulen und Krankenhäuser würden bald gebaut werden; wir sollten uns nur noch ein wenig gedulden. ‹Ihr seid Pioniere, die dazu beitragen, daß Brasilien zu einem großartigen Staat wird!› sagte der Präsident im Radio.

Nun, die Schulen und Krankenhäuser haben wir nie zu sehen bekommen, aber es ging uns wie gesagt immer noch besser als vorher. Das änderte sich im dritten Jahr, als unsere Ernte zurückging und wir in Schwierigkeiten gerieten. Dann erschien eines Tages ein gutgekleideter Herr mit einem Lastwagen. Er sagte, er wolle die Hälfte unseres Landes kaufen, und wenn ich den Vertrag gleich unterschreiben würde, bekäme ich das Geld sofort ausbezahlt. Nun, ich habe den Vertrag damals nicht sehr genau gelesen, aber der Herr erklärte mir, was er angeblich besagte, und ich unterschrieb. Etwa eine Woche später kam der Lastwagen zurück, allerdings ohne den gutgekleideten Herrn, dafür mit einer Bande von Schlägern. Diese fragten mich, warum ich mich immer noch auf Senhor Coimbras Land befinde und ob ich nicht wisse, daß ich längst verschwunden sein sollte. Sie verprügelten mich und bedrohten meine Frau. Es blieb uns nichts übrig, als unser Land zu verlassen. So sind wir in dieses Niemandsland hier gekommen.»

«Gibt es denn keine Indianer in der Gegend?» fragte ich. Der Mann fuhr wütend auf. «Indianer! Indianer!» Das

Gesicht meines Gastgebers war rot angelaufen. «Wenn ich sie sehe, ist es um sie geschehen! Das sind Diebe! Tiere sind das! Dieses Ungeziefer verdient es überhaupt nicht zu leben! Sie jagen mein Wild und stehlen meine Ernte. Die Regierung spricht nur von den armen Indianern. Und was ist mit den armen Brasilianern? Diese Kreaturen sind doch keine Menschen. Es gibt nur eine Art, mit ihnen umzugehen!» Er hob seine rechte Hand und drückte eine imaginäre Pistole ab.

Ich wechselte schnell das Thema, indem ich versuchte, ihn über seine Ernte auszufragen. Wir unterhielten uns noch eine Weile, bis er mir riet aufzubrechen, damit ich mein Lager noch vor Einbruch der Dunkelheit erreichte.

Wir standen auf und schüttelten uns die Hände. Er lächelte jetzt wieder und sagte: «Ich dachte, Sie wollten noch Nahrungsmittel kaufen.»

Mir kam plötzlich in den Sinn, daß ich überhaupt kein Geld dabeihatte. «Ich... ich habe mein Geld beim Kentern des Bootes verloren», stammelte ich.

Er lächelte und klopfte mir auf die Schulter. «Keine Sorge, Amigo. In diesem Teil der Welt müssen die Weißen zusammenhalten. Ich bin gleich wieder zurück.»

Mit diesen Worten verschwand er, während mir seine Frau ein großes Stück Maniokbrot mit auf den Weg gab. «Sie dürfen Paulos Worte nicht zu ernst nehmen. Einer seiner Brüder hat am Rio Trombetas nach Gold gesucht und ist von Sikiyana getötet worden. Daher braust er manchmal auf, wenn die Rede auf Indianer kommt.»

In diesem Moment kam der Mann mit zwei reifen Ananas und einer riesigen Papayafrucht zurück.

Ich wollte ihm meine Uhr dafür geben. Doch er lehnte ab und sagte: «Geschenkt ist geschenkt.»

Vier Tage später verließen Kamainja und ich das Dorf Palu und machten uns wieder auf den Weg durch die Savanne.

Die traurige Tatsache, daß die Tirió in Brasilien schon einen Großteil ihrer Kultur verloren hatten, bestärkte mich in meinem Vorhaben, Schamanen zu finden, die sich noch erinnern konnten.

Der Medizinmann der Wayana

Die Macht des Schamanen hängt von seinem Wissen über die Heilkraft
bestimmter Kräuter ab. Seine wichtige Rolle erhält er aber erst dadurch,
daß er sowohl für den Körper als auch für den Geist verantwortlich ist,
also gleichermaßen als Arzt und Priester fungiert.

Everard Im Thurn, 1883

Im August 1985 kehrte ich für einen Monat nach Kwamala
zurück. Ich war erst einige Tage dort, als Kamainja eines
Abends, vor Angst regelrecht zitternd, in meiner Hütte
erschien: «Du bist hier am Rand des Dorfes nicht mehr
sicher», sagte er. «Nimm deine Hängematte und komm mit
in meine Hütte! Der Medizinmann der Wayana hat unser
Dorf mit einem Fluch belegt.»

Seine Angst war ansteckend, so daß ich schnell meine
Sachen zusammensuchte und ihm folgte. Nachdem wir in
seiner Hütte angekommen waren, erzählte er mir, was
geschehen war.

«Letztes Jahr», begann er, «ging der Sohn des Jaguar-
Schamanen in die Sipaliwini-Savanne, um Papageien zu
jagen. Dort wachte er eines Morgens angstgeschüttelt auf
und erklärte, daß ihn ein Fluch des Medizinmannes der
Wayana getroffen habe. Dieser Schamane lebt in Tepoe,
einem Dorf nordöstlich von hier, in der Nähe der Grenze zu
Französisch-Guayana. Als Beweis, daß er tatsächlich mit
einem Fluch belegt worden war, zeigte er uns drei kleine
zugespitzte Stöcke, die er in seiner Hängematte gefunden
hatte.»

«Und was geschah dann?» fragte ich.

«Drei Tage später steckte er sich den Gewehrlauf in den
Mund und erschoß sich. Heute abend hat sein jüngerer

Bruder hier in Kwamala dieselbe Art von Stöcken in seiner Hängematte gefunden. Außerdem sind gerade einige Jäger ins Dorf zurückgekehrt, die am Ufer des Flusses eine Erscheinung des Wayana gesehen haben.» Über die Antwort auf meine Frage, warum der Medizinmann einen Fluch auf die jungen Indianer gelegt hatte, konnte Kamainja nur spekulieren. «Vielleicht hat der Wayana den Fluch geschickt, weil jemand in seinem Stamm sehr krank geworden ist und er annimmt, der Jaguar-Schamane sei dafür verantwortlich.»

Auf jeden Fall befand sich das ganze Dorf in Aufruhr, und der Häuptling verkündete, nur sehr starke Schwarze Magie könne den tödlichen Zauber brechen.

Es gelang mir in dieser Nacht kaum einzuschlafen, da ich ständig an den Medizinmann denken mußte, dessen Macht so viel Furcht über meine Freunde gebracht hatte. Ich wußte nicht, ob es besser war, im Dorf zu bleiben, um zu sehen, was geschah, oder ostwärts in das Gebiet der Wayana zu gehen, um den gefürchteten Medizinmann kennenzulernen. Ich hatte ohnehin vorgehabt, meine Untersuchungen irgendwann auch bei diesem Indianerstamm fortzusetzen, und die Möglichkeit, vielleicht schon jetzt mit einem so mächtigen Schamanen zusammenzuarbeiten, war sehr verlockend.

Einige Tage später hatte ich eine Entscheidung getroffen, und als ein Buschpilot in Kwamala landete, um eine Ladung Papageien, Sittiche und Tukane abzuholen, die als Haustiere in der Hauptstadt verkauft werden sollten, heuerte ich ihn an, damit er mich die rund 160 Kilometer nach Tepoe flog.

Wir folgten dem Tapanahony-Fluß, der die Grenze zwischen den Gebieten der Tirió und der Wayana bildet, bis irgendwann einzelne Kanus und bald darauf auch die palmgedeckten Hütten eines Dorfes auftauchten und unser kleines Flugzeug auf einer kurzen, grasbedeckten Landebahn niederging.

Ich stieg aus der Maschine. Der Sohn des Häuptlings erwartete mich bereits und fragte, was mich in ihr Dorf geführt habe.

Ich erklärte ihm, wer ich sei, woher ich kam und daß ich

gerne den Wayana-Schamanen kennenlernen wollte. Allerdings erwähnte ich die Tirió und den Fluch nicht.

Einige Stunden später – die Sonne war bereits untergegangen – saß ich in meiner Hütte, die vom weichen Licht der Kerosinlampe erfüllt war. In der Tür erschienen immer wieder Indianer, die mich entweder stumm musterten oder mir Fragen über meine Familie, mein Land und über das Dorf der Tirió stellten, in dem ich zuvor gewesen war.

Plötzlich entstand Unruhe unter den Indianern, und die Menge teilte sich, um den furchterregendsten Menschen durchzulassen, den ich je gesehen habe. Sein langes Haar reichte fast bis zur Taille. Eine fast greifbare, dunkle, pulsierende Energie schien von ihm auszugehen, und die in tiefen Höhlen liegenden, stechenden ebenholzfarbenen Augen des Mannes starrten mich aus einem hageren, eckigen Gesicht an. Obwohl er mindestens siebzig Jahre alt sein mußte, sah man ihm sein hohes Alter nicht an: Er trug sein Kinn hoch erhoben, und sein muskulöser Brustkorb wies ihn als Meister im Bogenschießen aus.

Das war also der Medizinmann der Wayana. In Kwamala hatte ich mich noch gefragt, wie es möglich sei, daß ein einzelner Mann eines Nachbarstammes ein ganzes Dorf so sehr in Schrecken versetzen konnte. Nun verstand ich es.

Dieser Schamane war einer der letzten Überlebenden einer Tradition, die vor Tausenden von Jahren in den wilden Steppen Eurasiens entstanden war und in der der rituelle Verzehr des halluzinogenen Fliegenpilzes eine große Rolle gespielt hatte, denn sein Genuß ermöglichte die Reise in das Reich der Geister.

Der Kult breitete sich über Indien bis an die Küsten des Pazifiks aus. Im nordöstlichen Asien entwickelte er sich zu einer Naturreligion mit eigenen Ritualen, Traditionen und Sichtweisen. Anhänger dieses Schamanenkults glauben, daß es einen Übergang zwischen natürlichen und übernatürlichen Kräften gibt und daß die Kräfte der physischen Welt und der Geisterwelt sich normalerweise im Gleichgewicht befinden. Der Schamane – ein Priester-Heiler – ist in beiden Welten zu Hause; er ist verantwortlich dafür, daß die Balance zwischen ihnen aufrechterhalten wird. Da selbst das Wetter von der Geisterwelt bestimmt wird, hängt das Überleben eines Stammes oder eines Dorfes in hohem Maße von der Fähigkeit des Schamanen ab, mit der Geisterwelt zu kommunizieren. Er ist außerdem für die Erhaltung der Tradition und Bräuche des Stammes verantwortlich und überwacht daher auch Fragen des korrekten spirituellen Verhaltens. Sicherlich am wichtigsten ist aber, daß der Schamane ein sehr mächtiger Medizinmann ist.

Nach schamanistischer Überlieferung kann eine Krankheit viele Ursachen haben: Möglicherweise hat der Kranke ein Tabu gebrochen, ist mit einem Zauberspruch belegt worden, hat den Ärger der Götter heraufbeschworen oder die Harmonie zwischen der physischen und der Geisterwelt gestört. Einige Krankheiten haben bekannte Symptome, und es gibt traditionelle Heilmittel, mit denen man sie bekämpft. In schwerwiegenden Fällen oder wenn Pflanzenkraft allein nicht hilft, spricht der Schamane mit der Geisterwelt, um zu erfahren, worin die Ursache der Krankheit liegt und wie er sie behandeln muß.

Ein Besuch im Reich der Geister ist meist mit einer Trance verbunden. In Eurasien wird dieser Zustand durch das Essen des Fliegenpilzes erreicht, während die Medizinmänner der Huichol-Indianer aus Mexiko den Peyote, einen kleinen, fleischigen Kaktus mit halluzinogenen Inhaltsstoffen, verzehren. Andere Schamanen erreichen das Stadium der Ekstase durch Tanz, durch Rezitieren magischer Formeln oder durch das rhythmische Schlagen einer Trommel.

Natürlich besteht die Behandlung nicht nur aus Magie, sondern die Medizinmänner nutzen ihr großes und detailliertes Wissen über die Heilkräfte der örtlichen Pflanzen, außerdem Entspannungsübungen, Massage, Hypnose, Visualisierung, und sie verschreiben ihren Patienten sogar Diäten. Viele dieser Behandlungsmethoden, wie Aromatherapie, Massage und Übungen für den Abbau von Streß, werden heute von westlichen Heilpraktikern wieder «entdeckt».

Schon immer sind Kulte, in denen medizinisch wirkungsvolle Pflanzen und Heiltränke eine Rolle spielen, mißtrauisch beäugt worden, zunächst von Vertretern des christlichen Glaubens, später auch von der westlichen Medizin. So wurden die Hexen, die letzten weisen Frauen der europäischen Kultur, Opfer der Inquisition. In Sibirien wurden in den dreißiger und vierziger Jahren unseres Jahrhunderts Schamanen als Konterrevolutionäre verurteilt. Auch heute noch werden Schamanen verspottet und verhöhnt. So gab im Jahre 1990 die protestantische Kirche der indonesischen Insel Siberut, die westlich von Sumatra liegt, einen Erlaß gegen die Medizinmänner dieses Landes heraus, in dem sie die Aktivitäten der Medizinmänner als heidnisch und gotteslästerlich verbot.

Als Kolumbus vor 500 Jahren in Amerika landete, praktizierten die indianischen Schamanen ihre geheiligten Rituale in aus Baumrinde gefertigten Langhäusern, die dort standen, wo heute die Wall Street ist, in Grashütten auf einem Platz, der nun Hollywood heißt, und in Zelten aus Büffelhäuten, die dort aufgeschlagen waren, wo sich jetzt das Capitol in Washington befindet. Um Medizinmänner zu finden, die ihrer Beschäftigung auch in der Gegenwart noch nachgehen, mußte ich in einen der entferntesten Winkel der Erde reisen, wobei ich mich stets fragte, wieviel Zeit diesen ehrwürdigen alten Männern und der Weisheit, die sie verkörperten, noch vergönnt war.

Ich hatte Glück. Der alte Wayana befand sich noch auf der Höhe seines Wissens. (Wie viele Eingeborene dieses Gebietes haben die Medizinmänner einen Geheimnamen, der nicht benutzt werden darf; würde man es trotzdem tun, wäre das gleichbedeutend mit dem Versuch, Macht über ihn zu gewinnen.) Meiner Bitte, sein Wissen über Heilpflanzen mit mir zu teilen, stimmte er großzügig zu.

Als ich am nächsten Morgen zu seiner Hütte ging, wartete er bereits auf mich. Ohne ein Wort zu sagen, schritt er auf dem Urwaldpfad voraus. Er hielt seinen Rücken so gerade, als habe er einen Ladestock verschluckt, und legte eine schnelle, aber gleichmäßige Gangart vor.

Noch während ich ihn beobachtete und mir selbst gratulierte, ihn ausfindig gemacht zu haben, schoß mir plötzlich ein unangenehmer Gedanke durch den Kopf: Wir waren schon beinahe eine Stunde unterwegs und hatten noch nicht eine einzige Pflanze gesammelt. Ich beschloß abzuwarten. Es war bereits später Nachmittag, als wir an einem riesigen, moosbedeckten *Virola*-Baum vorbeikamen, der am Rande eines Baches wuchs. Dieser Ort kam mir sehr bekannt vor, und tatsächlich traten wir einige Minuten später aus dem Wald heraus, und ich sah das Dorf vor uns liegen. Der Schamane winkte mir treuherzig zu und verschwand in seiner Hütte.

Ich ging hinunter zum Fluß, um zu baden, und überlegte, was als nächstes zu tun war. Eine Empfehlung von Professor Schultes kam mir in den Sinn: Versuchen Sie stets, soviel Zeit wie möglich mit den Eingeborenen im Urwald zu verbringen. Auf dem Rückweg vom Fluß hielt ich bei der Hütte des alten Mannes und hinterließ bei seiner Frau, daß ich am nächsten Morgen gern wieder mit ihrem Mann in den Urwald gehen würde. Alles Weitere mußte ich dann improvisieren.

Der nächste Tag verlief ebenso wie der zuvor, so daß ich jetzt sicher war, daß der Medizinmann irgendeine Absicht verfolgte. Die Schamanen der Tirió hatten alle paar Meter eine Heilpflanze gefunden, und es schien mir unwahrscheinlich, daß der Wayana weniger wissen sollte.

Als ich ein bekanntes purpurfarbenes, kleinwüchsiges Kraut mit kleinen roten Früchten am Rande des Pfades stehen sah, das die Tirió benutzten, um Fieber zu senken, fragte ich: «Ist das nicht eine Heilpflanze?»

«Ich glaube schon», antwortete der alte Mann.

«Wie verwendet ihr sie?»

Er zuckte mit den Schultern. «Ich weiß nicht genau.»

Ich wiederholte dieses Experiment noch verschiedene Male mit anderen Pflanzen, von denen ich wußte, daß sie von den Tirió zur Behandlung von Krankheiten eingesetzt wurden. Doch entweder antwortete der alte Mann, er hätte gehört, es handle sich um Heilpflanzen, oder er sagte, er wisse nichts über sie. Ich beschloß, meine Taktik zu ändern.

Wir waren eine ganze Stunde schweigend durch den Urwald gewandert, als ich vor einem kleinen grünen Farn hielt, den die Tirió zur Behandlung von Leberbeschwerden benutzten. Ich pflückte ihn ab und betrachtete ihn sorgfältig, bevor ich sagte: «Großvater, in meinem Land benutzen wir diese Pflanze, um verstauchte Knöchel zu behandeln.» Er schaute mehrmals hin, während ich den kleinen Farn sorgfältig säuberte und in meiner Sammeltüte verschwinden ließ, sagte aber nichts. Während wir unseren Weg fortsetzten, sah ich, daß er mich mißtrauisch aus den Augenwinkeln beobachtete. Ein Stück weiter entdeckte ich eine Liane, die sich um den Stamm eines gewaltigen grauen *Swartzia*-Baumes wand. Ich erkannte sie als eine Art wieder, die bei den Tirió gegen Gliederschmerzen benutzt wurde. «Großvater», sagte ich, «in meinem Land benutzen wir diese Pflanze, um Schnittwunden zu behandeln.» Erneut schaute er zu, wie ich ein Stück aus der Liane herausschnitt und es in meine Sammeltüte legte. Wir gingen weiter, bis wir zu einem riesigen *Bergibita*-Baum kamen, dessen graue Rinde in charakteristischer Weise mit kleinen Löchern bedeckt war. Diese Pflanze wird sowohl von den Marons als auch von den Tirió für die unterschiedlichsten medizinischen Zwecke verwendet. Ich schnitt ein Stück von der Rinde ab und sagte: «Großvater, in meinem Land benutzen wir diese Art, um Ohrenschmerzen zu behandeln.»

«Unsinn!» donnerte er los. «Jeder weiß, daß diese Rinde benutzt wird, um Fieber zu senken!»

«Nein, Ohrenschmerzen!» behauptete ich standhaft.

«Fieber!»

«Ohrenschmerzen!»

«Fieber!» Seine Augen glitzerten wütend. Es war Zeit, das Spiel zu beenden.

«Also gut», sagte ich nachgiebig. «Und was verwendet ihr bei Ohrenschmerzen?»

«Diese Liane hier. Die ist gegen Ohrenschmerzen!»

Er ging zu einem riesigen, umgestürzten Kapokbaum und schnitt eine kleine gelbe Liane mit fünfeckigem Stiel ab. «Diese Pflanze kann man auch benutzen, wenn man sehr müde ist. Man zerreibt die Blätter, läßt sie in kaltem Wasser ziehen und wäscht sich dann mit diesem Wasser ab. Danach fühlt man sich erfrischt. Wir nennen die Liane *Puh-nah-tah-wah.*»

Dann holte er ein Stück einer weiteren Liane, die an dem Stamm eines anderen großen Baumes wuchs. «Das hier ist eine *Wah-kah-gah-mu.* Wenn jemand mit einer Erkältung zu mir kommt, nehme ich die Blätter und zerreibe sie auf seiner Brust.»

Er ging weiter und hielt dann bei einer kleinen grünen Bambuspflanze. «Die kann man benutzen, wenn man sich nicht wohl fühlt», sagte er. «Man legt die Blätter in warmes Wasser und wäscht sich dann damit ab.»

Ich hatte Mühe, dem Schwall seiner Worte zu folgen. Daß Eingeborene keine oder nur wenig Informationen über Pflanzen und Tiere preisgeben, wenn sie den Eindruck haben, daß der Frager sich ohnehin nicht auskennt, haben auch schon andere Forscher erfahren. Ralph Bulmer, ein Anthropologe, der sich hauptsächlich dem Studium des Kalam-Stammes in Neuguinea widmete, fragte, nachdem er bereits Informationen über die Ethnobiologie von 1400 Pflanzen- und Tierarten gesammelt hatte, die Eingeborenen auch einmal nach den Gesteinen ihres Gebietes. Sie behaupteten daraufhin, sie hätten nur ein einziges Wort für die verschiedenen Gesteine. Im nächsten Jahr kam Bulmer mit einem befreundeten Geologen nach Neuguinea zurück und stellte ihn seinen Kalam-Informanten vor. Innerhalb einer Stunde gab der Geologe Bulmer eine lange Liste von Wörtern, die der Eingeborene für unterschiedliche Gesteine genannt hatte, wobei er diese genau nach Lokalität, Härte und Verwendung unterschied. Daraufhin wandte sich Bulmer ärgerlich an seinen Kalam-Freund: «Warum hast du mich angelogen? Das hätte ich nach all den Jahren, in denen wir zusammengearbeitet haben, nicht erwartet!» Der Kalam antwortete: «Als du uns über Vögel und Pflanzen ausfragtest, haben wir gemerkt, daß du eine Menge über diese Dinge wußtest und verstanden hast, was wir dir sagten. Als du dann etwas über Steine wissen wolltest, wurde ganz offensichtlich,

190

daß du dich damit nicht auskanntest. Warum sollten wir also unsere Zeit damit vergeuden, dir etwas zu erzählen, das du wahrscheinlich sowieso nicht verstanden hättest?»

Trotz meiner scheinbaren Ignoranz zeigte mir der Wayana zahlreiche Heilpflanzen. Darunter eine kleine Liane, die zwischen den Blättern eines Pfefferbusches zu entspringen schien, um sich dann nach oben um die Krone zu ranken. «*Ku-nah-ne-mah*», sagte er. «Man kocht die ganze Pflanze in einem geschlossenen Topf. Dann öffnet man den Deckel und läßt den Dampf unter der Hängematte einer erkrankten Person entweichen. Das hilft gegen die ‹Zitteraal-Krankheit›.»

Im Urwald habe ich Behandlungen für Krankheiten kennengelernt, von denen ich nicht einmal wußte, daß es sie gibt. So leiden die Wayana an der «Zitteraal-Krankheit»; die Symptome erinnern an Epilepsie und ähneln damit denen, die bei Berührung eines Zitteraals auftreten. Die Marons werden dagegen von einer «Kaltes-Fett-Krankheit» geplagt, deren Symptome sie mir nie richtig erklären konnten. Und die Tirió behaupteten, an so vielen unterschiedlichen Erkrankungen zu leiden, beispielsweise Geschlechtskrankheiten, Parasitenbefall und Infektionen, daß ich zuerst glaubte, man würde sich einen Spaß mit mir erlauben, bis ich herausfand, daß die Schamanen tatsächlich Pflanzen gegen alle diese Gebrechen kannten. Einige Krankheiten scheinen allerdings nur in bestimmten Kulturen vorzukommen. Wenn beispielsweise Menschen aus dem Mittelmeerraum rohe Saubohnen essen, ein in China sehr beliebtes Nahrungsmittel, bekommen sie Favismus, eine mit Fieber, Erbrechen und akuter hämolytischer Anämie verbundene Krankheit. Viele dieser Erkrankungen – besonders die psychosomatischen – werden nur von den Heilkundigen der eigenen Kultur verstanden und erfolgreich behandelt – ein weiteres Argument für die Erhaltung der Ethnomedizin.

Die nächste Art, die der Wayana mir zeigte und erklärte – eine kleine Bambuspflanze, die er *Wah-ru-mah* nannte –, scheint mir die Wichtigkeit, die Arzneien und Behandlungsmethoden der Eingeborenen zu erhalten, besonders deutlich zu machen. «Manchmal treffen die Menschen im Urwald auf einen Jaguar», erklärte er. «Viele erschrecken dadurch so sehr, daß ich diese Pflanze ins Feuer werfen muß, damit sie den Rauch inhalieren und sich entspannen.»

Oberflächlich betrachtet scheint es, als könnten westliche Forscher diesen Fund getrost ignorieren, denn bei uns gibt es bekanntlich wenig Menschen, die von einem Jaguar erschreckt werden. Allerdings lassen unsere Beruhigungsmittel zu wünschen übrig. Die meisten momentan auf dem Markt erhältlichen verursachen entweder Abhängigkeiten oder haben andere Nebenwirkungen, etwa Erschöpfungszustände, Gewichtszunahme oder Übelkeit. Die Bereitschaft, einfach zuzuhören und Heilmittel zu notieren – gleichgültig, wie fremdartig sie auf den ersten Blick auch waren –, konnte sich eines Tages durchaus als wichtig erweisen, auch wenn das während meiner Freilandarbeit nicht sehr wahrscheinlich erschien.

Am nächsten Morgen wurde ich weit vor Tagesanbruch von dem Schamanen persönlich geweckt. In seiner Begleitung befand sich ein seltsam aussehender Mann, den ich zunächst für einen Mestizen hielt, also einen Nachkommen indianischer und weißer Vorfahren. Er war nur etwa einen Meter fünfzig groß, trug ein verwaschenes orangefarbenes Hawaiihemd, eine alte rote Turnhose und hatte sein Haar, das mit reichlich Tonkabohnenöl eingerieben war, auf der linken Seite gescheitelt (die meisten Indianer des nordöstlichen Amazonasgebietes tragen einen Mittelscheitel). Zwar nannte er mir seinen Namen, aber der gehörte zu den wenigen Indianernamen, an die ich mich niemals erinnern und den ich auch nicht aussprechen konnte, so daß ich ihm den erstbesten Namen gab, der mir in den Sinn kam – «Boss». Er zeigte ein stets freundliches Lächeln und hatte einen gewaltigen Bauch, der gut zu seinem umgänglichen Wesen paßte.

Boss erklärte mir, daß er ein Tirió sei, Pflanzenkenner und sicher sei, daß ich seine Hilfe gebrauchen könnte. Da ich glaubte, inzwischen ein gutes Verhältnis zu dem alten Medizinmann aufgebaut zu haben, das ich auf keinen Fall gefährden wollte (Boss schien immerhin auf Einladung des alten Mannes mitgekommen zu sein), und außerdem bisher noch niemanden gefunden hatte, der in die Bäume kletterte und mir blühende Zweige aus der Krone pflückte, fragte ich: «Kannst du auf Bäume klettern?»

«Besser als ein *Ahdeme*-Affe. Höher als ein *Mahkwe*-Affe. Schneller als ein *Kwatta*-Affe. Geschickter als ein –»

«Schon gut», sagte ich. *«Mmpah.»*

Zwar sprach der Medizinmann immer noch nicht viel, aber er fuhr fort, mir Pflanzen zu zeigen. Dort wuchs die *Tut-pwa-muh*-Frucht, die man zu einer Salbe verarbeiten konnte, die gegen Ausschläge im Genitalbereich half. Die Blätter des *O-ko-ne-de-kuh*-Baumes verarbeitete man am besten zu einem Tee, der bei Nierenproblemen angewendet wurde. Der *She-mah-ne*-Farn wurde zerrieben und auf juckende Hände und Füße verteilt, und aus dem *Al-lah-wah-tah-wah-ku*-Kraut wurde mit kaltem Wasser eine hellgrüne Infusion zubereitet, die bei Befall mit Magenwürmern getrunken wurde.

Boss war tatsächlich so flink, wie er behauptet hatte. Als der Medizinmann mir einen riesigen Urwaldbaum mit schmalen Brettwurzeln und gefurchtem Stamm zeigte, dessen Rinde als Schmerzmittel verwendet wurde, begann der Tirió ihn zu erklettern, bevor der Medizinmann seine Ausführungen beendet hatte. Wenn es sich um einen besonders glatten Baum handelte, der keine Ansatzpunkte für Hände oder Füße bot, suchte er einen *Po-no*-Baum, einen riesigen Verwandten des Paranußbaums mit glatter brauner Borke und gewaltigen Brettwurzeln. Von diesem schälte er einen langen Streifen Rinde ab und band die Enden zu Schlingen zusammen, in die er seine Füße schob, um dann, die Reibung der Rindenschlaufe nutzend, an dem glatten Stamm nach oben zu klettern. Als der alte Wayana auf einen wahrhaft riesigen Feigenbaum zeigte, dessen Saft als Wurmmittel benutzt wurde, fragte ich mich, was Boss nun wohl tun würde. Der Durchmesser des Stammes war zu groß, als daß er ihn mit den Armen hätte umklammern können. Der einfallsreiche Indianer erkletterte schnell den Nachbarbaum, bis er die Stelle erreichte, in der sich auf etwa 30 Meter Höhe die Kronen berührten, um so einige blühende Zweige des Feigenbaums für meine Sammlung abzubrechen.

Meine Aufzeichnungen wurden mit jedem Tag, den wir im Urwald unterwegs waren, umfangreicher. Das botanische Wissen des Wayana schien kein Ende zu nehmen. Manchmal sammelte er selbst Pflanzen, die er mir aber nicht erklärte. Ganz offensichtlich wollte er nicht all seine Rezepte mit mir teilen.

Ohne jede Frage war ich für den unnahbaren Schamanen nichts weiter als ein Schüler oder Lehrling, denn er fragte mich niemals über meine Arbeit aus. Dagegen baute ich zu Boss ein freundschaftliches Verhältnis auf. Er saß jeden Abend, wenn ich meine Notizen und Eindrücke niederschrieb, in meiner Nähe und beantwortete Fragen oder half mir, Unstimmigkeiten auszuräumen. Er war es auch, von dem ich etwas über die Geschichte Tepoes erfuhr.

«Wir befinden uns hier am östlichen Rand des Tirió- und an der westlichen Grenze des Wayana-Gebietes. Darum leben in diesem Dorf auch beide Stämme zusammen, trotz ihrer Verschiedenheiten. Im allgemeinen gelten die Tirió als die besseren Krieger, und sie fühlen sich eher im Wald heimisch. Die Wayana sind dagegen gute Kanufahrer. Wir Tirió sind gute Jäger, sie ausgezeichnete Fischer.

Früher lebten die meisten Wayana weiter südlich in Brasilien. Als sie einen Krieg gegen einen räuberischen Stamm, die wilden Wayapi, verloren, mußten sie über die Tumucamaque-Berge fliehen und gelangten so nach Surinam und Französisch-Guayana.

Vor etwa zwanzig Jahren kamen amerikanische Missionare aus Guyana auch zu den Tirió nach Surinam. Mein Stamm litt damals an den Krankheiten, die der weiße Mann mitgebracht hatte und die unsere Medizinmänner nicht heilen konnten. Die Weißen sagten, sie würden uns die Religion und die Medizin des einzigen wahren Gottes bringen. Wir nahmen beides an.

Die Wayana akzeptierten dagegen nur die Medizin des weißen Mannes, nicht aber seine Religion. Die meisten

Wayana leben in Französisch-Guayana, wo die Regierung missionarische Tätigkeit verboten hat. Deshalb ist es gut, daß du mit einem Wayana zusammenarbeitest. Sie leben noch so wie früher.»

«Es muß in Tepoe aber doch auch noch alte Tirió geben, die Heilpflanzen kennen», sagte ich.

«Ja, es gibt einige alte Männer, die etwas über Arzneien wissen. Der mächtigste von ihnen ist Mahshewah, von dem man sagt, er sei einst ebenso mächtig gewesen wie der alte Wayana. Morgen werde ich dich zu ihm bringen. *Kokoropah!* Gute Nacht!»

Am andern Tag führte mich Boss quer durch das Dorf zu einem Felsvorsprung oberhalb einer Flußbiegung. Dort saß ein Indianer in einem Rollstuhl und schaute aufs Wasser hinaus.

Einer der mächtigsten Medizinmänner dieses Gebietes saß in einem rostigen Rollstuhl – selbst die Erinnerung an diesen Anblick macht mich heute noch betroffen.

Als wir näher kamen, sagte Boss leise: «*Tamo*», so als wolle er den alten Mann nicht erschrecken. Dieser wandte uns das Gesicht zu und musterte mich. Um ihm meinen Respekt zu bezeugen, hielt ich die Augen gesenkt und schwieg.

«Komm näher», sagte er freundlich in Sranangtongo. Seine Stimme war sanft, aber fest. Er ergriff meine Hand und hielt sie fest, während er mir ins Gesicht schaute. Er trug ein verwaschenes altes Baumwollhemd und einen roten Lendenschurz. Seine Arme und Schultern waren kräftig, aber seine Beine waren verkümmert und unbrauchbar. Als er sich meinem Freund zuwandte, konnte ich erkennen, daß seine Nasenwand durchstochen war. Vermutlich hatte er früher während bestimmter Zeremonien Arafedern getragen.

«Sag ihm, er soll mir seinen Namen nennen», sagte der alte Mann.

«Du kannst es ihm selbst sagen, Großvater. Er spricht leidlich Sranangtongo und mehr recht als schlecht Tirió», sagte mein Freund, während er mir zublinzelte.

«Wie ich gehört habe, interessierst du dich für Pflanzen.

Warum kommst du dann in mein Dorf und arbeitest mit einem Wayana zusammen?» fragte Mahshewah.

Ich suchte nach einer Antwort. «Natürlich habe ich schon bei den Tirió im Westen von dir gehört, Großvater. Dein großer Ruf eilt dir voraus. Ich bin viele Monate bei den Tirió gewesen, um etwas über ihre Pflanzen zu erfahren. Jetzt möchte ich etwas von den Wayana lernen, um das Wissen dann zu vergleichen.»

Er nickte zustimmend. «Das war ein guter Anfang», sagte er, «aber nun kann nur ich dir noch weiterhelfen.»

«Laß uns allein», sagte er zu Boss, der augenblicklich gehorchte. Der alte Mann drehte seinen Stuhl wieder zum Fluß, und ich setzte mich neben ihm auf die Erde.

«Einst war ich der gefürchtetste Mann in der ganzen Region», begann er. «Jeder hatte Angst vor meinen Flüchen; alle Pflanzen und Tiere des Urwalds hörten auf mein Kommando und taten, was ich sagte. Nachts schlief ich unter Wasser und vereinigte mich mit den Geistern des Flusses. Diese Tage sind allerdings lange vorbei...»

Einige Zeit saßen wir ruhig da und sahen auf den Fluß. Die Sonne stand hoch am Himmel. Der alte Mann wendete seinen Rollstuhl.

«Morgen abend komme ich in deine Hütte», sagte er und fuhr den Pfad ins Dorf hinunter.

Als er außer Sichtweite war, ging ich zur Hütte meines Freundes, um mehr über diesen ungewöhnlichen Mann zu erfahren. Boss saß in seiner Hängematte und schnitzte Pfeilspitzen. «Erzähl mir mehr über Mahshewah», bat ich ihn.

«Als ich noch ein Junge war», begann Boss, «war er der wichtigste *Piai* der Tirió. Ich weiß nicht, ob er schon von Geburt an lahm war oder ob sein Leiden erst später durch eine Krankheit verursacht wurde, aber solange ich mich erinnern kann, ist er behindert. Ich weiß noch sehr gut, wie er damals mit Pfeil und Bogen in den Urwald kroch, um zu jagen. Er hatte eine Familie, die er selbst ernährte, wenngleich ihm seine Brüder bei der Bewirtschaftung seines Gartens halfen.

Als die Missionare Mitte der sechziger Jahre in unser Dorf

kamen, gehörte er zu ihren erbittertsten Gegnern. Einige Kinder des Stammes litten an Krankheiten, die er nicht heilen konnte. Daraufhin behaupteten die weißen Männer, sie hätten sowohl die Religion als auch die Medizin des einzigen wahren Gottes, und bald darauf schenkten sie ihm einen Rollstuhl. Dann herrschte eines Morgens unten am Fluß große Aufregung. Der alte Tirió-Medizinmann war mit seinem Rollstuhl ans Ufer hinuntergefahren und hatte erklärt, daß die Missionare ihn davon überzeugt hatten, seine alten Tätigkeiten aufzugeben. Er warf sein Zauberamulett in den Fluß, ebenso seine *Maraca*, die heilige Rassel, die er bei Heilzeremonien benutzt hatte. Die Missionare sagten, jetzt könne er sicher sein, daß er in den Himmel komme und nicht in der Hölle schmoren müsse. Die Pflanzen hat er jedoch nicht vergessen, wenn er sie auch nicht mehr benutzt. Es gibt noch viel, was du von diesem Mann lernen kannst.»

Tags darauf befand ich mich wieder hinter dem alten Wayana im Urwald und dachte über die magischen Kräfte nach, die er angeblich besaß. Er war zweifellos eine beeindruckende, charismatische Persönlichkeit. Aber keine der Pflanzen, die er mir bisher gezeigt hatte, schien irgend eine magische Anwendung zu haben. Ich fragte mich, ob man seine Fähigkeiten vielleicht überschätzte oder ob er sie vor mir geheimhielt.

Unser erster Fund des Tages war ein kleiner Baum mit einer wohlriechenden Rinde, die ein wenig an Zimt erinnerte. Der Wayana erklärte, daß man aus den getrockneten Blättern einen erfrischenden Tee zubereiten konnte. Ich erkannte den Baum als Mitglied der Lorbeergewächse, die sich durch den charakteristischen Geruch ihrer, bei vielen Mitgliedern dieser Pflanzenfamilie vorhandenen, ätherischen Öle auszeichnen. Ätherische Öle waren auch für die übermäßige Abholzung einer Art verantwortlich, die nahe mit dem Baum verwandt ist, vor dem wir gerade standen:

Einer der begehrtesten Geruchsstoffe des Pflanzenreiches ist das Rosenholzöl, das aus dem südamerikanischen Rosenholzbaum gewonnen wird. Es wird für Parfüms, hochwertige Cremes, Seifen und Lotionen verwendet und dient der Geschmacksverbesserung in Süßigkeiten, Backwaren und alkoholischen Getränken. Das ätherische Öl wird durch Dampfdestillation aus dem Holz gewonnen, wozu der Baum normalerweise gefällt wird. Im brasilianischen Amazonasgebiet, aus dem das meiste Öl stammt, benutzt man mobile Destillieröfen, die im Urwald aufgebaut werden, und die Waldarbeiter fällen dann jeden Rosenholzbaum im Umkreis von 50 Kilometern. Da man sich nicht die Mühe der Wiederaufforstung macht, ist der Baum in weiten Bereichen seines früheren Verbreitungsgebietes bereits verschwunden. Zwar gibt es Experimente, die vermuten lassen, daß das ätherische Öl auch aus den Blättern und Zweigen gewonnen werden kann, also ohne die Bäume zu fällen, aber die Hersteller von Rosenholzöl zeigen bisher keine Bereitschaft, ihr zerstörerisches Verfahren zu modifizieren.

Unser nächster Fund war ein riesiger Urwaldbaum, den die Wayana *Ah-ku-de-tu-mah* nennen, ein Verwandter des Kakaobaums. Boss kletterte auf den Baum und warf einige Zweige herunter. Diese trugen an ihren Enden wohlriechende gelbgrün gestreifte Früchte, die länglichen Zitronen ähnelten. Der alte Mann sagte, daß diese Früchte zur Lieblingsnahrung der Agutis gehörten und daß man sich gut in der Nähe auf die Lauer legen könne, um diese Tiere am Ende der Regenzeit zu jagen. Er entfernte an einem der Äste ein Stück der Rinde, und sofort trat ein weißes Harz aus. Wie er mir erklärte, könnte man es auf offene Wunden streichen, um deren Heilung zu beschleunigen.

Ebenso wie der wilde Kakao wird auch die Passionsblume in doppelter Hinsicht geschätzt: Sie liefert eßbare Früchte (die sogenannten Maracujas) und hat einen therapeutischen Wert. Die rötlichen Früchte gehören zu den Lieblingsspeisen der Indianer, während der Saft der Pflanze äußerlich zur Behandlung von Gonorrhö und innerlich zur Bekämpfung von Nierensteinen angewendet wird. Ihren Namen bekam diese Pflanze, weil ihre Blüte an die Dornenkrone Christi erinnern soll.

Als nächstes kamen wir zu einem *Wah-me-do*-Baum, einem Mitglied der Familie der Myrtengewächse, der am Ufer des Flusses wuchs. Der alte Schamane erklärte mir, daß ein Warmwasser-Aufguß mit der beigefarbenen Rinde für Bäder benutzt wird, um Schwäche, Unwohlsein und Appetitlosigkeit zu bekämpfen. Er ließ mich die kleine rötlich-purpurfarbene Frucht probieren, die ich allerdings ziemlich sauer fand. Wie ich später erfuhr, gibt es Verwandte dieser Pflanze, die sehr viel schmackhafter sind, beispielsweise der *Camu-camu*. Er ist hauptsächlich im westlichen Amazonasgebiet verbreitet, und die Früchte lassen sich zu einem schmackhaften Saft oder einer leckeren Eiscreme verarbeiten. *Camu-camu*-Früchte enthalten dreißigmal so viel Vitamin C wie Zitronen. Wie man errechnet hat, ist der Urwald, in dem es reichlich *Camu-camu*-Bäume gibt, etwa doppelt so viel wert wie die für Viehweiden gerodete Fläche.

Unser nächster Halt galt einer der seltsamsten Pflanzen im Amazonasgebiet: Es handelte sich um eine Liane mit dem lateinischen Namen *Gnetum*, die gern auf über den Flüssen hängenden Ästen wächst. Diese Gattung wird zu den Nacktsamern gerechnet, also zu einer Gruppe, zu der auch unsere Nadelbäume gehören. Man nimmt an, daß Gymnospermen wie Fichte und Tanne (zusammen mit Farnen und Palmfarnen) im Amazonasgebiet einst weit verbreitet waren; heute gedeihen diese Pflanzen eher in gemäßigten Zonen und in größeren Höhen.

Was mich an dieser Pflanze faszinierte, war aber nicht, daß sie zu den ältesten der Erde gehört, sondern der Name, den mir der Medizinmann der Wayana nannte: *Kwe-i-ah-ku-wah-nu-puh*, was etwa soviel bedeutet wie «Des Medizinmanns Teufelsgeist». Wie er sagte, benutzte er die Liane zur Bekämpfung von Appetitlosigkeit.

Ich fragte ihn, was der Name zu bedeuten habe, aber er blickte mich nur an und verweigerte die Antwort. Als der Medizinmann außer Hörweite war, stellte ich Boss dieselbe Frage; aber auch dessen Lippen blieben verschlossen.

Am Abend des gleichen Tages saßen der Schamane, Boss und ich in meiner Hütte und bearbeiteten unser Pflanzenmaterial. Während der Ausflüge im Dschungel steckte ich alle Pflanzen einfach in einen großen Baumwollbeutel, und abends trafen wir uns dann erneut, ich leerte den Beutel aus, überprüfte noch einmal die Informationen, die mir der Medizinmann gegeben hatte, bevor ich das Material in meine Pflanzenpresse tat und über dem Küchenfeuer zum Trocknen aufhängte.

Häufig versammelten sich neugierige Dorfbewohner, wenn wir die Ausbeute des Tages aufarbeiteten. Als wir an diesem Abend gerade damit anfangen wollten, teilte sich die Menge, und Mahshewah rollte mit seinem Rollstuhl in die Hütte. Er und der alte Wayana würdigten einander keines Blickes. Offensichtlich gab es zwischen ihnen so etwas wie Konkurrenzdenken und sicherlich auch eine ganze Menge Abneigung.

«Ich bin gekommen, um sicherzugehen, daß du auch verstehst, wie man diese Pflanzen korrekt anwendet», sagte Mahshewah. Aus den Augenwinkeln konnte ich erkennen, wie der alte Wayana angesichts dieses Angriffs auf seine Kompetenz erstarrte. Ich wurde nervös, da ich einen Streit zwischen den beiden mächtigen alten Zauberern befürchtete, die beide den Eindruck machten, als würden sie nichts unversucht lassen, um ihren Rivalen zu demütigen.

Der Wayana nahm die erste Pflanze auf. «Der Name dieser Pflanze ist *Uh-pe*», sagte er. «Man benutzt sie, um eine Lösung herzustellen, mit der man entzündete Augen behandeln kann.»

«Zeig her», sagte der Tirió. Er schaute die Pflanze sorgfältig an und sagte dann: «In meiner Sprache heißt sie *Weh-da-ka-la-ah-tuh-pe-lu*. Wir benutzen sie gegen Fieber.»

Ich schrieb so schnell mit, wie ich konnte. Die Spannung zwischen den beiden Männern war beinahe greifbar, als der Wayana in dem Pflanzenhaufen wühlte und ein Pfeffergewächs mit hellgrünen Blüten herauszog. «*Ko-no-lo-po-kan*», sagte er. «Sehr gut gegen Zahnfleischbluten.» Er gab mir die Pflanze, und ich wollte sie an den Tirió weitergeben.

«Die muß ich mir gar nicht genauer ansehen», sagte Mahshewah. «Das ist *No-lo-e-muh* – wirkt bei Herzproblemen.» Er deutete in den Berg unsortierter Pflanzen und sagte: «Gib mir die da oben mal her.»

Ich gab ihm die verlangte Pflanze, bei der es sich ebenfalls um ein Pfeffergewächs handelte.

«Diese hilft ebenfalls bei Herzproblemen. Die gesamte Pflanze wird zerrieben und in einem Topf mit Wasser erhitzt. Mit der Lösung reibt man sich dann ab.»

Der Wayana unterbrach ihn. «Ich benutze keine von beiden bei Herzbeschwerden. Mit dieser Art bekämpfe ich schwarze Hautwürmer.»

Ich nahm einen Zweig mit gelben Früchten, die der Wayana *Pah-tu-ah* genannt hatte.

«Wie nennen die Tirió diese Pflanze?» fragte ich.

«In meiner Sprache heißt sie *Kah-mah-ke*», antwortete Mahshewah. «Ich benutze sie manchmal, um die Heilung offener Wunden zu beschleunigen.»

«Wie wird sie angewendet?» fragte der Wayana, der offensichtlich überrascht war.

«Der Milchsaft wird auf die Wunde gestrichen.»

«Ich mache es genauso», sagte der Wayana. Die beiden Medizinmänner hatten eine gemeinsame Grundlage gefunden, und die Spannung ließ ein wenig nach.

«Was ist mit dieser hier?» fragte einer der umstehenden Tirió den alten Wayana und zeigte auf den Zweig des wilden Kakaobaums. «Habt ihr dafür auch eine Verwendung?»

«Ich pflege damit geschwollene Hoden zu behandeln. Was machst du damit?» fragte er Mahshewah.

«Ich benutze die Pflanze häufig bei Ameisenbissen. Wenn man die Rinde auf der Stelle zerreibt, an der man gebissen wurde, läßt der Schmerz sehr schnell nach.»

So ging es von nun an jeden Abend: Boss und ich kamen mit einer Ladung Pflanzen, die der Wayana uns gezeigt hatte, aus dem Urwald. Mahshewah pflegte dann jede einzelne zu untersuchen, sagte mir den Namen in der Sprache der Tirió und die entsprechende Anwendung, sofern es eine gab. In vielen Fällen wurden die Pflanzen von beiden Stämmen benutzt, wenngleich häufig verschiedene Teile der Pflanzen verwendet wurden und diese vielfach für unterschiedliche Zwecke. Manchmal sagte der Wayana, er würde eine bestimmte Art für diese oder jene Behandlung verwenden, und oft genug gab der Tirió dann zu, er wisse nicht, daß man diese Pflanze für dieses Gebrechen verwenden könne. Normalerweise nannte er dann aber den Tirió-Namen einer anderen Pflanze, mit der er eine solche Krankheit behandelte, und mit Hilfe von Boss konnte ich diese Pflanze dann am nächsten Tag ebenfalls finden. Auf diese Weise gelang es mir, zwei- oder dreimal so viel Informationen zu bekommen, als wenn ich mit nur einem Schamanen gearbeitet hätte. Diejenigen Pflanzen, die mehr als eine Anwendung hatten, interessierten mich besonders, denn wenn eine Pflanze bei verschiedenen Leiden angewendet wird, ist es wahrscheinlich, daß sie eine aktive chemische Substanz enthält, und es lohnt sich dann häufig, sie im Labor näher zu untersuchen.

Eines Morgens überquerten wir einen Fluß, um in einem hügeligen Gebiet zu sammeln, in dem ich hoffte, neue Pflanzen zu finden. In dieser Gegend hatten die Wayana ihre Gärten. Während wir die Felder entlanggingen, stellte ich nur wenige Unterschiede zu den Anpflanzungen der Tirió fest. Maniok wuchs wild mit Melonenbäumen durcheinander, dazwischen gab es Paprikabüsche, Zuckerrohr und Yamspflanzen. Der Botaniker Edgar Anderson analysierte einmal einen ähnlichen Indianergarten in Guatemala. Dieser wirkte so verwildert, daß er zuerst glaubte, er würde nicht mehr bewirtschaftet.

Aber nachdem er die Anpflanzung näher untersucht hatte, bemerkte er die geniale Zusammenstellung des Gartens.

Legte man nordamerikanische oder europäische Maßstäbe an, dann hatten wir hier einen Gemüsegarten, einen Obstgarten, einen Garten für Heilpflanzen, einen Abfallhaufen, einen Komposthaufen und einen Bienenzaun vor uns. Obwohl er sich an einem relativ steilen Hang befand, gab es keine Erosionsgefahr, da es augenscheinlich während des gesamten Jahres praktisch keine freiliegende Erde gab. So konnte die Feuchtigkeit auch in der Trockenzeit gehalten werden, und die einzelnen Pflanzen der gleichen Art standen so weit voneinander entfernt, daß Ungeziefer und Krankheiten sich nicht so einfach von Pflanze zu Pflanze ausbreiten konnten.

Europäer und weiße Amerikaner behaupten oft, daß die Zeit für Indianer keine Bedeutung hat. Dieser Garten schien mir allerdings ein gutes Beispiel dafür zu sein, daß die Indianer die Zeit sehr viel effektiver einteilen als wir, denn der Garten lieferte kontinuierlich Nahrungsmittel, ohne daß man sehr viel Zeit investieren mußte. Sollte sich jemand die Mühe machen, solche Gärten einmal genauer zu untersuchen, dann wird er, wie ich glaube, feststellen, daß sie sehr viel produktiver sind als unsere, wenn man Maßstäbe wie Kilogramm Gemüse und Früchte pro Arbeitsstunde und pro Quadratmeter Boden zugrunde legt. Ich würde also nicht nur nicht behaupten, daß Zeit den Indianern nichts bedeutet, sondern bin sogar sicher, daß sie ihnen so viel bedeutet, daß sie keine Lust haben, sie mit so nutzlosen Anstrengungen zu vergeuden, wie wir es häufig tun.

Plötzlich deutete Boss auf ein kleines Kraut, das zwischen verkohlten Baumstümpfen wuchs: «Schau, was wir hier haben!» Ich schaute mir die Pflanze genau an, aber alles, was ich feststellen konnte, war, daß sie zu den Hülsenfrüchtlern gehörte.

Boss zog das Kraut samt Wurzeln aus der Erde, und ich mußte lachen. Es handelte sich um eine Erdnußpflanze! Da die Nüsse unter der Erde wachsen, übersieht man sie leicht.

Seltsamerweise hatte ich in den Gärten der Tirió nie Erdnüsse gefunden, obwohl sie im zentralen Südamerika beheimatet sind, wo sie schon vor über 3000 Jahren gezüchtet wurden. Überreste von Erdnüssen, die aus der Zeit vor der Entdeckung Amerikas stammen, hat man zusammen mit Mumien in Peru gefunden. Schon 1492 hatte sich die Erdnuß bis nach Mexiko ausgebreitet. Im östlichen Brasilien wurde die Pflanze dann von den Portugiesen entdeckt und nach Westafrika gebracht, wo sie sehr schnell zu einem wichtigen Nahrungsmittel wurde. Da Erdnüsse sehr nahrhaft sind (sie haben mehr Protein als ein Steak, mehr Fett als Sahne und mehr Energie als Zucker), außerdem billig waren und nicht gereinigt werden mußten, bekamen afrikanische Sklaven während ihrer höllischen Überfahrt in die Neue Welt oft nichts weiter zu essen als diese Nüsse. Heute erinnern fast nur noch die Spuren, die die Erdnuß in den Kochbüchern aller Kontinente hinterlassen hat, an ihre Reise um die Welt: In der indonesischen Küche ist sie Grundlage für die scharfe Satay-Sauce, in Westafrika macht man eine Erdnußsuppe daraus und in Szetschuan ist sie Bestandteil des feurigen Kung Pao.

Obwohl sie schon lange im gesamten Süden der USA angebaut wurde, gewann die Erdnuß erst an Bedeutung, als hungrige Soldaten sie während des Bürgerkriegs entdeckten. Nach dem Krieg wurden Erdnüsse dann von Straßenhändlern angeboten, sowie bei Baseballspielen und Zirkusvorstellungen. Erdnüsse waren auch in den billigeren Rängen des Theaters ein sehr beliebter Knabberspaß, so daß diese Plätze als «Erdnußränge» bekannt wurden.

Gerade zu der Zeit, als die Baumwollproduktion aufgrund des erschöpften Bodens und durch den Befall des Baumwollringlers, eines Rüsselkäfers, zurückging, erhielt die Erdnußindustrie starken Auftrieb, da man herausfand, daß der Anbau von Erdnüssen den Boden wieder anreicherte und daß diese Pflanzen auch sehr resistent gegen Ungeziefer waren. In der Folge wurden über 300 Produkte erfunden, die sich aus Erdnüssen herstellen ließen, darunter Mayonnaise, Rasiercreme und Kunststoff.

Die amerikanische Erdnußindustrie wuchs noch einmal, als die Japaner während des Zweiten Weltkrieges weite Teile Südostasiens eroberten. Die dortigen Plantagen hatten die USA zuvor mit Kautschuk (von *Hevea*-Bäumen, die aus dem Amazonasgebiet stammten), Chinin (von den Chinarindenbäumen, die in den Anden heimisch sind) und Öl (von Kokospalmen aus dem Südpazifik) versorgt. Die amerikanischen Farmer begegneten der Knappheit dieser Produkte dadurch, daß sie ihre Erdnußanpflanzungen erweiterten und so nicht nur Speiseöl erhielten, sondern auch Glycerin zur Herstellung von Sprengstoff. Man könnte also behaupten, daß diese indianische Pflanze die USA während des Zweiten Weltkriegs mit lebenswichtigen Nahrungsmitteln und mit Munition versorgte.

Nachdem wir die Gärten hinter uns gelassen hatten, kamen wir in ein Gebiet, in dem der Urwald einst gerodet worden war, das inzwischen aber wieder zuwuchs. Auf der einen Seite des Pfades standen einige kleine Bäume, die zur Familie der Hartheugewächse gehörten und deren Blätter auf der Oberseite grün und auf der Unterseite rostbraun waren. Mit einer schnellen Handbewegung machte der Wayana einen Schnitt in die Rinde eines dieser Bäumchen, die er *Wah-kah-pwe-mah* nannte. Nach kurzer Zeit tropfte langsam ein dicker gelber Latex aus der Schnittwunde. Er lief die Rinde hinab, wobei sich der Saft in ein leuchtendes Rot verwandelte.

Der alte Schamane zerrieb die Substanz zwischen Daumen und Zeigefinger. «Ist sehr gut gegen *Oxi*», sagte er, also gegen eine Krankheit, die sich durch weiße Flecken auf der Haut bemerkbar macht und vermutlich durch einen Pilz verursacht wird. Ich machte mir diesbezüglich eine spezielle Anmerkung, da schwere Pilzinfektionen der Haut durch die westliche Medizin immer noch nicht geheilt werden können. Später am Abend erzählte mir der alte Tirió, daß sein Stamm die Pflanze für die gleichen Zwecke nutzen würde. Die Inhaltsstoffe dieser Spezies, die Professor Schultes auch in Kolumbien gesammelt hat, werden derzeit von einer pharmazeutischen Firma genauer untersucht; erste Tests scheinen zu belegen, daß sie tatsächlich bei Pilzinfektionen wirksam ist.

Wir sammelten genug Pflanzen, um eine ganze Drogerie zu füllen: die Blätter des *Nah-puh-de-ot*-Baumes, die bei Krämpfen in den Füßen wirken; den Saft der *Tah-mo*-Liane, der bei Ohrenschmerzen eingesetzt wird, und den Saft der *Kam-hi-det*, der gegen Zahnschmerzen hilft. Wir fanden den riesigen *Ku-tah-de*-Baum, dessen Rinde eine gute Malariamedizin liefern soll, die biegsame *Ah-tu-ri-mah*-Kletterpflanze, deren Saft gegen Magenschmerzen getrunken wird.

Ich betrachtete meinen Lehrer als Arzt, als Heiler, der die Vielfalt des Lebens um uns herum nutzte, um Gebrechen, von denen die Menschheit betroffen ist, zu heilen. Aber damit war nur ein Aspekt seiner Fähigkeiten berücksichtigt. Der Schamane hielt vor einer langen, dicken Liane und schnitt sie mit einem einzigen Schlag in zwei Hälften. Sofort begann eine durchsichtige Flüssigkeit herauszutropfen, die man nach seinen Angaben trinken konnte. Ich fing ein paar Tropfen mit meiner Hand auf, als er sagte: «Wenn jemand dich mit einem Fluch belegt – jene Art von Zauber, von dem man Bauchschmerzen bekommt –, dann muß man sich mit einem Kaltwasseraufguß aus diesen Blättern abwaschen.»

Endlich hielt ich eine Pflanze in der Hand, von der der Medizinmann behauptete, sie würde gegen böse Flüche helfen! Ich nahm eine Probe und wartete auf eine Möglichkeit, dem Wayana weitere Fragen zu stellen.

Diese Chance ergab sich schon bald. Am späten Vormittag stießen wir auf eine verholzte Liane, die der alte Wayana *Te-da-te-da* nannte. «Wofür ist sie gut?» fragte ich.

«Nun», sagte er, «wenn dich jemand mit einem Fluch belegt, von dem du Magenschmerzen bekommst, dann mußt du dich mit dem Saft der Liane waschen, um geheilt zu werden.»

Dieses Gebrechen – und das dazugehörige Gegenmittel – war dem vorherigen so ähnlich, daß ich versuchte, mehr aus ihm herauszuholen.

«In meinem Land», begann ich, «kennen wir keine Pflanzen, um derartige Dinge zu behandeln. Jedenfalls kenne ich bei uns keinen Medizinmann, der weiß, wie man böse Flüche abwehrt.»

Der Wayana fiel jedoch nicht darauf herein, sondern ging schweigend weiter.

Da ich an den Sohn des Jaguar-Schamanen denken mußte, der die Stöckchen in seiner Hängematte gefunden und dann Selbstmord begangen hatte, ließ ich nicht locker.

«Weißt du, wie man jemanden mit einem Fluch belegt, der sehr weit fort ist?»

«Ja», antwortete er, ohne anzuhalten.

«Wie macht man es?» fragte ich und war selbst erstaunt über meine Unerschrockenheit.

Der Schamane drehte sich um und schaute mir direkt ins Gesicht. Seine schwarzen Augen blitzten vor Zorn. *«Yolok»*, fauchte er und ging weiter.

«Du solltest ihm keine weiteren Fragen stellen», warnte Boss. «Er wird nicht darüber sprechen, und ich möchte nicht, daß du ihn wütend machst.»

«Aber was ist ein *Yolok*?»

«*Yoloks* sind die bösen Geister eines Wayana-Schamanen. Sie werden ausgesandt, um Leute, die weit entfernt leben, zu töten oder krank zu machen. Laß es damit jetzt gut sein. Ich möchte nichts mehr dazu sagen, solange wir mit ihm zusammen im Wald sind. Wenn es an der Zeit ist, werde ich dir erzählen, was ich weiß. In seiner Gegenwart solltest du darüber nicht mehr sprechen!»

Jeder in seine eigenen Gedanken vertieft, gingen wir zurück ins Dorf.

An einem schwülen Nachmittag in der dritten Woche meines Aufenthalts kam ich von einem kurzen Bad im Fluß zurück, als einer der Tirió mich in seine Hütte einlud. Nachdem ich eingetreten war, sah er sich verstohlen um, legte einen Finger auf den Mund und winkte mir, ihm zu folgen. Auf Zehenspitzen ging der Indianer vor mir her ans hintere Ende der Hütte und deutete dort auf ein Gefäß, das von einem Dachsparren herabhing. Dann rieb er sich den Bauch, rollte verzückt die Augen und sagte: *«Tupunyeh!»* («Unglaublich lecker!»). Da ich nicht sehen konnte, was so appetitlich sein sollte, nahm ich das Gefäß herab und ging damit zu einem Spalt in der Wand, durch den Sonnenlicht hereinfiel.

Ich hätte den Behälter fast fallen lassen: Ein Dutzend oder mehr Insektenlarven, weiß und schleimig und etwa zehn Zentimeter lang und zweieinhalb Zentimeter dick, krümmten sich vom Licht geblendet.

«*Tupunyeh!*» sagte der glückliche Besitzer, griff in den Topf und stopfte eine der sich windenden Larven in den Mund, um sie dann mit geschlossenen Augen und einem entrückten Lächeln auf den Lippen zu verspeisen. Dann gab er die Reste der Delikatesse in einen verbeulten Blechtopf und stellte diesen ins Kochfeuer. Als der Inhalt zu zischen begann, griff er hinein und zog eine der Larven heraus. Zu meinem Entsetzen hielt er sie direkt vor mein Gesicht, womit er ohne Zweifel andeuten wollte, daß ich den leckeren Happen probieren sollte. Nur mühsam Brechreiz unterdrückend, murmelte ich etwas von «schrecklichen Magenschmerzen» und machte mich so schnell wie möglich aus dem Staub.

Auf dem Weg zu meiner Hütte rekapitulierte ich, was ich über Insektenlarven wußte. Die Indianer verschaffen sich diese Leckerbissen, indem sie Palmen fällen und sie im Urwald liegenlassen, denn bestimmte Käfer legen ihre Eier gern in vermoderndes Holz; mit etwas Glück können die Eingeborenen bald darauf die geschlüpften, von ihnen so sehr geschätzten Larven ernten. Diese sind reich an Fett und Proteinen, und man behauptet, sie schmeckten so ähnlich wie Speck. Ich gestand mir ein, daß ich einen Fehler gemacht hatte. Der Erfolg meiner Feldarbeit war nicht zuletzt auch darauf zurückzuführen, daß ich bereit gewesen war, die einheimischen Bräuche und Eigenarten zu respektieren – und dazu gehörte auch, nahezu alles zu essen, was man mir anbot. Da ich mir sagte, daß die Larven inzwischen gekocht sein und sich zumindest nicht mehr winden würden, wenn ich sie hinunterschluckte, drehte ich mich um und ging zurück zur Hütte des Madenbesitzers.

Dieser lag nun in seiner Hängematte, eine Hand hinter dem Kopf, die andere auf seinem Bauch.

«Darf ich eine Larve probieren?», fragte ich.

Der Mann lächelte verschmitzt. «*Awah*», sagte er. «*Wakin.* Nein, es sind keine mehr da.»

«Sie sind schon alle?»

«*Tupunyeh!*» sagte er. «Lecker!» und drehte sich auf die Seite.

Als ich eines Tages ein schweres Bündel Pflanzen ins Dorf zurücktrug, spürte ich plötzlich wieder eine alte Sportverletzung oberhalb meines linken Ellbogens. Als ich mir die Verletzung seinerzeit zugezogen hatte, war ich bei verschiedenen Ärzten gewesen, die mir entzündungshemmende Pillen, Wärmebehandlungen, Kältebehandlungen, Ultraschall und sogar Akupunktur verschrieben hatten, allerdings ohne Erfolg. Einer der Ärzte pumpte meinen schmerzenden Ellbogen sogar so mit Kortison voll, daß ich den Arm zwei Tage lang nicht benutzen konnte. Einige Behandlungen schlugen kurzfristig an, aber meist kehrten die Schmerzen spätestens nach einer Woche wieder zurück.

Als diese alte Verletzung im Land der Wayana wieder aufflammte, war mein erster Gedanke, einen Arzt aufzusuchen; aber mir wurde natürlich schnell klar, daß der Medizinmann die einzige Hilfe im Umkreis von 150 Kilometern war. Am Morgen, nachdem die Schmerzen angefangen hatten, erschienen er und Boss morgens in meiner Hütte, um mit mir zusammen in den Urwald zu gehen.

«Großvater», sagte ich, «ich habe mich verletzt und scheine etwas von deiner Medizin zu benötigen.»

Er schaute mich an und zog seine Augenbrauen hoch, als glaubte er, ich würde versuchen, ihn auf die Probe zu stellen. Dann drehte er sich zu Boss um und forderte ihn auf: «Sag ihm, wenn er behandelt werden will, muß er zahlen.»

«Wieviel?» fragte ich, ein wenig erstaunt über dieses unverfrorene kapitalistische Verhalten.

Meine schnelle Einwilligung schien den alten Medizinmann zu überraschen.

«Nun», sagte er. «Ich weiß nicht genau. Vielleicht einige Angelhaken. Aber du mußt nicht zahlen, bevor ich dich wieder gesund gemacht habe.»

Bis er mich wieder gesund gemacht hatte? Hier gab es also ein Gesundheitssystem mit eingebauter Kostenkontrolle!

Der alte Mann forderte mich auf, meine Beschwerden zu beschreiben. Nachdem er mir einige sehr detaillierte Fragen gestellt hatte, begann er, meinen Arm so sorgfältig wie ein Orthopäde zu untersuchen. Er spreizte meinen Ellbogen vom

Körper ab und beobachtete die Bewegungen des Gelenks, während ich den Arm streckte und beugte. Dann drückte er mit dem Daumen auf den Ellbogen, während ich die Muskeln anspannen mußte. Schließlich setzte er sich hin, rieb sich das Kinn und sagte: «Heute wirst du nicht im Urwald arbeiten. Ich werde einige Pflanzen sammeln und eine Heilzeremonie vorbereiten.»

Kurz angebunden wie immer verließ er mich, um seine Arzneien vorzubereiten. Boss machte ein besorgtes Gesicht. «Gehört das zu deiner Forschung, oder hast du wirklich Schmerzen? Wenn du nur wissen willst, wie die Zeremonie abläuft, hättest du mich fragen können. Es ist keine gute Idee, ihn die Geister rufen zu lassen, wenn die Verletzung nur vorgetäuscht ist.»

Ich versicherte ihm, mein Arm sei wirklich nicht in Ordnung und ich wisse sehr wohl, daß man mit dem alten Medizinmann nicht spielte.

Am späten Nachmittag kam der Schamane zurück; seine dunklen Augen glühten, als könne er es kaum erwarten, die geheimnisvollen Heilkräfte herbeizurufen. In der linken Hand hielt er einen Baumwollbausch, den er im Garten gepflückt und mit einer Mischung aromatischer Pflanzenöle getränkt hatte. Damit betupfte er die schmerzende Stelle und massierte die Substanz dann mit dem Daumen ein. «Aus welchen Pflanzen hast du diese Öle gewonnen?» fragte ich.

Er zog die Augenbrauen hoch, als wollte er sagen: «Berufsgeheimnis!» Anschließend steckte er den Baumwolltupfer in den Gürtel seines Lendenschurzes und forderte mich auf, ihm zu folgen. Wir gingen durch die Maniokpflanzungen in den Dschungel und kamen nach etwa einer Stunde auf eine kleine Lichtung, auf der er einen einfachen Unterstand aus *Maripa*-Palmblättern gebaut hatte. Er sagte mir, ich solle mich unter das Schutzdach auf den Boden legen.

Ich begann, ein wenig nervös zu werden. Seit meiner Reise zu den Marons hatte ich sehnsüchtig darauf gewartet, erneut an einem Heilritual teilnehmen zu können, und obwohl mir viel daran lag, die jahrhundertealte Tradition mitzuerleben, mußte ich doch immer wieder daran denken, daß der alte Wayana dafür bekannt war, böse Flüche über die Menschen zu bringen. Ich war für ihn nichts weiter als ein Fremder, der außerdem in einem Dorf gearbeitet hatte, dem er ganz offensichtlich nicht wohlgesinnt war, da er es mit einem Zauber belegt hatte. Aber dann sagte ich mir, ich sei schließlich hier, weil ich eine Zeitlang so leben wollte wie die Indianer. Also atmete ich tief ein und streckte mich dann auf dem Boden aus.

Inzwischen brach die Dämmerung herein, so daß nur noch wenige Sonnenstrahlen in den Unterstand fielen. Der Schamane rollte ein trockenes Tabakblatt zu einem Zylinder zusammen und steckte es in eine Pfeife, die aus der braunen Frucht des *Po-no*-Baums, eines Verwandten des Paranußbaums, gefertigt war. Anschließend streute er zerriebene Kräuter auf den Tabak, zündete die Pfeife an und setzte sich neben mich. Der Geruch des muffigen Tabaks und der süßen, aromatischen Kräuter erfüllte den kleinen Unterstand. Mit der rechten Hand schloß er vorsichtig meine Augen und stimmte dann einen Sprechgesang an, um, wie Boss mir später erklärte, die Geister anzurufen. Danach herrschte eine Weile Ruhe, während wir auf die Mächte warteten, die er gerufen hatte. Plötzlich merkte ich, daß eine der Hüttenwände heftig zu wackeln begann, als sei irgend jemand oder irgend etwas hindurchgefahren. Gleich darauf stöhnte der Schamane auf und begann einen Dialog mit jemandem, der durch ihn zu sprechen schien. Dieses Gespräch zog sich nach meinem Empfinden über Stunden hin. Ich fiel langsam in einen traumartigen Zustand und fühlte mich, als würde ich tiefer und tiefer in ein riesiges Federbett sinken. Irgendwann begann die Wand dann wieder zu wackeln, als sei unser Besucher gegangen, und der Medizinmann ergriff vorsichtig mein linkes Handgelenk, hob meinen Arm, blies etwas von dem magischen Rauch auf meinen Ellbogen und massierte ihn mit seinem Daumen. Das wiederholte er dreimal, um dann die Stelle noch einmal mit dem Baumwolltupfer einzureiben.

Schließlich begann der alte Medizinmann erneut mit seinem Sprechgesang, und ich bemerkte, daß mein Körper langsam wie ein trockenes Blatt im Herbstwind davonschwebte. Gleich darauf sank ich herab und fand mich auf einem weichen Moosbett wieder. Aber auch dieser Zustand währte nicht lange, denn ich glitt plötzlich unter das Dach der Hütte und sah von dort auf den Schamanen herab, der Tabakrauch auf meinen Körper blies.

Während der Schamane mit seinem Sprechgesang fortfuhr, fühlte ich meinen Körper auf den Boden der Hütte zurücksinken. Das war meine letzte Erinnerung, denn ich kam erst wieder zu mir, als mich der Medizinmann sanft weckte. Er half mir auf die Beine, da ich mich ein wenig schwindelig und unsicher fühlte, und dann gingen wir zu dem Pfad, der ins Dorf zurückführte. Es herrschte Vollmond, dessen Licht den Dschungel in ein unheimliches, leuchtendes silbernes Glühen tauchte.

«Warte hier!» befahl der Medizinmann und verließ den Pfad. Wenig später kehrte er zurück. Seine rechte Faust war geschlossen. Langsam öffnete er die Hand, und ich konnte drei kleine spitze Stöckchen entdecken.

«*Yolok peleu*», sagte er. «Die Pfeile der bösen Geister.»

Er schloß die Faust und öffnete sie dann erneut. Jetzt war sie leer. Ich war in diesem Augenblick zu ängstlich, um weitere Fragen zu stellen.

Als ich Boss am nächsten Tag meine Erlebnisse berichtete, erklärte er mir das Heilritual.

«Die Wayana glauben, daß wir alle eine Art Geist in uns haben, der *Akawale* genannt wird – etwas, das die Missionare ‹Seele› nennen würden. Der alte Wayana hat gesagt, daß dein *Akawale* zwar nicht durchlöchert ist, was vermutlich bedeuten würde, daß dich jemand verhext hat, aber du hast eine schwache Stelle in deinem ‹Geister-Ellbogen›. Dort versuchen die bösen Mächte, die uns ständig umgeben, einzudringen. Er hat nun versucht, diese schwache Stelle in deinem *Akawale* auszubessern.»

Für mich war diese Heilungszeremonie ein entscheidendes Ereignis, etwa meinem Traum vom Jaguar drei Jahre zuvor vergleichbar. Ich merkte, daß es mir gelungen war, meine Vorurteile beiseite zu schieben und die Welt des alten Wayana zu betreten. Bei dem Ritual ging es nicht nur um die Heilung meines Ellbogens, sondern ich konnte auch einen kurzen Blick in die vollkommen andere Realität werfen, in der der Schamane zu Hause war und die ich für kurze Zeit besuchen durfte. Ich glaube, daß ich trotz der Kürze dieses Zeitraums ein willkommener Besucher gewesen bin, und der Schamane deutete mir das an, indem er mir die Pfeile des bösen Geistes zeigte – vielleicht dieselben Pfeile, die in der Hängematte des Sohnes des Jaguar-Schamanen gelegen hatten. Ich sah gute und böse, Weiße und Schwarze Magie in einer Weise verschmolzen, daß die Grenzen dessen, was einst eindeutig erschien, aufgelöst wurden.

Daß der Schamane Tabak in meiner Heilzeremonie benutzt hatte, war nichts Besonderes, sondern ist in der Tradition der Schamanen anderer Indianerstämme ebenfalls üblich. Wie bei so vielen Pflanzen, die einst von den südamerikanischen Indianern entdeckt und domestiziert wurden, wissen die heutigen Konsumenten von Tabak wenig über die eigentliche Pflanze. Die moderne Geschichte des Tabaks begann am 5. November 1492, als die spanischen Seeleute Rodrigo de Jérez und Luis de Torres von einer viertägigen Expedition ins Innere Kubas zurückkehrten und ihrem Kapitän Christoph Kolumbus von einem eigenartigen Ritual berichteten, das sie bei den Eingeborenen der Insel beobachtet hatten. Die Indianer hatten getrocknete Blätter zu einem Zylinder zusammengerollt, angezündet und begonnen, den Rauch zu «trinken», zu «schlucken», zu «kauen» oder «einzusaugen». Das Verb «rauchen» existierte in der spanischen Sprache noch nicht, so daß die Seeleute Schwierigkeiten hatten, das Geschehen genau zu beschreiben.

Dagegen war der Gebrauch des Tabaks in der Neuen Welt schon weit verbreitet. Nahezu alle Stämme in Nord-, Zentral- und Südamerika sowie in der Karibik benutzten Tabak in irgendeiner Form. Die braunen Blätter wurden geraucht, geschnupft, geleckt, gekaut und sogar als Klistier verwendet. Die Indianer Südamerikas und der Westindischen Inseln rauchten Zigarren, die Zentralamerikas Zigaretten, wogegen in Teilen Mexikos und im östlichen Nordamerika die Pfeife benutzt wurde.

Die Gewohnheit der nordamerikanischen Indianer, während des Rauchens die Pfeife von einem zum anderen weiterzugeben, hat botanische Ursachen. Es gibt in der Gattung *Nicotiana* mehr als sechzig Arten, von denen aber nur zwei von den Indianern kultiviert wurden. Vor der Entdeckung Amerikas benutzten die Indianer der Tropen *Nicotiana tabacum*, also die Pflanze, die den heute verwendeten Tabak liefert. Die nordamerikanischen Indianer bauten dagegen *Nicotiana rustica* an, eine Art, die viermal soviel Nikotin enthält. Nach Ansicht von Professor Schultes erklärt der hohe Anteil von Nikotin in dem Tabak der nordamerikanischen Indianer, warum diese die Pflanzen hauptsächlich bei Zeremonien verwendeten und nicht im täglichen Gebrauch, denn ein Lungenzug mit dem nordamerikanischen Tabak war so kräftig, daß die Pfeife in einer großen Gruppe herumgereicht werden mußte, damit der Raucher sich zwischen den einzelnen Zügen erholen konnte.

Die südamerikanischen Indianer schrieben dem Tabak heilende Kräfte zu. Schon Mitte des 16. Jahrhunderts beobachteten die Europäer den Gebrauch des Tabaks in Heilzeremonien der Schamanen. Girolamo Benzoni, ein Historiker, der an einer der frühen Expeditionen in die Neue Welt teilnahm, beschrieb 1565 ein solches Ritual.

Wenn ihre Ärzte auf Hispaniola oder den anderen Inseln einen kranken Mann heilen wollen, gehen sie zu einem Ort, wo der Kranke dem Rauch ausgesetzt wird, und wenn dieser davon völlig berauscht ist, sind die Heilungsaussichten am vielversprechendsten. Wenn er wieder zu Sinnen kommt, erzählt er unzählige Geschichten, daß er am Sitz der Götter gewesen sei, oder andere seltsame Visionen.

Auch in Europa wurde der Tabak zunächst als Medizin eingeführt und gegen die unterschiedlichsten Dinge eingesetzt, etwa bei Schlangenbissen oder gegen Malaria. In Lon-

214

don rauchte und schnupfte man ihn, da er angeblich die Pest abwehrte.

Nachdem das Rauchen relativ schnell populär geworden war, sorgte die süchtig machende Natur des Nikotins dafür, daß das Heer der Raucher schnell größer wurde. Um die große Nachfrage befriedigen zu können, brachten die Engländer *Nicotiana tabacum* in ihre Überseekolonie Virginia, wo sich der Tabak bald darauf zu einem gewinnbringenden Anbauprodukt entwickelte.

Ich weiß nicht, wie wichtig die Rolle des Tabaks bei meiner Behandlung war, aber die Schmerzen in meinem Ellbogen hörten einige Tage später auf und kamen in den nächsten sieben Monaten nicht wieder. Als Bezahlung für die Behandlung gab ich dem alten Wayana zwei Macheten und eine Feile zum Schärfen. Als ich ihn jedoch bat, mir das Ritual zu erklären und anzugeben, welche Pflanzen er benutzt hatte, weigerte er sich. Möglicherweise war das seine Art, mir zu sagen, daß ich, gleichgültig wie sehr ich mich auch anstrengte, seine Geheimnisse oder die Kräfte des Dschungels letztlich nie verstehen würde.

Am nächsten Morgen erschien Boss in meiner Hütte und sagte mir, der alte Wayana sei auf die Jagd gegangen. Er schlug vor, daß wir seinem Beispiel folgen sollten, denn um diese Zeit des Jahres waren die Klammeraffen, die sich an den jetzt zahlreichen reifen Früchten gütlich taten, außerordentlich fett (er rieb sich bei diesen Worten den Bauch vor Begeisterung). Da Klammeraffen zu den Lieblingsspeisen der Tirió gehören, wäre es sicher unhöflich gewesen, seine Aufforderung abzulehnen, und so stimmte ich zu.

Boss erwies sich jedoch als weitaus besserer Kletterer denn Jäger. Wir schlichen den ganzen Tag durch die Palmensümpfe, ohne auch nur einen Klammeraffen zu sehen oder zu hören. Am späten Nachmittag beschlossen wir, uns auf den Rückweg zu machen, um das Dorf noch vor Sonnenuntergang zu erreichen. Zunächst machten wir aber noch eine kurze Pause und setzten uns auf einen umgefallenen Feigenbaum, der in der Nähe eines plätschernden Baches lag. Ich

zog einige Paranüsse, die ich als Zwischenmahlzeit mitge-
bracht hatte, aus meiner Tasche, und Boss entfernte die
Schalen mit meiner Machete. Wir aßen schweigend, bis er
schließlich fragte: «Wie geht es deinem Ellbogen?»
«Sehr viel besser», sagte ich. «Er tut überhaupt nicht mehr
weh.»
«Du wirst sicher keine Schmerzen mehr haben. Der alte
Mann kennt seine Pflanzen.»
«Woher hat er seine Kenntnisse? War sein Vater
Schamane?»
«Das weiß ich nicht», sagte er lächelnd. «Das war ein
wenig vor meiner Zeit. Obwohl die Medizinmänner der
Wayana glauben, daß alle – sogar Frauen – die Fähigkeit
haben, Schamanen zu werden und mit den Geistern zu
sprechen, bevorzugen sie traditionellerweise ihre Söhne als
Lehrlinge. Sie behaupten, daß wir alle eine Art Binde vor
unseren Augen haben, die verhindert, daß wir die andere
Welt sehen können. Um Schamane zu werden, muß man
lernen, diese Binde zu entfernen.»
«Ich habe noch nie einen weiblichen Schamanen gesehen.
Gibt es in diesem Dorf Mädchen, die Lehrlinge von Medizinmännern sind?»
Boss schüttelte den Kopf und sagte: «Mein Freund, hast du
denn in dieser ganzen Zeit überhaupt nichts gelernt? Es gibt
keine Lehrlinge mehr, weder männliche noch weibliche!»
Ich hatte angenommen, daß der alte Tirió in seinem
Rollstuhl keine Lehrlinge hatte; schließlich hatte er öffent-
lich erklärt, daß er seine Schamanentätigkeit aufgeben
würde, und auch als ich an die Tirió in Kwamala zurück-
dachte, mußte ich mir eingestehen, daß die Heiler dort
ebenfalls keine Schüler hatten. Aber daß jemand, der so
mächtig und erfahren war wie der alte Wayana, keine Lehrlinge hatte, war eine Tragödie, nicht nur für seinen Stamm –
der, nachdem er schon seit Jahrzehnten die Medizin der
Missionare verschmähte, von seinem Medizinmann abhängig war –, sondern auch für die gesamte Menschheit.
Was die Erhaltung der Regenwälder betrifft, stehen wir
ganz nah am Rande eines Abgrunds. Überall in den Tropen

sterben täglich Pflanzenarten aus, und das Wissen, wie man diese Pflanzen benutzt, verschwindet ebenso schnell. Jedesmal, wenn ein Medizinmann (oder eine Medizinfrau) stirbt, ist es, als ginge eine Bücherei in Flammen auf.

Seit die westliche Medizin auch bei den Indianern Eingang gefunden hat, werden junge Leute nicht mehr auf die alte Art und Weise ausgebildet. Die Jungen lernen nicht mehr, und die Alten leben nicht ewig. Dem holländischen Botaniker Lindemann fiel dieses Phänomen bereits vor mehr als 25 Jahren auf, als er bei den Aruak an der Küste Surinams arbeitete:

Für die erste Exkursion meldeten sich vier Aruak, und als wir fragten, wer von ihnen das breiteste Wissen über Pflanzen hätte, zeigten drei von ihnen, ohne zu zögern, auf den vierten und sagten: «Er ist sehr viel älter als wir, er weiß am meisten.» Warum sein höheres Alter eine Garantie für eine bessere Kenntnis der Flora sein sollte, wurde mir von einem der jüngeren Männer erklärt. Bis sie sechs Jahre alt sind, verbringen die Kinder ihren Tag mit Spielen. Danach kommen sie in die Schule, und wenn sie diese im Alter von etwa zwölf Jahren verlassen, beginnen sie, das Wissen ihrer Vorfahren zu erlernen. Sobald sie jedoch gezwungen sind, selbst für ihren Lebensunterhalt zu sorgen, haben sie nicht mehr die Zeit, sich das gesamte Wissen ihrer Eltern anzueignen. Zur Zeit kennen die meisten jüngeren Aruak nur die häufigeren Bäume und diejenigen Pflanzen, die für sie in irgendeiner Weise nützlich sind. Der älteste der Männer kannte dagegen eine größere Anzahl von Baum- und Strauchnamen sowie einige Kräuter, wenngleich auch er zugeben mußte, daß sein Vater noch sehr viel mehr Pflanzen gekannt hatte als er. Dieser Verlust an Wissen geht beim Stamm der Aruak sehr schnell vonstatten, so daß sie bereits viele ihrer alten handwerklichen Tätigkeiten aufgegeben haben und nun dabei sind, sogar ihre eigene Sprache zu verlieren. Die gleiche Entwicklung findet sich auch bei anderen Stämmen.

Diese Tendenz läßt sich überall in den Tropen feststellen – genaugenommen überall dort, wo Naturvölker leben. Dennoch hat die Medizin, die so viel von dem Wissen dieser Menschen und ihren Pflanzen profitieren könnte, bisher noch keine Gegenmaßnahmen ergriffen.

In der westlichen Welt gibt es eine sehr ungesunde Polarisation, denn die Mehrzahl der Menschen glaubt, daß unsere Medizin die beste und am weitesten entwickelte sei und je schneller sie von allen übernommen werde, um so besser sei es. Nur eine Minorität ist der Meinung, daß die westliche Tradition mehr Probleme verursacht als löst und daß die Lösung nicht in der Herstellung synthetischer Arzneien liegen kann. Wie fast immer liegt die Wahrheit wohl irgendwo in der Mitte. Die westliche Medizin weiß durchaus nicht auf alle Fragen eine Antwort – wo sind beispielsweise die Mittel gegen Grippe oder Aids? Genausowenig dürfen wir aber glauben, daß die Heilung für all unsere Krankheiten in der Tätigkeit der Schamanen zu finden sei. Tatsache ist, daß keines der beiden Systeme alle Antworten parat hat, aber die Vereinigung beider könnte uns näher ans Ziel bringen. Wir sind darauf angewiesen, von den Medizinmännern zu lernen, wie man unsere unheilbaren Krankheiten behandelt, ebenso wie diese von unseren Ärzten lernen müssen, wie eingeschleppte Krankheiten, etwa Masern oder Keuchhusten, bekämpft werden können. Das größte Problem ist allerdings, daß unser naiver Glaube an die Überlegenheit unserer Technologie, unserer Kultur und unserer Religion die anderen Traditionen so schnell zerstört, daß keine Zeit mehr bleibt, von ihnen zu lernen.

An einem der letzten Abende in Tepoe war ich noch lange auf, um Pflanzen zu pressen. Die Dorfbewohner hatten sich in ihre Hütten zurückgezogen, so daß ich mit dem alten Wayana allein war. Er schien ganz in Gedanken versunken.

«Großvater, bereitet es dir kein Kopfzerbrechen, daß die jungen Indianer das überlieferte Wissen nicht mehr interessiert?» fragte ich. «Daß du keine Schüler hast, die deine Pflanzen kennenlernen wollen? Daß eure Medizin nicht die Anerkennung erfährt, die sie verdient?»

Der alte Mann antwortete nicht gleich. Ich fragte mich schon, ob er mich überhaupt gehört hatte oder ob die Frage vielleicht zu aufdringlich gewesen sei. Aber dann atmete er tief ein und antwortete:

«Es ist wahr, daß die Jungen nichts mehr von mir lernen wollen. Aber das ist nicht meine Sache, sondern wird vielmehr irgendwann für sie zum Problem werden. Eines Tages wird die Medizin, die die Missionare aus der Stadt schicken, nicht mehr kommen. Die Menschen werden mich aufsuchen, damit sie ihre Schmerzen loswerden, damit ich ihre Ernte beschütze und damit ich die bösen Geister vertreibe, die ihre Kinder töten. Aber ich werde dann nicht mehr dasein, und meine Pflanzen habe ich mitgenommen.»

Den größten Teil der nächsten Monate verbrachte ich in den Vereinigten Staaten, um meine Rückkehr nach Tepoe vorzubereiten. Ich wollte unbedingt weiter mit dem alten Wayana arbeiten, um mehr über die Indianer zu erfahren, über ihre Rituale und ihre Art zu leben. Der Medizinmann erschien mir regelmäßig in meinen Träumen und forderte mich auf, zu den Heilpflanzen zurückzukehren.

Als ich im Juni 1986 schließlich nach Tepoe zurückkam, erwartete mich Boss am Rand der Landebahn. Er umarmte mich erfreut.

«*Mati*, Freund», begrüßte ich ihn in Sranangtongo.

«*Jako*», antwortete er. «Bruder!»

Ich wartete ungeduldig darauf, den alten Wayana zu treffen. Wie ich aus Kwamala gehört hatte, war dort niemand mehr einem Fluch zum Opfer gefallen, und ich wollte den Schamanen danach fragen. Aber der alte Medizinmann war nicht mehr da.

«Wohin ist er gegangen?» fragte ich.

«Vermutlich zurück in den Urwald.»

Niemand konnte mir sagen, warum er verschwunden war und wohin. Vielleicht war er in die Einsamkeit gegangen, um seinen Tod zu erwarten, wohl wissend, daß es in der zukünftigen Welt keinen Platz mehr für die Werte der Vergangenheit gab und für die Mächte, die einst die Erde beherrscht hatten.

219

Der Samen der Sonne

Anders als bei den Indianern Kolumbiens, bei denen das Schnupfen normalerweise auf die Schamanen beschränkt ist, konsumieren Angehörige der Yanomami Drogen auch im täglichen Leben. Alle männlichen Mitglieder einer Gruppe, die älter als dreizehn oder vierzehn Jahre alt sind, dürfen daran teilhaben. Die halluzinogenen Substanzen werden oft in erschreckend großen Mengen geschnupft.

Richard Evans Schultes, 1979

Als wir das Rundhaus der Yanomami betraten, war die Geisterbeschwörung in vollem Gange. Im ersten Moment schien es, als herrsche das reine Chaos. Menschen kreischten und rannten umher; einige schlugen mit Macheten auf den Boden; andere schwangen Äxte über den Köpfen und schrien etwas gen Himmel. Die Luft war erfüllt vom Rauch der Feuer und vom Geruch schwitzender Körper.

Das Gebäude war ungefähr halb so groß wie ein Fußballfeld mit einem Zentrum, über dem das Dach ausgespart worden war, so daß man den Himmel sehen konnte. Dort lag ein junger Yanomami auf der Erde – nackt bis auf eine Kordel um die Taille. Wie man uns sagte, war der Mann vom Schamanen eines Nachbardorfs verhext worden. Ein Indianer mittleren Alters, dessen Körper mit schwarzen, gewundenen Lianen bemalt war, lief auf und ab, schwang eine Machete und ließ einen lauten Singsang hören. Es war der Dorfschamane, der versuchte, die bösen Geister auszutreiben, von denen der junge Indianer besessen war. An der Seite saßen etwa zehn Frauen, mit roten Lendenschurzen bekleidet und mit Ketten aus schwarzen Samen um den Hals. Sie beobachteten schweigend das Ritual. Überall in der Hütte verteilt hockten Männer in ihren Hängematten, schnitzten schweigend Pfeilspitzen oder unterhielten sich über den unglücklichen Jungen. Unbeirrt von dem gerade stattfindenden Ritual, spielten Kinder ganz in der Nähe auf der schmutzigen Erde.

In regelmäßigen Abständen schüttete einer der Indianer ein rötlich-graues Pulver in das Ende eines etwa 30 Zentimeter langen Bambusröhrchens und blies das Pulver dann mit Wucht in die Nase des Schamanen.

Wir schrieben die erste Juliwoche des Jahres 1987, und ich war gerade in dem Rundhaus am Ufer des oberen Manaviche-Flusses im brasilianisch-venezolanischen Grenzgebiet angekommen, um einige Zeit bei den Yanomami zu verbringen und dort den Gebrauch einer halluzinogenen Schnupfdroge namens *Epena* zu untersuchen. Für diese Indianer ist das Schnupfen das medizinische Heilmittel schlechthin, denn es erlaubt ihnen, direkt mit der Geisterwelt in Verbindung zu treten, ohne die ihnen eine Gesundung unmöglich erscheint. Ich sah hier eine Chance, nicht nur die Pflanzen zu untersuchen, aus denen magische Schnupfdrogen hergestellt wurden, sondern auch wieder einmal Schamanenzeremonien beiwohnen zu können, und zwar bei einem Stamm, der diese sehr viel offener praktizierte als die, die ich bisher besucht hatte. Allerdings schien es mir nicht sehr angebracht, mitten in die Heilzeremonie eines Stammes zu platzen, bei dem ich noch nie gewesen war. Ich fragte meinen Führer, ob ich draußen warten sollte, bis die Prozedur vorüber sei, aber das Ritual hatte bereits einen derartigen Siedepunkt erreicht, daß er meine Frage nicht einmal hörte. Also ließ ich alle Bedenken beiseite und beobachtete das Geschehen.

Der Schamane beugte sich über den kranken Mann, wedelte mit den Händen und rief Beschwörungsformeln. Dann kniete er neben dem Patienten nieder, und einen Moment schien es fast so, als wolle er ihn bei der Kehle packen. Als ich genauer hinschaute, sah ich allerdings, daß er den Patienten überhaupt nicht berührte, sondern vielmehr Bewegungen machte, als würde er irgend etwas aus dem Hals des Kranken entfernen. Deutlich war zu erkennen, wie sich die Muskeln am Rücken des Schamanen spannten, während er augenscheinlich versuchte, den bösen Geist aus dem verhexten Indianer herauszuziehen. Er wiederholte diese Bewegungen viermal, und als er das unsichtbare Böse endlich in seinen Händen zu halten schien, stieß er einen gewaltigen Schrei aus, lehnte sich zurück und warf es symbolisch aus dem Rundhaus hinaus. Gleich darauf kamen die Frauen hinzu und geißelten den Patienten vorsichtig mit Zweigen eines Pfefferbuschs, um die Reinigung zu vollenden, während der Schamane erschöpft in seine Hängematte fiel.

Mit ungefähr 15 000 Mitgliedern sind die Yanomami der letzte große Stamm des südamerikanischen Tieflandes. In der Regel wuchsen nur diejenigen Stämme zu größeren Nationen heran, die in den Überflutungsebenen gewaltiger Flüsse wie des Amazonas lebten und damit Zugriff auf reiche und regelmäßige Nahrungsquellen hatten. Die meisten anderen der hier lebenden Stämme, einschließlich der Tirió und Wayana, haben selten mehr als 1000 Mitglieder; oft umfassen sie sogar nur noch einige 100 Angehörige, wobei viele von ihnen, etwa die Omagua aus Peru und Brasilien, bereits bei ihren ersten Kontakten mit den europäischen Eroberern stark dezimiert wurden. Den Yanomami, die in abgelegeneren Gebieten des nördlichen Amazonasurwalds leben, blieb dieser Kontakt mit Invasoren weitgehend erspart, so daß es ihnen gelang, bis heute zu überleben.

Es war aber nicht nur die Unzugänglichkeit des Gebietes, das Eindringlinge fernhielt, sondern auch die besonders kriegerische Natur, die den Yanomami nachgesagt wird, ein Ruf, der auch durch ein bekanntes Lehrbuch untermauert wird, das 1968 von dem amerikanischen Anthropologen Napoleon Chagnon veröffentlicht wurde und als Standardwerk gilt. Chagnon schreibt:

Die Yanomami führen immer noch Kriege. Es liegt in der Natur der Männer zu kämpfen, denn nach einer ihrer Legenden wurde das Blut des Mondes einst über ihrem Gebiet ausgeschüttet, so daß die Männer dadurch besonders kampflustig wurden. Ich beschreibe die Yanomami als «blutrünstige Menschen», da dies die einzig mögliche Umschreibung ist. So sehen sie sich selbst, und so möchten sie auch, daß andere über sie denken.

222

Bald nach der Veröffentlichung brach eine Debatte unter den Anthropologen aus, ob diese Beschreibung der Yanomami nicht übertrieben sei und man ihnen damit nicht unrecht tue. In einem interessanten Artikel zu dieser Frage, der den Titel trägt «*Who's Fierce: The Yanomamo or Us?*» (Wer ist eigentlich blutrünstig, die Yanomami oder wir?), kommt der amerikanische Anthropologe Leslie Sponsel zu dem Schluß, daß es nicht die Yanomami sind.

Sponsel erklärte mir einst, daß die Berichte über die Brutalität und Kriegslust der Yanomami weit übertrieben sind. Ich fragte, ob es nicht zutreffe, daß diese Indianer ihre Frauen schlagen würden, wie viele Quellen behaupteten.

«Nun», antwortete er, «viele der Berichte über Gewalttätigkeiten sind sicher auf die Vergewaltigungen zurückzuführen, die nach Kämpfen zwischen einzelnen Dörfern häufig vorkommen. Doch gehören Vergewaltigungen zu den Begleiterscheinungen aller Kriege, überall in der Welt.»

Die beunruhigendste Geschichte über diesen Stamm hörte ich von einem venezolanischen Arzt, der sieben Jahre lang bei den Yanomami gelebt hatte. «Ich habe damals bei einer Missionsstation im südlichen Venezuela gearbeitet», berichtete er. «Ein Yanomami-Mädchen aus einem Dorf in der Nähe der Mission hatte sich in einen Yanomami-Jungen eines weiter entfernten Dorfes verliebt, der das Rundhaus ihres Stammes während eines Festes besucht hatte. Sie entschloß sich, mit ihm zu gehen und ihn zu heiraten. Ihr Vater verbot dies jedoch und fügte hinzu, falls sie sich seinem Befehl widersetzen würde, brauche sie niemals mehr zurückzukommen, denn er betrachte die Leute aus dem Dorf des jungen Mannes als seine Feinde. Das Mädchen ging dennoch mit dem Jungen fort und heiratete ihn. Kurz danach brach ein Krieg zwischen diesen beiden Dörfern aus.

Viele Jahre später erfuhr die junge Frau, daß ihre Mutter im Sterben lag und sie noch einmal zu sehen wünsche. Obwohl ängstlich und unsicher, entschloß sie sich schließlich doch, die Drohungen ihres Vaters zu mißachten und nach Hause zurückzukehren. Da wir damals auch gerade in dieses Dorf fuhren, bat sie uns, sie in unserem Boot mitzunehmen.

Als wir das Boot in einer Bucht in der Nähe des Dorfes ans Ufer zogen, ging augenblicklich ein Pfeilhagel auf die Frau nieder. Die Indianer waren so gute Schützen, daß auch nicht ein einziger Pfeil sein Ziel verfehlte. Einer der Missionare versuchte, sie zu retten, aber es war zu spät. Die Wucht der Pfeile hatte sie aus dem Boot geschleudert, und sie war bereits tot, als wir sie aus dem Wasser zogen.»

Diese und ähnliche Begebenheiten lassen die Yanomami natürlich in einem sehr schlechten Licht erscheinen. Allerdings ist das willkürliche Herausgreifen von Aggressionsakten unter den Yanomami etwa so, als würde man Zeitungsartikel über die Gewalttaten in einer amerikanischen Großstadt wie New York sammeln und sie dann zu einem Buch «Die blutrünstigen New Yorker» zusammenfassen.

Ich war zugegebenermaßen fasziniert von den Berichten über die Kriege dieses Stammes, aber als Ethnobotaniker war ich natürlich weit mehr an ihren Pflanzen interessiert, denn in Professor Schultes' Vorlesungen hatte ich gehört, daß die Indianer des nordwestlichen Amazonasgebiets während ihrer religiösen Zeremonien eine halluzinogene Schnupfdroge konsumieren. Bei seinen Untersuchungen, die er in den späten sechziger Jahren bei den Yanomami in Brasilien durchführte, fand er heraus, daß die Indianer tagtäglich Schnupfdrogen zu sich nehmen. Nach Schultes wurde das Schnupfen – darunter versteht man das Inhalieren einer festen Substanz durch die Nase, im Gegensatz zum Einatmen eines Rauches oder Dampfes – zuerst von Indianern praktiziert. In der Alten Welt war es vor der Entdeckung Amerikas unbekannt. Die Methode des Schnupfens hat den Vorteil, daß die bewußtseinsverändernden Substanzen sehr schnell in den Blutkreislauf gelangen, da sich in der Nase viele Kapillargefäße befinden.

Die ersten Belege über Schnupfdrogen in der Neuen Welt stammen aus einem etwa 1500 Jahre alten Grab eines Medizinmanns aus den Anden Boliviens. Der Heiler war mit einer Schnupfdroge aus den Blättern von *Ilex guayusa* bestattet worden, einem südamerikanischen Stechhülsengewächs, das reich an Koffein ist. Auch wenn ein Schnupfmittel aus dieser Pflanze keine halluzinogene Wirkung hat, so ist es vermutlich doch ein starkes Stimulans.

Schultes hatte während seiner Arbeit bei den brasilianischen Yanomami die Zutaten für die Schnupfdrogen herausfinden können, aber die botanischen Bestandteile, die die Yanomami aus Venezuela benutzten, wurden nie genau dokumentiert. Ich hoffte, die Untersuchungen weiterführen zu können, die Schultes vor so vielen Jahren begonnen hatte, etwa indem ich feststellte, ob die Yanomami in Venezuela ihre Schnupfdrogen aus den gleichen Pflanzen herstellen wie die Stämme im Süden. Also packte ich meinen Rucksack und machte mich auf nach Venezuela.

Ich erreichte Caracas im Juni 1987. Bei einigen Erkundigungen, die ich einzog, erfuhr ich, daß ein Mann namens Boris Kapucinski als bester Buschpilot im ganzen Lande galt. Dieser hatte als Jude mit Glück die Herrschaft der Nazis in seinem Heimatland Jugoslawien überstanden und war nach einer erfolgreichen Sportlerlaufbahn nach Venezuela ausgewandert. In Caracas arbeitete Kapucinski in den unterschiedlichsten Berufen, bis er genug Geld zusammenhatte, um Flugstunden zu nehmen und sich schließlich ein kleines Flugzeug zu kaufen, mit dem er Versorgungsflüge in kleine Städte, Missionsstationen und Ölsuchercamps im Dschungel unternahm.

Als ich Kapucinski kennenlernte, war er gerade 60 Jahre alt geworden, wirkte aber sehr viel jünger. Er trug, ob in der Stadt oder im Dschungel, stets einen blauen Overall, den er als die «offizielle Uniform der Kapucinski-Fluglinie» bezeichnete. Ins Gebiet der Yanomami flog er seit 30 Jahren.

Der Himmel war bewölkt, als wir losflogen, aber zwischendurch brach die Wolkendecke immer wieder auf, so daß wir die Savanne unter uns sehen konnten. Diese ging bald in tropischen Regenwald über, in dem immer wieder Bereiche zu erkennen waren, in denen der Wald gerodet und niedergebrannt war, um Platz für Viehweiden zu schaffen. Drastische Veränderungen dieser Art hatte ich in Surinam bisher noch nicht gesehen, aber in den übrigen lateinamerikanischen Ländern gehören sie inzwischen zum Alltag.

Durch den verwundeten Urwald schlängelte sich der mächtige Orinoko. Er ist einer der längsten Flüsse der Welt, und in ihm leben bis zu 90 Kilogramm schwere Welse und sechs Meter lange Krokodile.

Südlich des Dschungels waren jetzt bewaldete Hügel zu erkennen. Kapucinski sagte, sie seien eines der letzten noch wenig erforschten Gebiete Venezuelas, wo man vor weniger als zehn Jahren sogar noch einen völlig unbekannten Indianerstamm entdeckt hatte.

Ganz plötzlich verschlechterte sich das Wetter. Regen klatschte gegen die Windschutzscheibe, und der Wind wirbelte das kleine Flugzeug herum, als sei es ein Spielzeug. Der Pilot sagte: «Ich hoffe, der Regen zieht schnell vorbei. Die Landebahn wird bei Nässe sehr rutschig.»

Obwohl ich nur wenig von der Landschaft unter uns erkennen konnte, begann Kapucinski die Räder auszufahren und sich auf die Landung vorzubereiten. Wir gingen langsam tiefer, und als es schon aussah, als sollten wir die Baumwipfel streifen, setzte das Flugzeug plötzlich auf einer winzigen Landebahn auf. Der Untergrund war schlammig, und obwohl der Pilot bremste, verlangsamte sich das Flugzeug kaum, so daß wir uns dem Urwald am anderen Ende der Piste mit alarmierender Geschwindigkeit näherten. Kapucinski bremste erneut, woraufhin das Flugzeug nach rechts auszubrechen begann. Immerhin bekam die Maschine auf dem Seitenstreifen etwas mehr Bodenhaftung, und es gelang dem Piloten schließlich, noch kurz vor dem Ende der Landebahn anzuhalten. Ich stieg aus und sah mit Schaudern, daß das Flugzeug sich einer Guayave, die das Ende der Landebahn markierte, bis auf zwei Meter genähert hatte.

Die Indianer bildeten einen Kreis um unsere Maschine und zerstörten meine Illusion, die Yanomami seien noch urzeitlich lebende Urwaldbewohner. Ich war umgeben von Eingeborenen, die abgelegte, schmuddelige westliche Kleidungsstücke trugen: Frauen in T-Shirts, Jungen in Puma-Turnhosen, und einer der Männer trug sogar ein altes Kleid. Sie riefen auf spanisch: «Gib mir Salz! Gib mir einen Topf! Gib mir Patronen!»

226

Ich drehte mich zu Kapucinski um und sagte: «Wir bleiben doch nicht hier, oder?»

«Nein», sagte er. «Ich hasse diesen Ort. Packen Sie die Sachen zusammen, die Sie brauchen. Wir werden in etwa einer Woche zurückkommen.»

Ich wünschte, Kapucinski hätte mir seine Pläne erklärt, bevor wir Caracas verlassen hatten – oder ich hätte genauer danach gefragt. Ich hatte geglaubt, wir würden in ein Dorf fliegen und dort für einige Wochen bleiben; statt dessen ließen wir das Flugzeug auf einer Landebahn zurück und gingen zu Fuß weiter.

Kapucinski schien die Namen vieler Indianer zu kennen – zumindest die «christlichen» Namen, die ihnen von den Missionaren gegeben worden waren. Die Yanomami haben sehr strenge Namentabus, und aus Respekt oder Angst, daß sie ein Tabu brechen könnten, sprechen sie sich gegenseitig nicht mit ihren Namen an. Statt dessen benutzen sie verwandtschaftliche Bezeichnungen, etwa Sohn des Xamaweh oder Mutter der Watorima. Man würde Xamaweh also niemals mit seinem Namen ansprechen; wenn man seinen Namen aber benutzte, um sich an seinen Sohn zu wenden, war das in Ordnung. Auch wenn jemand starb, durfte niemand dessen Namen benutzen; sogar die Erwähnung des Namens einer verstorbenen Person war eine ernsthafte Verletzung der Sitten.

Kapucinski fragte einen jungen Indianer, der Pedro genannt wurde, ob er uns auf unserer Expedition begleiten und uns helfen wolle, unser Gepäck zu tragen.

«Für zwei Taschenlampen, ein Gewehr, sechs Hemden und etwas Salz führe ich euch», erklärte Pedro.

«Eine Taschenlampe, ein Hemd und etwas Salz», entgegnete der Pilot. «Und du bekommst es erst, wenn wir wieder zurück sind.»

Widerwillig akzeptierte Pedro Kapucinskis Bedingungen.

Als ich meinen Rucksack fertiggepackt hatte, suchte ich unter einem der Flügel des Flugzeugs Schutz vor der tropischen Sonne. Sobald meine Habseligkeiten aus ihrem Blickfeld verschwunden waren, verloren die Indianer das Interesse an mir und konzentrierten sich auf Kapucinski. Ich nahm diese Gelegenheit wahr, um mir Pedro etwas genauer anzusehen. Auf mich wirkte er wie eine seltsame Mischung aus einem Stadtjungen und einem Urwaldindianer: Er trug nach Art der Yanomami einen Pagenkopf mit einer Tonsur; beide Ohrläppchen waren durchstochen und die Löcher so stark erweitert worden, daß er in seinem rechten Ohr eine 35-mm-Filmspule hätte tragen können. Sein Stirnband war aus einem Affenschwanz gefertigt, um den Oberarm trug er Armbänder aus den ebenholzfarbenen Federn eines truthahnähnlichen Urwaldvogels namens Hokko, und bekleidet war er mit einem alten blauen Pullunder und abgetragenen orangefarbenen Baumwollhosen. In seinem Mund hatte er einen großen Priem aus gerollten Tabakblättern, der in typischer Yanomami-Manier zwischen die Zähne und die Unterlippe geschoben war. Männer, Frauen und Kinder des Stammes kauen Tabakblätter, und nach Untersuchungen von Napoleon Chagnon und dem französischen Anthropologen Jacques Lizot, zwei Experten für die Kultur der Yanomami, sind die Indianer davon abhängig. Das Yanomami-Wort für Armut kann man etwa mit «ohne Tabak» übersetzen; Chagnon berichtet, daß er das Verlangen der Indianer, ihnen eine Machete oder eines seiner anderen Besitztümer zu schenken, damit abgelehnt habe, daß er arm sei. Daraufhin hätten viele Indianer ihren Tabak in die Hände gespuckt und ihm diesen angeboten.

Als Kapucinski mit seinen Vorbereitungen fertig war, nahmen wir unsere Rucksäcke auf, und Pedro, der die übrigen Ausrüstungsgegenstände trug, führte uns auf einem Pfad in den Dschungel. Als wir uns endlich im friedlichen Urwald befanden, entspannte ich mich erstmals seit unserer Landung ein wenig. Ich drehte mich zu Kapucinski um und sagte: «Ich hoffe, nicht alle Yanomami sind so wie diese.» Ich sprach englisch, um Pedro nicht zu beleidigen.

«Nein», antwortete er. «So sind nur diese hier und vielleicht noch einige in der Nähe der Missionsstationen im nördlichen Yanomami-Gebiet. Genau betrachtet haben diese Menschen die schlechten Seiten beider Welten abbekommen. Man hat ihnen unsere Kultur aufgedrängt, so daß sie von unseren materiellen Gütern abhängig wurden. Es ist schon schlimm genug, daß die Missionare ihnen Gewehre geben, mit denen sie dann das gesamte Wild abschießen, aber es ist noch schlimmer, wenn die Männer irgendwann keine Patronen mehr bekommen können und es nicht gelernt haben, mit Pfeil und Bogen umzugehen. Dann gibt es wirklich Probleme. Sie werden zwangsläufig zu Bettlern.»

Kurz darauf drehte sich Pedro um. «*Lluvia*», sagte er und deutete nach oben. «Regen.» Ich wußte nicht, wie er darauf kam, aber etwa zehn Minuten später hörte ich Donnergrollen in der Ferne und Regen, der auf das Blätterdach niederprasselte. Das Unwetter, durch das wir während des Flugs gekommen waren, zog nun über dieses Gebiet hinweg, und bald ging ein sintflutartiger Wolkenbruch über uns nieder. Da es keinen Schutz gab, gingen wir einfach weiter. Mir kam dieser Regenguß wie eine Art Taufe vor, durch die ich mich gereinigt fühlte. Als das Unwetter nachließ, schien sich auch der Urwald neu zu beleben. Die Sonne begann, die Blätter wieder zu erwärmen, das ständige Geräusch fallender Tropfen klang fast wie Musik, und der Urwaldboden strömte den Geruch von Leben aus.

Als wir an einen Bach mit klarem Wasser kamen, ging Pedro hinein, spreizte die Beine weit auseinander, beugte sich hinunter und trank, ohne daß seine Nase naß geworden wäre. Wie ich später erfuhr, war das die Art der Yanomami zu trinken. Nachdem ich es auch versucht hatte, aber hoffnungslos gescheitert war, begnügte ich mich mit meiner Feldflasche. Die Bäche, von denen jeder idyllischer Mittelpunkt eines Urwaldgemäldes hätte sein können, waren eine Augenweide – die Brücken dagegen ein Alptraum. Während die Tirió nur einen Baum fällen und ihn über einen Bach legen, bauen die Yanomami zusätzlich eine Art Geländer, indem sie alle zwei bis drei Meter Pflöcke in das Flußbett schlagen, die dann mit einer Liane verbunden werden. Normalerweise errichten sie die Brücken während der Trockenzeit, aber jetzt befanden wir uns mitten in der Regenzeit, und alle Flüsse waren stark angestiegen. Während wir sie mit unserem schweren Gepäck überquerten, reichte uns das Wasser oft bis zur Brust. Wir mußten uns auf Baumstämmen bewegen, die knapp einen Meter unter der Wasseroberfläche lagen und mit glitschigen Algen bewachsen waren, und obwohl die Strömung häufig nicht einmal besonders stark war, reichte sie doch aus, um meine Schritte noch unsicherer werden zu lassen. Nachdem wir den ersten Fluß hinter uns hatten, mußte ich meinen Rucksack neu packen, damit wenigstens meine Kameraausrüstung und meine Hängematte nicht naß wurden.

Ansonsten erwies sich der Pfad als nicht besonders schwierig, und als es Abend zu werden begann, ging ich zufällig an der Spitze. Nachdem wir über einige flache Urwaldhügel gekommen waren, erreichten wir eine Lichtung, die auf den ersten Blick wie eine unbewohnte Oase im Dschungel aussah. Eine sanfte Stimme zu meiner Rechten unterbrach jedoch plötzlich die Stille, und als sich meine Augen an das Dämmerlicht gewöhnt hatten, bemerkte ich, daß wir mitten in ein Yanomami-Lager geraten waren. Überall konnte man Indianer in ihren Hängematten erkennen, die sie unter behelfsmäßigen, mit den großen, flachen Blättern wilder Bananenbäume gedeckten Dächern aufgespannt hatten. Sowohl die Eingeborenen als auch ihre Behausungen fügten sich so harmonisch in die Umgebung ein, daß sie wie ein Teil der Landschaft wirkten.

Obwohl ich ihnen mit meinem verschmutzten Äußeren sehr seltsam vorgekommen sein muß, kam keine Unruhe auf. Meine Begleiter waren nicht weit hinter mir, und als Pedro die Lichtung erreichte, riefen ihm einige einen Willkommensgruß zu.

«Heute nacht bleiben wir hier», sagte Pedro und deutete auf einen unbesetzten Unterstand. Da es bereits dunkel wurde, begann ich sofort, meine Hängematte aufzuhängen. Dabei begleitete mich das Gekicher der kleinen Mädchen. *Nabe! Nabe!*», riefen sie, «Fremder! Fremder!», um wieder in Gelächter auszubrechen. Mit ihren roten, aus Baumwolle gefertigten Schultergürteln, die sich vor der Brust kreuzten, sahen sie aus wie kleine Urwaldnymphen. Ihr glänzendes schwarzes Haar war kurz geschnitten, ihre Gesichter waren mit geschwungenen Linien bemalt, und in ihren Ohrläppchen steckten etwa 15 Zentimeter lange Bambusstäbe, an denen rote und gelbe Tukanfedern befestigt waren. Am ungewöhnlichsten war jedoch, daß es in den Gesichtern der Mädchen noch weitere, mit hölzernen Stöckchen verzierte Löcher gab: eines in der Nasenscheidewand, zwei in den Mundwinkeln und ein viertes mitten in der Unterlippe. Diese Art der Verschönerung hört sich schmerzhaft und grotesk an, hatte aber ihren ganz eigenen Reiz.

Da ich mich so unauffällig wie möglich verhalten wollte, kletterte ich in meine Hängematte und beobachtete das Geschehen von dort aus. Der Unterschied zwischen den Yanomami, die ich an der Landebahn gesehen hatte, und diesen hier im Urwald war wie der zwischen Tag und Nacht. Die meisten Männer trugen nichts als eine Schnur um die Taille, mit der sie ihren Penis an der Vorhaut hochgebunden hatten. Einige der jüngeren Männer trugen einen Lendenschurz, eine Sitte, die, wie Kapucinski mir erzählte, erst kürzlich von anderen Stämmen übernommen worden war. Viele Indianer hatten die gleichen schwarzen Armbänder wie Pedro, die häufig noch mit den Federn des Hellroten Ara und anderer Papageien geschmückt waren. Wie die jungen Mädchen trugen auch einige Männer Bambusstäbchen in ihren Ohren, die aber nicht mit Tukanfedern verziert waren, sondern mit einzelnen grünen und schwarzen Papageienfedern. Die Frauen hatten mit Fransen verzierte rote Baumwollgürtel um die Taille und ein Baumwolltuch um ihre Brust, das sie als Trage für ihre Säuglinge benutzten.

Ich fand es herrlich, ganz ruhig im Lager der Yanomami zu liegen. Da ich ihre Sprache nicht verstand, wurde ich nicht mit Fragen, woher ich käme und was ich hier tun würde, bombardiert. Wenn die Indianer etwas über mich wissen wollten, fragten sie Pedro. Bald darauf kam ein kleines Mädchen mit Essen zu mir, einer großen, cremigen Nuß, die hier *Kuwato* genannt wurde und die ich als eine Art wiedererkannte, die bei den Tirió *Sho* hieß, sowie einer sieben bis acht Zentimeter langen grüngelben Palmfrucht, die wie eine

Eichel geformt war. Die Yanomami nennen sie *Rasha*, und sie ist eines ihrer landwirtschaftlichen Anbauprodukte. Das kleine Mädchen lachte, als ich versuchte, ein Stück von der Frucht abzubeißen, und deutete mir an, ich müsse sie zuerst schälen. Die *Rasha* erwies sich als sehr schmackhaft, etwa wie eine Kreuzung aus einer Paranuß und einer Kartoffel. In den Vereinigten Staaten erfuhr ich, daß diese Frucht Kohlenhydrate, Mineralien, Öl, Proteine und Vitamine in für die menschliche Ernährung nahezu idealer Zusammensetzung enthält. Die Kulturform besitzt auf Hektarerträge umgerechnet sogar mehr Kohlenhydrate und Protein als Mais. Die Yanomami essen aber nicht nur die frische Frucht, sondern kochen sie auch, um sie dann zu trocknen und anschließend zu Mehl zu zermahlen.

Als wir uns am nächsten Morgen auf den Abmarsch vorbereiteten, machten sich zufällig auch viele Indianer auf den Weg in ein Nachbardorf, um an einem Begräbnis teilzunehmen. Wenn ein Yanomami stirbt, wird er entweder im Rundhaus, das bei den Yanomami *Shabono* genannt wird, eingeäschert, oder er wird zur Verwesung in den Urwald gebracht, um anschließend eingeäschert zu werden. Die Yanomami glauben, das Leben sitze in den menschlichen Knochen, und die Verstorbenen könnten nicht in eine andere Welt hinüberwechseln, wenn ihre Knochen nicht verbrannt würden. So drohen Yanomami-Frauen ihren Kindern: «Wenn du nicht artig bist, verbrennen wir dich nach deinem Tod nicht.» Nach der Einäscherung werden die Knochenfragmente zerrieben, und die Asche wird für eine bestimmte Zeit aufbewahrt. Dann wird ein Brei aus Mehlbananen zubereitet, die Asche daruntergemischt, und während der Bestattungszeremonie essen dann die Dorfbewohner und ihre Verwandten aus anderen *Shabonos* diesen Brei.

Pedro, Kapucinski und ich gingen weiter südwärts und hofften, daß wir vor Einbruch der Nacht noch das Rundhaus erreichen würden, das der Pilot als nächstes Tagesziel ausgewählt hatte; damit hätten wir dann etwa die Hälfte des Weges bis zu unserem endgültigen Ziel, einem abgelegenen Yanomami-Dorf, geschafft.

Noch vor Ende des Tages erreichten wir tatsächlich das nächste *Shabono*. Dieses rundliche Gebäude erinnert ein wenig an ein Zirkuszelt. Allerdings ist das palmgedeckte Dach nicht ganz geschlossen, sondern es besitzt eine zentrale Öffnung, durch die Licht hereinfallen kann und unter der sich ein zentraler Platz befindet, der als eine Art Gemeinschaftsplatz dient. *Shabonos* sind unterschiedlich groß; dieses war ungefähr 100 Meter im Durchmesser und beherbergte acht Familien. Beim Hausbau ist jeder für einen bestimmten Teil zuständig: Die Männer erledigen die schwere Arbeit, schlagen die Pfähle ein und verbinden sie mit Lianen, und die Frauen und Kinder sammeln Blätter, die zusammengewoben werden, um anschließend das Dach zu bilden. Zwischen den Bereichen der einzelnen Familien gibt es keine Wände. Ein *Shabono* wird normalerweise nur einige Jahre bewohnt; danach wird meist das Dach undicht oder, was noch häufiger ist, das Gebäude wird verlassen oder verbrannt, um den Wanzen, Skorpionen, Spinnen und anderem Ungeziefer zu entgehen, das sich nach und nach im Dach eingenistet hat.

Wir mußten uns bücken und durch eine kleine Öffnung in der Wand des Rundhauses kriechen, um ins Innere zu gelangen. Als ich Pedro fragte, warum der Eingang so klein sei, antwortete er lächelnd: «Damit keine Feinde hineingelangen können.» Nachts verschließen die Indianer den Eingang und legen Blätter oder Zweige auf den Weg zum *Shabono*, so daß man sich nähernde Fremde hören kann.

Wie schon im Urwaldlager, auf das wir am Tag zuvor gestoßen waren, schien niemand Notiz von unserer Ankunft zu nehmen, sondern das Leben lief in gewohnter Weise weiter. Einige der Yanomami kochten, andere ruhten sich in den Hängematten aus, und eine Gruppe kleiner, nackter Jungen spielte auf dem zentralen Platz.

Wir entdeckten einen unbewohnten Teil des *Shabono*, in dem wir unser Lager aufschlugen. Ich bemerkte, daß über den Hängematten Kürbisflaschen mit Wasser, Körbe, Tabakblätter, grüne Bananen, Tierhäute und eine Unzahl wunderschöner Vogelfedern aufgehängt waren. Ich wollte mich vor dem Essen noch etwas ausruhen, kletterte in meine Hängematte und schlief sofort ein.

Am nächsten Morgen erwachte ich, weil ein stämmiger Yanomami mittleren Alters mit einer Art Spitzbart vor meiner Hängematte stand und aggressiv auf mich einredete. Seine Nähe, seine Nacktheit und seine abstehende Unterlippe, die mit Tabak gefüllt war, erschreckten mich. Noch bevor ich dem Mann klarmachen konnte, daß ich ihn nicht verstand, kam Pedro von seiner Hängematte herüber und übersetzte: «Er will deine Machete.»

Als ich ablehnte, griff der Mann unter meine Hängematte und nahm die Machete heraus. Er stand vor mir und betrachtete sein neues Werkzeug. Nach Pedros Aussagen behauptete er: «Die gehört mir!» und lächelte breit.

«Pedro», sagte ich, «erzähl ihm, daß er sie in Wirklichkeit gar nicht will.»

Pedro schaute mich fragend an, übersetzte dann meine Worte. Der ältere Mann schaute überrascht drein und antwortete auf der Stelle.

«Er will die Machete», sagte Pedro. «Sie gehört jetzt ihm.»

«Pedro», fuhr ich fort, «sag ihm, daß ich sie ihm nicht geben kann und daß er sie ganz sicher auch nicht will. Ich habe sie von einem alten und sehr mächtigen Schamanen bekommen. Dieser Medizinmann hat mir gesagt, ich dürfe sie niemals fortgeben. Wenn ich es dennoch täte, würde die Person, der ich sie gegeben hätte, sehr krank werden und sterben.»

Das war natürlich gelogen, aber die kleine List wirkte. Aus verschiedenen Berichten, die ich über die Yanomami gelesen hatte, wußte ich, daß diese oft Einschüchterungsversuche unternehmen, um an westliche Gerätschaften oder andere Dinge, die sie gern haben möchten, zu kommen. Der Mann schleuderte die Machete unter meine Hängematte zurück und ging schimpfend davon.

Als wir das Rundhaus verließen, folgte uns eine Horde Mädchen und Jungen, die zwischen uns herumliefen, uns bei den Händen nahmen und «*Nabe! Nabe!*» riefen. Bald darauf kamen wir an die unsichtbare Linie, deren Überschreiten ihnen die Eltern aus Sicherheitsgründen verboten hatten. Die Kinder hielten an und winkten zum Abschied. Ich drehte mich um, winkte ebenfalls und sagte: *«Ciao!»*

Als ausgezeichnete Imitatoren wiederholten sie sofort: *«Ciao! Nabe! Ciao!»*

Wir wanderten durch einen wunderschönen Urwald mit Bäumen gewaltigen Ausmaßes. Etwa um die Mittagszeit kamen uns zwei Yanomami-Jäger entgegen. Sie grüßten, blieben aber nicht stehen. Kurz nach diesem Zusammentreffen machten wir am Ufer eines kleinen Flusses Rast. Kapucinski zog eine Dose mit Crackers und ein Gefäß mit Erdnußbutter aus seinem Rucksack, aber das schien Pedro nicht zu genügen. Er sagte, er wäre gleich zurück, und ging am Ufer entlang in den Dschungel. Gleich darauf kam er mit Avocados und «Kaschuäpfeln» zurück.

Das, was die Indianer als «Frucht» oder *We-to* bezeichnen, ist in Wirklichkeit der angeschwollene Fruchtstiel dieses Baumes. Anders als die eigentliche Frucht, eine Nuß, die giftig ist, wenn sie nicht gereinigt und geröstet wird, kann man die Fruchtstiele ohne weiteres essen. Diese waren allerdings anders als alle, die ich bisher gesehen hatte. Die meisten «Kaschuäpfel» des Amazonasgebietes sind leuchtend rot gefärbt und haben ein gelbliches Fleisch, aber diese waren durch und durch rot, und während die anderen zwar schmackhaft, aber auch so sauer sind, daß man nicht mehr als eine oder zwei essen kann, waren diese ausgesprochen süß.

Die Avocados hatten etwa die Größe von Tennisbällen und schmeckten etwa so wie die, die man in unseren Geschäften kaufen kann. Avocados stammen aus den Neotropen, wenngleich man sich nicht ganz einig ist, ob sie zuerst in Zentral- oder in Südamerika gezüchtet wurden. Der Name «Avocado» stammt von dem aztekischen Wort für «Hoden». Sie gehören zu den nahrhaftesten Früchten und enthalten einen hohen Anteil an Vitaminen und Proteinen und über 30 Prozent Fett. Obwohl sie in den Vereinigten Staaten schon seit dem 18. Jahrhundert gegessen werden, ist die große Popularität der Avocado ein relativ neues Phänomen.

Am frühen Nachmittag erreichten wir das nächste *Shabono*. Schon bevor wir es betraten, konnten wir die Schreie und Klagerufe hören, die mit der im Inneren stattfindenden Geisteraustreibung in Zusammenhang standen. Das war Schamanenkult in Reinkultur. Endlich ein Stamm, der von der westlichen Kultur und Religion noch unbeeinflußt war. Pflanzenkenntnisse und Heiltradition würden bestimmt noch intakt sein.

Nachdem die Zeremonie beendet war, brachte uns Pedro zum Häuptling des Rundhauses. Er war meiner Ansicht nach nicht älter als 35 Jahre und damit sehr jung für eine solche Position. Obwohl er nur wenige Worte Spanisch sprach, hieß er uns willkommen und wies uns einen Platz an, wo wir übernachten konnten. Dem Häuptling fehlte das rechte Auge, das er, wie Pedro erklärte, in einem *Nabrushi*-Duell verloren hatte. Eine *Nabrushi* ist eine Kriegskeule, die an ein Billardqueue erinnert. Sie ist dünn, etwa zweieinhalb bis drei Meter lang und schwer genug, um kräftige Schläge damit austeilen zu können. Zweikämpfe mit Kriegskeulen finden häufig zwischen Mitgliedern des gleichen Dorfes statt, manchmal wird auch gegen Angehörige anderer Siedlungen gekämpft, und meist geht es dabei um Frauen oder um den Diebstahl von Nahrungsmitteln. Die Kämpfer versuchen, sich gegenseitig auf die Köpfe zu schlagen, wobei es im Eifer des Gefechts aber auch vorkommen kann, daß andere Körperteile in Mitleidenschaft gezogen werden. Die meisten Männer haben zahlreiche Narben solcher Kämpfe auf ihren Köpfen, die sie stolz vorzeigen, indem sie ihr Haar rasieren.

Kurz bevor die Sonne unterging, begann sich der Himmel zu bewölken. Durch die Öffnung im Dach konnte ich blaugraue Gewitterwolken über uns dahinziehen sehen, und die Luftfeuchtigkeit nahm spürbar zu. Wir krochen in unsere Hängematten, und innerhalb von Minuten waren nur noch die Kochfeuer rings um den zentralen Platz zu erkennen. Brüllaffen stießen ihre typischen Rufe aus, bevor sie sich zum Schlafen legten, und dann gehörte die Nacht dem Konzert der Urwaldfrösche. Plötzlich stieß der Schamane am anderen Ende des *Shabono* einen Schrei aus, der in einen gequälten Gesang überging. Als es schon schien, als würde der Gesang niemals enden, zuckte ein gewaltiger Blitz über den Himmel, und ein mächtiger Donner erschütterte das *Shabono* in seinen Grundfesten. Gleich darauf setzte kräftiger Regen ein, und der Schamane verstummte; seine Bitte um Regen war ganz offensichtlich erhört worden.

Als ich am nächsten Morgen aus meiner Hängematte sprang, hörte ich ein Kreischen und sah einen Federbusch davonlaufen: Ich wäre beinahe auf ein zahmes *Yebi* getreten, einen seltsamen Vogel, den Vogelkundler Graurückentrompeter nennen. Dieses schwarz und weiß gefärbte Tier mit seinen grauen Flügeln sieht ein wenig wie ein buckliges Huhn aus und wird, wie Pedro mir erzählte, von den Yanomami als Haustier sehr geschätzt, weil es Schlangen tötet und außerdem anfängt zu schreien, wenn es hört, daß jemand nachts ums *Shabono* schleicht.

Die übrigen Bewohner des *Shabono* begannen sich zu regen. Die Frauen schürten die Kochfeuer, und die Männer begannen, ihre Körperfarben aufzutragen. Für die Yanomami ist der Körper eine Art Leinwand, die jeden Tag neu bemalt werden muß. Bei dieser Prozedur tragen sie blaue Kreise, schwarze Punkte und rote Flecken in jeder möglichen Kombination auf. So mischte einer der jüngeren Männer eine blaue Frucht mit Asche und Holzkohle und bemalte damit sein gesamtes Gesicht und seinen Hals schwarz – ein wahrhaft furchterregender Anblick.

Nachdem die Frauen ihre vordringlichsten Aufgaben erledigt hatten, begannen sie ebenfalls, Farben zu mischen; ihre Muster und Farben waren nicht weniger auffällig als die der Männer. Sogar die Kinder bemalten sich oder ließen sich von anderen verschönern. Die Aufmachung der Yanomami wirkte auf mich so eindrucksvoll, daß ich meine, unsere Kosmetikindustrie könnte einiges davon lernen.

Kapucinski verließ das Rundhaus mit einem Stück Seife in der Hand, um sich ein Wasserloch zu suchen. Währenddessen führte mich Pedro im *Shabono* herum. Die Indianer waren freundlich, kontaktfreudig und sogar ein wenig neugierig, besonders die Frauen, die im Gegensatz zu den Tirió-

und Wayana-Frauen sehr aufgeschlossen wirkten und mir zahlreiche Fragen über mein Land, meine Familie und meine Heimat stellten. Ich war überrascht, daß die Frauen, obwohl sie in der Yanomami-Gesellschaft im Vergleich zu den Männern eine sehr untergeordnete Stellung einnehmen, keine Angst hatten, sich an einen Fremden zu wenden. Dabei beginnt die Ausbildung des männlichen Überlegenheitsgefühls sehr früh, denn die kleinen Jungen werden von ihren Eltern sehr nachsichtig behandelt und immer wieder dazu ermuntert, sich zu echten *Waiteri* zu entwickeln, also jene Art stolzer Grimmigkeit zu zeigen, die bei diesem Stamm so sehr geschätzt wird. Jungen werden nicht bestraft, wenn sie wütend sind und ihre Schwestern oder gar Eltern schlagen. Und während die Jungen ihre Tage damit verbringen, mit winzigen Pfeilen und Bogen Krieg zu spielen, werden die Mädchen bereits früh dazu angehalten, nützliche Arbeiten für ihre Mütter zu erledigen, zu kochen, Wasser zu holen, Feuerholz zu sammeln und auf jüngere Geschwister aufzupassen. Im Alter von zehn Jahren ist die Kindheit für die Yanomami-Mädchen endgültig vorüber, und wenn sie die Pubertät erreichen, werden sie verheiratet und gründen ihren eigenen Hausstand. Ein Mädchen hat auf die Wahl des Ehemanns in der Regel nur wenig Einfluß. Die Entscheidung wird vom Vater oder den Brüdern getroffen, die eine Heirat manchmal schon vor dem Zeitpunkt verabreden, da das Mädchen in die Pubertät kommt.

Ich wurde vom Schamanen und einem anderen Indianer abgelenkt, die vor einem riesigen Bananenblatt saßen, auf dem sich ein kleiner Haufen eines rötlich-grauen Pulvers befand. Der Indianer hielt ein hohles gelbes, etwa 30 Zentimeter langes Röhrchen in der Hand, das aus dem Stamm eines Pfeilwurzgewächses hergestellt war und das an einem Ende eine Kappe aus der ausgehöhlten Nuß der Babussupalme trug. Nachdem er das Röhrchen kräftig ausgepustet hatte, reichte er es dem Schamanen, der es mit dem Puder füllte – der legendären halluzinogenen Schnupfdroge *Epena*. Der Indianer hielt die Nuß vor eines seiner Nasenlöcher, während der Medizinmann das Rohrende in den Mund nahm und so kräftig hineinpustete, daß der Kopf des anderen zurückzuckte. Anschließend stopfte der Schamane das Röhrchen neu und blies die Schnupfdroge auch in das andere Nasenloch.

Ein dritter Mann, dessen Schultern mit grünen Papageienfedern geschmückt waren, gesellte sich zu dem Paar. Der Schamane stopfte das Röhrchen noch einmal und gab es dem Neuankömmling, der dem Medizinmann etwas von dem Puder in die Nase blies. Der Schamane stieß bald darauf einen kurzen Schrei aus, und dann begannen er und der erste Mann mit dem Oberkörper zu schaukeln, wobei sie die Hände an den Kopf preßten, als hätten sie große Schmerzen.

«Warum nehmen die Indianer *Epena*, wenn es so schrecklich weh tut?» fragte ich Pedro.

Mit leichtem Spott in der Stimme antwortete Pedro: «Der weiße Mann trinkt Whiskey und fühlt sich zunächst großartig und anschließend schrecklich. Die Yanomami nehmen *Epena* und fühlen sich zunächst schrecklich und anschließend großartig. Was ist klüger?»

Bald darauf nahmen die Männer die Hände von den Köpfen, und die Zeremonie setzte sich fort. Der dritte Mann füllte das Röhrchen und gab es dem Schamanen, der ihm das Pulver in die Nase blies, anschließend erhielt der erste Mann eine weitere Dosis. Diese gegenseitige Bedienung setzte sich einige Zeit fort, bis der Schamane sich schließlich erhob und zu singen begann, wobei seine Stimme von einem hohen Tremolo bis zu einem tiefen Grollen reichte. Dann brüllte er wie ein alter Jaguar, bevor er langsam und würdevoll zu tanzen begann.

«Was sagt er?» fragte ich Pedro flüsternd.

«Der Schamane ruft seine *Hekura* herbei, die kleinen Männer des Urwalds. Er fragt sie, ob sie in seiner Brust wohnen wollen, um ihm beim Heilen und beim Zaubern zu helfen. Das ist auch der Grund, warum er *Epena* nimmt.»

Die Schnupfdroge aus einer Urwaldpflanze diente also als Katalysator. Ich hatte tausend Fragen: Was für Pflanzen benutzten sie; wie stellten sie das *Epena* her; wie wirkte es; konnte ich an solch einer Zeremonie teilnehmen?

Vor meiner Abreise hatte mir Schultes einen Artikel gegeben, der schildert, wie er bei den Yanomami in Brasilien
Epena genommen hatte:

Die Dosis wurde um fünf Uhr geschnupft. Innerhalb von
fünfzehn Minuten wurden aus dem leichten Ziehen in der
Stirn starke und anhaltende Kopfschmerzen. Nach einer
halben Stunde waren Füße und Hände taub, und auch in
den Fingerspitzen hatte ich kein Gefühl mehr: Ich konnte
nur unter Schwierigkeiten gehen. Auch fühlte ich mich
matt und beklommen, wobei die Übelkeit bis etwa acht
Uhr anhielt. Kurz danach legte ich mich in meine Hängematte, da ich von einer großen Müdigkeit überfallen
wurde, die von Muskelzuckungen begleitet war. Ungefähr
um halb zehn fiel ich in einen unruhigen Schlaf, der bis
zum Morgen andauerte, aber von häufigem Erwachen
unterbrochen war. Die starken Kopfschmerzen hielten bis
Mittag an. Während der gesamten Nacht hatte ich ge-
schwitzt und vermutlich auch leichtes Fieber gehabt, und
in den ersten Stunden des Rauschs waren die Pupillen
stark geweitet. Ich hatte weder visuelle Halluzinationen
noch farbenprächtige Visionen.

Die Schnupfdroge der Yanomami, die Schultes probiert
hatte, war aus dem roten Saft eines Baumes aus der Familie
der Muskatnußgewächse hergestellt worden. Die Tukano
aus dem kolumbianischen Amazonasgebiet nennen diese
Droge *Viho*. Nach der Stammeslegende erhielten die Tukano
das erste *Viho* von der Tochter der Sonne, die es sich durch
Inzest mit ihrem Vater verschaffte. Für die Tukano ist *Viho*
also der Samen der Sonne.

Während ich die Schnupfzeremonie beobachtete, fragte
ich mich, ob das *Viho* der Tukano vielleicht das *Epena* der
Yanomami sein könnte. Nach Schultes' eigenen Erfahrungen beim Schnupfen der Droge war nicht anzunehmen, daß
es sich um ein angenehmes oder aufschlußreiches Erlebnis
handeln würde, auch wenn er mir gesagt hatte, er hätte nur
etwa ein Viertel der Dosis genommen, die bei den Indianern

üblich ist. Professor Schultes lehrte stets eine Art Selbsterfahrungswissenschaft, aber irgendwie schien mir dieser Moment nicht geeignet, einen Versuch zu machen, an der Zeremonie teilzunehmen. Ich war für diese Menschen immer noch ein Fremder, so daß ich meinte, die Zeit sei noch nicht gekommen, um mich an ihren Ritualen zu beteiligen.

Während ich noch darüber nachdachte, wie ich wohl am besten etwas über die botanischen Komponenten der *Epena*-Schnupfdroge erfahren könnte, deutete Pedro auf die gegenüberliegende Seite des *Shabono*. Ein alter Mann hatte eines der Küchenfeuer angefacht, das jetzt hell brannte. Er schnitt ein Bananenblatt in zwei Hälften und rollte eine davon zusammen, so daß eine Art Trichter entstand. Pedro und ich gingen zu dem alten Mann hinüber, der ganz in seine Arbeit vertieft war. Er befestigte den Trichter etwa 30 Zentimeter über dem Erdboden an einem der Pfosten des Rundhauses. Anschließend stellte er einen kleinen grauen Tontopf unter das Blatt und einen anderen direkt ins Kochfeuer, um dann mit einer Machete Rindenstücke einer Liane in den Topf auf dem Feuer zu schneiden.

«*Epena?*» fragte ich.

Der alte Mann schüttelte den Kopf und sagte: «*Mamukure.*»

«Was ist das?» fragte ich Pedro.

«*Veneno*», sagte er. «Kurare.»

Das Wasser in dem Topf begann zu kochen, und der alte Mann fügte zerriebene Blätter verschiedener Pfeffergewächse hinzu. Nachdem der Sud eine Zeitlang gebrodelt hatte, nahm der alte Mann den Kochtopf mit zwei Stöcken vom Feuer und goß den Inhalt durch den Blatttrichter. Eine dunkelblaue Flüssigkeit tropfte in das Gefäß unter dem Trichter. Anschließend wurde diese zu einer Paste eingedickt, in die man die Pfeilspitzen tauchte.

Die Zugabe der Pfefferblätter faszinierte mich mehr als alles andere am Rezept des alten Mannes. Das gleiche Verfahren hatte ich bei den Tirió mehr als 800 Kilometer weiter östlich kennengelernt, ein anderer Ethnobotaniker hatte es bei den Wayapi-Indianern in Französisch-Guayana beobachtet, und Edward Bancroft hatte im Jahre 1775 über ähnliche Praktiken bei den Akawaio-Stämmen in Britisch-Guayana berichtet. Wieder einmal war das Muster ganz deutlich zu erkennen: Verschiedene Stämme verwendeten die gleichen Pflanzen nicht nur für ähnliche Zwecke, sondern häufig gab es für die gleichen Pflanzen bei verschiedenen Stämmen sogar identische Anwendungen. Andere Biologen haben die Zutaten zu Kurare als abergläubisches Beiwerk abgetan, meine Hypothese aber war – wenn ich damals auch keine Literaturangaben dazu finden konnte –, daß das Rezept den Effekt von Kurare intensiviert oder verringert. Einige Jahre später bestätigte ein führender Pflanzenchemiker meine Annahme. Laboruntersuchungen in Indien hatten ergeben, daß die Injektion von Pfeffermischungen in den Blutkreislauf die Bioverfügbarkeit – die Fähigkeit des Blutes, fremde Substanzen aufzunehmen – verstärkt. Die Zugabe von wildwachsendem Pfeffer zu Kurare sorgt also dafür, daß die Aufnahme des giftigen Kurare-Alkaloids in den Blutkreislauf schneller erfolgt, und verstärkt dadurch die Wirkung.

Kapucinski kam herüber und sagte, es sei Zeit aufzubrechen. Wir packten unsere Sachen zusammen und gingen auf einem Pfad ostwärts durch die Gärten der Yanomami zum Urwald. Bananenbäume, *Rasha*-Palmen, Papayas und Kaschubäume konkurrierten um den knappen Platz, aber irgend etwas fehlte. Ich brauchte einige Zeit, bis ich herausfand, was es war: Es gab keinen Maniok, das Hauptnahrungsmittel der meisten Indianerstämme am Amazonas. Ich hielt an, um der Sache auf den Grund zu gehen. In den Gärten der Yanomami dominierten die Bananen. Es gab sechs oder sieben verschiedene Varietäten – große, kleine, grüne, rote, gelbe. Das war erstaunlich, denn Bananen stammen aus den Tropen Asiens und wurden erst im 16. Jahrhundert nach Amerika gebracht. Läßt sich aus dieser Tatsache etwas über die Abstammung der Yanomami ableiten? Napoleon Chagnon behauptet, daß auch diese Indianer einst Maniok kultiviert hätten, den Anbau aber später zugunsten der Bananen aufgaben. In dieser Beziehung unterscheiden sich die Yanomami also deutlich von allen anderen Amazonasindianern.

Aber auch ihr Blut ist verschieden von dem ihrer Nachbarstämme. Mongolide (einschließlich amerikanischer Indianer) haben ein Antigen in ihrem Blut, das «Diego-Faktor» genannt wird. Von den größeren Stämmen fehlt allein den Yanomami dieses Protein. Daraus haben Wissenschaftler eine Anzahl von Theorien über die Herkunft der Yanomami abgeleitet. Einige vermuten, sie seien direkte Nachkommen der ersten Menschen, die die Beringstraße überquerten; alle anderen Indianer seien Nachkommen derjenigen Stämme, die diese Überquerung zu einem späteren Zeitpunkt unternommen hätten. Andere glauben, der Stamm habe sich während der Wanderung isoliert, und eine weitere Theorie besagt, das Fehlen des Diego-Faktors sei eine Mutation und könne nicht anhand von Völkerwanderungstheorien erklärt werden.

Schon bald, nachdem wir die Gärten verlassen hatten, kamen wir an einer etwa zehn Meter hohen *Ku-mu*-Palme vorbei, eine der häufigeren Arten im Amazonasgebiet. Die Marons hatten mir gezeigt, wie man den Saft zum Stillen von Blutungen benutzte; die Kreolen hatten behauptet, daß durch das Essen der Früchte der Blutdruck gesenkt werden konnte; die Tirió hatten aus den Früchten erfrischende und nahrhafte Säfte hergestellt, und ich hatte gehört, daß Stämme in Kolumbien glaubten, das Öl sei ein effektives Heilmittel gegen Tuberkulose. «Wie nennt ihr diese Pflanze?» fragte ich Pedro.

«*Sharabe*», antwortete er.

«Und wozu benutzt ihr sie?»

«Wir essen die Früchte.»

«In meinem Land wird sie als Medizin verwendet.»

«Bei uns nicht», antwortete er.

Nach einer Weile entdeckte ich einen Ameisenbaum, den ich bei den Marons kennengelernt hatte. «Kennst du diese Pflanze?» fragte ich Pedro.

«Ja. Das ist ein *Kanahyeh*. Nimm dich vor den Ameisen in acht!»

«Keine Sorge», antwortete ich, «ich habe bereits schlechte Erfahrungen damit gemacht. Verwendet ihr ihn für irgend etwas?»

«Zum Beispiel?»

«Nun», sagte ich, «im Osten gibt es Menschen, die bei Magenschmerzen einen Tee aus der Rinde trinken. Andere benutzen ihn gegen Kopfschmerzen. Im Westen gibt es einen Stamm, der damit Muskelschmerzen behandelt.»

«Nein, wir benutzen ihn nicht als Arznei», antwortete er.

«Meinst du, daß die alten Männer eine Verwendung kennen, die dir nicht bekannt ist?»

«Ich glaube nicht», antwortete er. «Mein Onkel war ein berühmter *Shapori* – ein Schamane –, und ich habe ihm zugesehen, wenn er Menschen geheilt hat. Er hat diesen Baum nie benutzt.»

Mein nächster Fund war ein *Goebaja*, einer der häufigsten Bäume des Amazonasurwalds. Er wird über 25 Meter hoch und hat einen unverkennbaren zylindrischen Stamm. In der Krone sah ich unzählige, leuchtend violett gefärbte Blüten.

«Wie nennen die Yanomami diesen Baum?» fragte ich Pedro.

«Er heißt *Shetebahre*», antwortete er.

«Wofür benutzt ihr ihn? Wird eine Arznei daraus hergestellt?»

«Laß mich nachdenken», sagte er. «Ich war einmal mit einem Makiritare auf der Jagd, der behauptet hat, sein Stamm würde die Blätter ins Kochfeuer werfen, um Moskitos abzuwehren. Aber die Yanomami benutzen ihn nicht als Arznei.»

Das erschien mir ungewöhnlich. Nahezu jeder im Amazonasgebiet – weiße Siedler, Kreolen, Marons und Indianer – benutzt den *Goebaja* als Heilpflanze. Die Brasilianer setzen ihn zur Behandlung von Syphilis ein, sowohl die Kreolen als auch die Marons glauben, er helfe gegen Leishmaniase, eine gefürchtete Parasitenkrankheit des Amazonasgebiets, und zahlreiche Indianerstämme verwenden ihn bei Husten und Erkältungen. Und in der Medizin der Yanomami sollte diese Pflanze keine Rolle spielen?

Diese Sache faszinierte mich. Ethnobotaniker gehen davon aus, daß alle Stämme des Amazonasgebiets eine breite Palette von Pflanzen für medizinische Zwecke nutzen, aber eine kürzlich durchgeführte Studie bei den Waorani in Ecuador kam zu einem anderen Ergebnis. Bei diesen Indianern gibt es gewisse Parallelen zu den Yanomami: Sie sind bekannt für ihr kriegerisches Wesen und lebten bis vor kurzem ziemlich isoliert. Als Wissenschaftler 1984 dort eine Untersuchung durchführten, fanden sie heraus, daß die Waorani nur sehr wenige Heilpflanzen kennen. Man könnte daraus die Hypothese ableiten, daß Schamanen von Stämmen, die keine ethnopharmazeutische Tradition besitzen (etwa die Yanomami oder die Lakandonen im Süden Mexikos), bei der Heilung von Krankheiten sehr stark auf den Kontakt mit der Geisterwelt angewiesen sind und daß sie das *Epena* als Brücke zwischen den Welten verwenden.

Kapucinski unterbrach meine Gedanken. «Es ist nicht mehr weit. Nur noch über die nächste Brücke.»

«Was ist an diesem *Shabono* so besonders?» fragte ich. «Warum haben Sie gerade dieses ausgesucht?»

«Vor einigen Jahren, als ich noch Versorgungsgüter für die Missionare transportierte, kamen eines Tages einige Yanomami mit einer Frau zur Station, die aussah, als hätte sie nicht mehr lange zu leben. Sie war die Frau des Häuptlings, der auch zu den Begleitern gehörte. Der Pater und die Nonnen untersuchten die Indianerin und stellten fest, daß sie nicht nur schwer an Malaria erkrankt war, sondern auch noch eine Hepatitis hatte. Da sie ihr nicht helfen konnten, baten sie mich, die Kranke und eine der Nonnen ins Krankenhaus nach Puerto Ayacucho zu fliegen. Als ich die Frau einige Wochen später zurückbrachte, war der Häuptling sehr dankbar und sagte mir, ich sei in ihrem *Shabono* stets willkommen. Im Laufe der Jahre bin ich dann tatsächlich einige Male dort gewesen. Es ist weit genug von der Mission und von der Landebahn entfernt, so daß es von der westlichen Kultur nicht zu sehr beeinflußt ist, und als Sie sagten, Sie suchten einen Platz, der nicht zu ‹zivilisiert› sei, habe ich beschlossen, Sie hierherzubringen.»

Inzwischen hatten wir die Brücke erreicht. Einige Yano-
mami-Kinder hatten uns entdeckt und begannen, «Nabe!
Nabe!» zu rufen. Die etwas ängstlicheren rannten zurück, um
Schutz im Shabono zu suchen. Für mich war das ein Zeichen,
daß nur wenige Fremde hierherkamen.

Pedro fragte nach dem Häuptling, und man erzählte ihm,
dieser sei auf die Jagd gegangen. Ein kleiner, älterer Mann
kletterte aus seiner Hängematte und begrüßte uns lächelnd.
Kapucinski erklärte, daß es sich um den Schamanen handelte. Der Indianer knöpfte mein Hemd auf und berührte die
Haare auf meiner Brust. Dabei sagte er: «Basho, basho.» Ich
glaubte damals, diese Worte meinten «Willkommen, willkommen». Später mußte ich jedoch erfahren, daß sie «Klammeraffe! Klammeraffe!» bedeuteten.

Der Schamane nahm mich bei der Hand und führte mich
in seinen Teil des Shabono. Dort sah ich seinen Bogen
hängen, der um einiges länger war als der nur einen Meter
fünfzig große Medizinmann. Außerdem entdeckte ich einen
Bambusköcher mit vergifteten Pfeilen für die nächste Jagd
und ein Röhrchen für Schnupfdrogen. «Mokohiro», sagte ich
und benutzte damit den Namen der Yanomami für dieses
Röhrchen. Daraufhin gab mir der Schamane das Röhrchen
zur genaueren Ansicht.

«Epena», sagte ich, um zu demonstrieren, daß ich einige
Worte in seiner Sprache kannte. Er lächelte und nickte
bestätigend. Der Medizinmann war vermutlich etwa siebzig
Jahre alt, sah aber eher aus wie hundert. Er hatte Geheim-
ratsecken – sehr ungewöhnlich für einen Indianer – und ein
uraltes Gesicht, das von einem breiten Lächeln beherrscht
wurde. Er trug nur seine Penisschnur um die Taille und
einfache Stäbchen in den vergrößerten Löchern seiner Ohrläppchen, die ihm ein etwas bedrohliches Aussehen verliehen.

Wir setzten uns am Rand des zentralen Platzes nieder. Der
Schamane deutete auf die Mokohiro und dann auf meine
Nase und machte Gesten, als würde er Schnupfdrogen in
meine Nase blasen. Ich lächelte und tat so, als würde ich die
Wirkung spüren. Er sagte etwas zu einem hinter uns stehen-

den Mann; dieser holte einen kleinen Beutel, der vom Dach herabhing. Danach geschahen die Dinge ein wenig schneller, als ich es geplant hatte.

Der Mann reichte dem Schamanen den Beutel, der das rötlich-graue Pulver auf ein Bananenblatt schüttete, das er zwischen uns auf die Erde gelegt hatte.

«Nun haben Sie es also geschafft!» rügte Kapucinski mich und sah dabei etwa so unglücklich aus, wie ich mich fühlte.

Ich versuchte dem Schamanen klarzumachen, daß ich die Schnupfdroge lieber morgen und nicht heute probieren wolle, aber er sprach kein Spanisch. Er lächelte nur und begann, das Röhrchen zu füllen. Ich schaute mich hilfesuchend nach Pedro um, aber der war in einer Gruppe von Indianern am anderen Ende des *Shabono* verschwunden. Als ich mich wieder umdrehte, deutete der Schamane mit dem Röhrchen auf mich. Ich war zwar ängstlich und besorgt, aber gleichzeitig auch aufgeregt und voller Erwartung, als ich das Röhrchen in meine Nase steckte. Der Schamane nahm das andere Ende in den Mund und pustete, wobei er langsam begann und den Rest mit einem kräftigen Luftstoß in meine Nase blies.

Durch die Wucht des letzten Luftstoßes wurde ich aus meiner hockenden Position gerissen. Sofort überflutete mich ein Gefühl der Wärme – meine Nase, meine Stirnhöhlen, mein Kopf und meine Glieder begannen zu brennen. Ich rappelte mich auf und fühlte zugleich den beginnenden Schmerz.

Mein Kopf begann zu hämmern, als hätte ich einen Schlag mit einer Kriegskeule abbekommen. Mein Sehvermögen ließ nach, und mir wurde schwindelig. Ich verschluckte mich, als sich Nase und Kehle mit einer schleimigen Masse füllten.

Als ich zu dem Schamanen hinüberschaute, sah ich, daß er bereits dabei war, das Röhrchen erneut zu füllen. Er deutete auf mich und steckte das Röhrchen in mein linkes Nasenloch. Bevor ich meinen Widerspruch anmelden konnte, pustete er los.

Die Gewalt des Luftstoßes schien die Droge direkt in

meine Adern und weiter bis in meine Seele zu befördern. Obwohl mein Herz schmerzhaft schlug, fühlte ich, wie ein leichtes Hochgefühl meinen gepeinigten Körper durchströmte, und vor meinen Augen begannen winzige Figuren aufzutauchen.

Meine Nase fing an zu laufen, aber dafür klärte sich mein Blick ein wenig. Ich erkannte Indianer, die lachend mit den Fingern auf mich zeigten. Einige hatten ihre Tätigkeiten unterbrochen – ihre Unterhaltungen, das Schnitzen der Pfeilspitzen für die Jagd oder das Herstellen eigener Schnupfportionen – und saßen im Kreis um mich herum.

Ich empfand eine tiefe Verbundenheit mit ihnen, und während die Droge sich in meinem Körper ausbreitete, glaubte ich, die Worte der Indianer, die sich in ihrer eigenen Sprache unterhielten, zu verstehen. Einer von ihnen berührte meine Schulter, ein anderer streichelte meinen Arm. Überwältigt von dem Dazugehörigkeitsgefühl deutete ich auf das *Epena* auf dem Bananenblatt vor mir und sagte: «Mehr!» Dabei schien es mir allerdings, als hätte nicht ich selbst gesprochen.

Der Schamane stopfte das Röhrchen erneut und blies die Droge zunächst in mein rechtes und dann in mein linkes Nasenloch. Ich spürte, daß er mir geringere Dosen verabreichte und nicht so stark blies wie die Indianer unter sich. Dennoch begannen jetzt die Halluzinationen.

«Noch mehr», sagte ich. Ich wollte diese Erfahrung vollständig machen.

Meine Sinneswahrnehmungen begannen sich zu verändern. Ich hörte plötzlich ausgesprochen gut und glaubte sogar, alles zu verstehen, was im *Shabono* gesprochen wurde. Auch mein Blickfeld hatte sich erweitert: Es war so, als würde ich die Welt durch ein Weitwinkelobjektiv betrachten, und am Rande meines Blickfelds begannen die kleinen Figuren zu tanzen.

Der Schamane füllte das Schnupfröhrchen erneut und gab mir weiterhin von der Droge. Die letzte Dosis brachte mich erneut aus dem Gleichgewicht, so daß ich flach auf dem Rücken lag. Meine Kehle brannte, und mein Kopf fühlte sich an, als würde er explodieren. Der Schmerz wurde so stark, daß ich meinen Kopf in die Hände nehmen mußte.

Ein anderer Schamane, der in meiner Nähe saß und meinen Schmerz bemerkte, begann meine Arme zu massieren. Ein Gefühl der Entspannung durchflutete mich. Er legte die Hand an meine Schläfen und fing an, auch sie vorsichtig zu massieren. Fast augenblicklich verschwand der Schmerz, und die Auswirkungen der Schnupfdroge flossen wellenartig durch meinen Körper – vom Kopf hinab zu den Füßen und wieder zurück. Ein großartiges Gefühl der Zufriedenheit überfiel mich und dehnte sich auch auf meine Freunde, das *Shabono* und den mich umgebenden Dschungel aus. Der schmutzige Boden des Rundhauses, auf dem Ameisen, Läuse und anderes Ungeziefer herumliefen, kam mir wie ein weiches Bärenfell vor; ich fühlte mich entspannt und doch außerordentlich aufnahmefähig. Mein Kopf und mein Herz schienen in zwei verschiedene Richtungen gezogen zu werden – ich mußte an den Haß in der Welt, an die Ungerechtigkeit, den Neid und an die unzähligen Kriege denken, die überall auf der Erde stattfanden, war aber gleichzeitig von meiner eigenen Kraft und Unverwundbarkeit überzeugt und von der Sehnsucht, ein *Waiteri* zu sein – ein grimmiger, tapferer Krieger in bester Yanomami-Tradition.

Einige Indianer begannen nun ebenfalls zu schnupfen. Bilder von der Welt außerhalb des *Shabono* tauchten vor mir auf. Ich hörte, wie in weiter Entfernung ein großes Krokodil von einer Sandbank ins Wasser glitt, um zu jagen; in den Hügeln im Osten lockten Felsenhähne mit ihren typischen Rufen Weibchen an; eine Harpyie segelte unter dem Blätterdach dahin, auf der Suche nach Kapuzineräffchen, und ein riesiger Jaguar ließ ein tiefes Fauchen hören. Im Norden hörte ich die Stromschnellen des weit entfernten Orinoko, während im Süden ein leichter Regen auf das Blätterdach der Bäume niederging, die an den Berghängen nahe der Grenze zu Brasilien wuchsen.

Dann wurde meine Aufmerksamkeit wieder von den Bildern vor meinen Augen gefesselt. Die kleinen Figuren am Rande meines Blickfelds hatten sich vervielfacht und begannen, schneller und schneller zu tanzen. Ich versuchte, sie genauer zu betrachten, aber es gelang mir nicht. Es war, als würde man vor einem Spiegel stehen und versuchen, sich schnell genug herumzudrehen, damit man seinen Hinterkopf noch sah: Jedesmal war das Bild bereits verschwunden. Etwa zu diesem Zeitpunkt verlor ich vermutlich das Bewußtsein. Wieder fühlte ich, daß ich durch einen Spalt in der Mauer entschwand, mich aus der Welt, die wir im Westen «Realität» nennen, in eine andere Welt entfernte – in eine Welt, die integraler Bestandteil der indianischen Realität ist. Wie schon beim Besuch des Jaguar-Schamanen und bei der Heilzeremonie des alten Wayana hatte man mir auch hier einen kurzen Einblick in eine Welt gestattet, die für westliche Wissenschaftler nicht zu existieren scheint. Eine solche Erfahrung wirft zwangsläufig mehr Fragen auf, als sie Antworten liefert. Allerdings erweitert sie auch den Gedankenhorizont und führt zu Fragen wie: Was ist Wirklichkeit? Was ist primitiv? Was wissen wir und was müssen wir noch lernen?

Ich erwachte einige Stunden später, als ich aus meiner Hängematte fiel. Pedro stand neben mir.

«Wie fühlst du dich?» fragte er mit einem schiefen Grinsen.

«Ich glaube, ich bin in Ordnung.» Ich stand auf und streckte mich. «Ziemlich gut, wirklich.» Mein Kopf war klar, während meine Kehle noch ein bißchen rauh wirkte.

«Komm mit», sagte Pedro und führte mich aus dem *Shabono*. Der Schamane und einige junge Männer, die an der Schnupfzeremonie teilgenommen hatten, begleiteten uns. «Wir wollen dir etwas zeigen.»

Wir gingen geschwind einen schmalen Pfad entlang. Bei einem *Nyakwana*-Baum mit großen Brettwurzeln hielten wir. Der Schamane schnitt mit seiner Machete einige Streifen Rinde heraus, und dann gingen wir wieder zum *Shabono* zurück. Kurz bevor wir dort ankamen, deutete der alte Mann auf einen großen, zu den Hülsenfrüchtlern gehörenden Baum.

«*Hisiomi*», sagte er.

«Von dem Baum stammt die zweite Schnupfdroge, die du genommen hast», erklärte Pedro.

«Und woraus war die erste gemacht?» fragte ich.

«Aus dem *Nyakwana*. Sein Rindensaft läßt dich Dinge sehen wie die *Hekura*, die kleinen Männchen. *Hisiomi* wird dagegen aus den Samen dieses Baumes gemacht und verleiht dir ein besseres Hörvermögen. Dieser Baum wächst normalerweise nicht im Urwald, sondern in der Savanne. Wir pflanzen ihn daher in der Nähe des *Shabono* an.»

Als wir wieder im Rundhaus waren, hielt der Schamane die Rindenstreifen über ein Feuer, und bald darauf tropfte ein zähflüssiger roter Saft auf eine Metallplatte. Nachdem das Tropfen aufgehört hatte, schälte der Schamane die inneren Teile der Rinde ab und legte sie ebenfalls auf die Platte. Ein Bananenblatt als Topflappen benutzend, hielt er die Metallplatte über das Feuer, bis die Mixtur völlig trocken war. Während dieses Trocknungsprozesses wurden die Blätter von zwei Pflanzen, *Mashohara* und *Ama-asi*, hinzugefügt. Nach Aussage von Pedro machen diese Pflanzen «die Schnupfdroge stärker und lassen sie besser riechen».

Die botanischen Komponenten der Schnupfdrogen demonstrieren erneut das außerordentlich gute chemische Verständnis der Amazonasindianer. Die beiden Drogen werden aus unterschiedlichen Pflanzenteilen hergestellt (Saft bzw. Samen) und stammen von zwei unterschiedlichen Bäumen (einem Verwandten des Muskatnußbaumes und einem Hülsenfrüchtler). Die biochemischen Substanzen, die bei beiden Pflanzen für den halluzinogenen Effekt verantwortlich sind – es handelt sich um Tryptamin-Alkaloide – sind beinahe identisch. Diese «primitiven» Menschen, die im größten Wald der Erde leben und von Tausenden verschiedener Bäume umgeben sind, haben also tatsächlich die beiden Pflanzen gefunden, die es ihnen erlauben, mit der Welt ihrer Geister Kontakt aufzunehmen.

Der das *Hisiomi* liefernde Baum ist die besser untersuchte der beiden Schnupfdrogen-Pflanzen. Dieser vielfach für religiöse Zwecke verwendete Baum wurde schon vor der Eroberung Amerikas in viele verschiedene Regionen transportiert.

Sogar die Indianer der Andengebiete, wo dieser Baum nicht gedeiht, verschafften sich die Samen durch Tauschhandel mit den Stämmen des Tieflands. Man weiß, daß Schamanen der Inka und der Muisca, die in den Anden Perus beziehungsweise Kolumbiens lebten, diese Samen schon vor 1492 für ihre Weissagungen benutzten. Als die Europäer in der Neuen Welt eintrafen, gab es *Hisiomi* auch auf den Westindischen Inseln, wo man es *Cohoba* nannte und ebenfalls als halluzinogene Droge verwendete. Dort wurde die Benutzung von Bartolomé de las Casas beobachtet:

> Die Indianer saugen den Puder mit der Nase auf und ziehen ihn dann hoch, bis sie die gewünschte Menge aufgenommen haben. Das geschnupfte Pulver steigt ihnen ins Gehirn, fast so, als hätten sie starken Wein getrunken. So werden die Indianer betrunken oder jedenfalls nahezu betrunken. Den Puder, die Zeremonie und die Prozedur nennen sie in ihrer Sprache «Cohoba». Der Rausch führt dazu, daß sie konfus oder wie die Deutschen daherreden.

Die Verwendung des Muskatnußbaum-Saftes, des «Samens der Sonne», wurde erst vor 40 Jahren bekannt. Schultes entdeckte dessen rituellen Konsum im Jahre 1954 bei Stämmen im kolumbianischen Amazonasgebiet. Anders als der Lieferant des *Hisiomi* ist dieser Baum eine echte Pflanze des Urwaldes und kommt im gesamten Amazonasgebiet vor. Da ihr Geheimnis so lange in den Tiefen des Amazonasdschungels verborgen war, wird die Pflanze nur selten in den historischen Darstellungen über halluzinogene Drogen erwähnt.

In dieser Nacht lag ich in meiner Hängematte, lauschte den Geräuschen des *Shabono* – dem Schnüffeln der Jagdhunde und dem Schnarchen der Indianer – und überdachte die Ereignisse eines erfolgreichen Tages. Die Teilnahme an einem Ritual, von dem ich ein Jahrzehnt zuvor schon gelesen hatte, war die Art von Erfahrung, auf die ich gehofft hatte, die sich aber nicht planen läßt. Ich war erfreut, daß ich die beiden

252

wichtigsten Antworten auf meine Fragen über *Epena* erhalten hatte: Ich wußte, woraus es hergestellt wird und wie viele Varianten von den Yanomami verwendet werden. Daß ich außerdem die Pflanzen und ihre Verarbeitung in ihrer natürlichen Umgebung beobachten durfte, läßt sich vielleicht mit der Situation eines Kunststudenten vergleichen, der zu den großen Museen der Welt pilgert, um sich erstmals die Gemälde und Skulpturen, die er bisher nur aus Büchern kennt, im Original anzuschauen.

Anders als der *Hisiomi*-Baum war das Muskatnußgewächs ein alter Bekannter, den mir schon die Tirió gezeigt hatten. Sie benutzen den Saft, um Pilzinfektionen, Zahnschmerzen und wundes Zahnfleisch zu behandeln. Im nordwestlichen Amazonasgebiet wird er auch als Droge benutzt.

Die westliche Medizin kennt trotz ihrer zahlreichen Wundermedizinen bisher keine effektive Behandlungsmöglichkeit bei von Pilzen verursachten Hautkrankheiten. Für viele Krebs- und Aids-Patienten wird dies zum ernsten Problem, da sie oft regelrecht von Pilzen verseucht sind. Da Pilzkrankheiten im feuchtwarmen Regenwald häufig sind, haben die Eingeborenen viele Behandlungsmethoden entwickelt. Dabei scheint der Saft des Muskatnußbaumes am effektivsten zu sein. Schultes sammelte schon in den fünfziger Jahren die Rinde dieses Baumes, trocknete sie und schickte sie an pharmazeutische Laboratorien in den USA und in Westeuropa. Sie fanden nichts. Als jedoch kürzlich an der Universität von São Paulo in Brasilien Untersuchungen an frischem Material durchgeführt wurden, entdeckte man drei Substanzen, die der Wissenschaft bis dahin unbekannt gewesen waren. Diese Stoffe gehören zu den Lignanen, komplexen Molekülen, von denen bekannt ist, daß sie zahlreiche Effekte auf den menschlichen Körper haben. Zwei dieser Lignane wirken gegen Pilzerkrankungen. Da diese Mittel möglicherweise eine wichtige Rolle bei der Behandlung unserer gefürchtetsten Krankheiten spielen können, ist es geradezu tragisch, daß wir das Leben ihrer Entdecker und Eigentümer seit geraumer Zeit einschneidend verändern und ihren Lebensraum, die Urwälder, weiterhin zerstören.

Am nächsten Morgen ließ sich Kapucinski von einem indianischen Führer zur Landebahn bringen, um nach Caracas zurückzukehren; zwei Wochen später wollte er mich wieder abholen. Er packte seine Sachen zusammen, wir schüttelten uns die Hände, und dann war ich allein mit meinen neuen Freunden.

Ich hatte beschlossen, die Zeit zu nutzen, um so viele Informationen wie möglich über die Schnupfdrogen zusammenzutragen – die genaue Dosierung, Variationen bei der Präparation, aber auch die damit in Zusammenhang stehenden Mythen und Tabus. Als ich gerade meine Notizbücher auspackte, um die Indianer zu befragen, entstand große Unruhe: Ein Neuankömmling war im *Shabono* aufgetaucht. Pedro übersetzte mir, was der Mann erzählte: Er war über die Parima-Berge aus Brasilien gekommen, nachdem sein *Shabono* von brasilianischen Goldsuchern angegriffen worden war. Einige Indianer waren erschossen worden, und man hatte viele der Frauen entführt. Die Yanomami hatten schon seit längerem gewußt, daß Goldsucher in ihrem Gebiet waren, hatten aber beschlossen, sie nicht zu töten, da sie sonst mit Vergeltung durch die brasilianische Armee rechnen mußten.

Bald waren jedoch die ersten Auswirkungen zu spüren. Malaria und andere Fiebererkrankungen hatten vielen Kindern das Leben gekostet; die Goldsucher verschmutzten die Flüsse mit Quecksilber, das bei der Goldwäsche benötigt wird, so daß viele Indianer krank wurden. Zwei der Frauen hatten sich bei Goldsuchern mit Geschlechtskrankheiten angesteckt, gegen die die Schamanen keine Heilmittel hatten. Schließlich fanden einige der jüngeren Männer, daß es genug sei: Sie legten ihre Kriegsbemalung an und forderten die Goldsucher auf, das Land zu verlassen. Dabei kam es zu einer Schießerei, und ein weißer Brasilianer wurde getötet. Am nächsten Tag griffen die Goldsucher das *Shabono* an.

Einige der Yanomami im Rundhaus sprachen von Vergeltung, aber der alte Schamane war dagegen. «Das ist nicht unser Krieg», sagte er. «Dieses Dorf liegt über sechs Tagesmärsche von hier entfernt. Außerdem haben wir einst einen

Krieg gegen dieses *Shabono* geführt. Das ist nicht unser Krieg.»

Der Zwischenfall gab mir zu denken. Zwar hatte ich ein «unverdorbenes» Dorf gefunden, einen Ort, der von der westlichen Kultur unberührt war, und es war mir auch gelungen, der Allgegenwart meiner eigenen Kultur für kurze Zeit zu entfliehen; aber nur sechs Tagesmärsche von hier entfernt tauchten brasilianische Goldwäscher als häßliche Sendboten der Veränderung auf, und dort wurde jetzt das letzte Kapitel einer Eroberung geschrieben, die 1492 begonnen hatte. Ich schaute mich im *Shabono* um, und mir wurde klar, wieviel Glück ich gehabt hatte, gerade dieses Dorf zu finden. Keine fremdartigen Kleidungsstücke und, soweit ich sehen konnte, auch kein Kunststoff – allein die Macheten kamen von außerhalb.

Einer der Indianer lud mich ein, an einem *Epena*-Gelage teilzunehmen, das gerade begonnen hatte, und als das warme Pulver sich seinen Weg in mein Gehirn bahnte, entspannte ich mich und bereitete mich darauf vor, erneut in eine andere Realität zu entschwinden. Als die Droge zu wirken begann und ich fühlte, wie ich davontrieb, stellte plötzlich jemand einen Kassettenrekorder an, und Cab Calloways «Hi-de-ho» dröhnte durch das *Shabono*.

Die Musik dämpfte die Begeisterung über meine Entdeckungen. Obwohl ich herausgefunden hatte, welche Pflanzen die Yanomami aus Venezuela für ihre Schnupfdrogen benutzen, und bestätigen konnte, daß es dieselben Pflanzen waren, von denen Schultes viele Jahre zuvor berichtet hatte, war es eine Ernüchterung, daß es sogar in dieser entlegenen Ecke des Amazonasgebiets kein Entkommen vor der westlichen Zivilisation gab. Ich hatte es immer wieder gehört und auch selbst gesehen: Wenn der «Fortschritt» auch nur einen Fuß in eine Eingeborenenkultur am Amazonas setzte, war es nur eine Frage der Zeit, bis westliche Krankheiten und moderne materielle Güter die traditionelle Lebensart vernichtet hatten.

Rückkehr nach Kwamala

Man kann feststellen, daß diejenigen Stämme, bei denen die Akkulturation zuerst erfolgte, auch zuerst verschwinden.

Henri Coudreau, 1886

Der Besuch bei den Yanomami war ein deutlicher Hinweis, daß die Uhr der Amazonasindianer ablief. Ich hatte sogar bei einem Stamm, der in sehr entlegenen Gebieten heimisch ist, westliche Konsumgüter wie Kassettenrecorder gefunden und außerdem erfahren müssen, daß es auch dort schon Malaria und Geschlechtskrankheiten gab. Wenn schon bei den Yanomami die Auswirkungen der zivilisierten Welt spürbar waren, so meine Sorge, dann würden die Tirió vermutlich schon bald davon überrannt werden. Daher beschloß ich im Januar 1988, nach einer Abwesenheit von drei Jahren, nach Kwamala zurückzukehren.

Ich wollte nicht nur meine Freunde wiedersehen, sondern ich mußte auch ein altes Versprechen einlösen. Während meines ersten Besuchs bei den Tirió hatte ich dem Häuptling versprochen, den Mitgliedern seines Stammes das Wissen über Heilpflanzen, das sie mir mündlich vermittelt hatten, in schriftlicher Form zurückzugeben. So war unsere Abmachung gewesen, wenn ich auch nicht wußte, ob die Resultate meiner Untersuchungen tatsächlich irgendeinen Einfluß auf den Erhalt der indianischen Kultur haben würden, denn der Häuptling hatte schon während meines ersten Besuches deutlich gemacht, daß er die Medizin der Weißen für besser hielt, und er hatte kein Interesse an meinen Forschungen gezeigt.

Die Veränderung und die Zerstörung der Eingeborenenkulturen durch den Kontakt mit der Außenwelt haben inzwischen wenigstens dazu geführt, daß die Umweltschützer aufzuwachen beginnen und die Wichtigkeit der Ethnobotanik für die Erhaltung und sinnvolle Nutzung der Regenwälder erkennen. Internationale Naturschutzvereinigungen, die sich für den Schutz des tropischen Ökosystems einsetzen, sehen ein, daß es wenig Sinn hat, nur für die Fauna die Trommel zu schlagen. In einen wirkungsvollen Schutz müssen sowohl Pflanzen als auch Eingeborene einbezogen werden. Unglücklicherweise haben die meisten Menschen an Pflanzen nur geringes Interesse, und für manche Naturschützer sind sie nicht mehr als Grünzeug, das an einem Ende des Pandas hineingesteckt wird und am anderen wieder herauskommt.

Die Ethnobotanik geht dagegen von einem holistischen Denkansatz aus, indem sie auf die wichtige Rolle hinweist, die die Eingeborenen beim Schutz, bei der Nutzung und bei der Erhaltung der Regenwälder spielen.

Wo es in Amerika Urwälder gibt, gibt es Indianer – aber, noch wichtiger: Wo es Indianer gibt, gibt es auch Urwälder. Sie leben schon seit Jahrtausenden in enger Koexistenz mit ihrem Biotop. Zwar bestreiten sie ihren Lebensunterhalt aus dem Urwald, aber sie zerstören ihn nicht durch Überjagung oder durch Auslaugung der Böden. Die Ethnobotanik bezieht die Menschen in die Überlegungen zum Schutz der Regenwälder ein und zeigt, daß die Eingeborenen uns Antworten auf die Frage geben können, wie wir den Urwald am besten nutzen und gleichzeitig schützen.

Unterdessen wächst die Bevölkerungszahl ständig weiter, multinationale Konzerne dringen in unberührtes Land vor, und die Urwälder werden weiterhin abgeholzt. Ein peruanischer Naturschützer sagte einmal: «Straßen sind der Krebs des Urwalds.» Sie zerstören wahllos jede Vegetation und laden die Zivilisation in die Wildnis ein. Straßen ermöglichen den Zugang zu den Märkten und machen das Fällen der Bäume und den Verkauf der Stämme erst wirtschaftlich attraktiv. Straßen bringen auch neue Siedler ins Land, so daß es fast unweigerlich zu Landstreitigkeiten kommt, und tragen dazu bei, daß sich die Eingeborenen mit neuen, ansteckenden Krankheiten infizieren. Außerdem übt die Missionierung oft einen negativen Einfluß auf die Menschen *und* die Umwelt aus. Missionare haben eine Vorliebe dafür, die Indianer in Siedlungen von mehreren 100 Personen zusammenzufassen, damit ihnen die Bekehrung der Eingeborenen erleichtert wird. Infolgedessen verarmt der Urwald in diesen Gebieten durch Überjagung oder landwirtschaftliche Übernutzung.

Ich hatte wenig Hoffnung, daß meine Freunde in Kwamala es geschafft hatten, all diese Gefahren unbeschadet zu überstehen.

Aus der Luft sah das Dorf ziemlich unverändert aus. Der einzige ins Auge fallende Unterschied waren die Wellblechdächer, die die traditionellen Palmdächer ersetzt hatten. Ich hatte zu diesem Zeitpunkt noch keine Vorstellung davon, daß diese Äußerlichkeit ein sicheres Anzeichen für den kulturellen Verfall ist.

Wie immer in abgelegenen Urwaldregionen sorgte das Geräusch des landenden Flugzeugs für Aufsehen. Viele Indianer standen vor ihren Hütten, beschatteten die Augen gegen die tiefstehende Nachmittagssonne und beobachteten unsere Ankunft. Nach einer unsanften Landung kletterte ich aus dem Flugzeug und schaute mich um. Kamainja stand am Rand des Flugfeldes; er winkte mir zu, als er mich erkannte, lachte und umarmte mich. «*Jako, joe doro*», sagte er. «Bruder, du bist zurückgekommen.» Er sprach eine Mischung aus Tirió und Sranangtongo.

«*Ai, Jako. Mi doro, sasame wae*», antwortete ich. «Ja, es ist gut, wieder hierzusein!»

Wir luden mein Gepäck aus, und als wir durchs Dorf gingen, nahm ich lächelnd die wohlbekannten Geräusche, Gerüche und anderen Eindrücke wahr: Frauen, die sich gegenseitig das Haar kämmten, Baumwolle spannen oder Maniok schälten; der Rauch, der von den Kochfeuern aufstieg; die Rufe der kleinen Jungen, die mit ihren Spielzeugbogen Jäger spielten. Allerdings gab es auch neue und erschütternde Dinge. Die meisten der jungen Männer hatten ihre roten Lendenschurze gegen abgelegte westliche Kleidung eingetauscht. Ältere Männer, deren Haare früher lang gewesen waren, trugen sie jetzt kurz geschnitten, wie auf den Bildern in den Magazinen, die sie von den Missionaren bekommen hatten. Verschwunden waren auch die Perlenarmbänder, der Kopfschmuck aus Tukanfedern und die Körperbemalung, einst Symbol einer zeitlosen Kultur, und mit all diesen Dingen auch der Stolz der Menschen. Einige meiner Freunde erzählten begeistert, daß sie zur Jagd keine mit Kurare vergifteten Pfeile mehr benutzten, sondern Gewehre, die sie gegen Papageien in einem Dorf in Brasilien eingetauscht hatten.

Wir brachten meine Sachen in eine leere Hütte. Da der Häuptling sich auf einer mehrwöchigen Jagd befand, gingen wir gleich hinüber zu Kamainjas Behausung. Die Gastfreundschaft der Tirió schien unverändert; seine Frau brachte mir sogleich ein Gefäß mit Maniokbier, und ich trank das säuerliche Gebräu und aß von dem Pekarifleisch, das zum Räuchern über einem schwelenden Feuer hing.

Am nächsten Morgen hörte ich eine Stimme, die den traditionellen Tirió-Morgengruß rief: «*Jako, kude manah?* Bruder, geht es dir gut?»

Da sich das Moskitonetz noch über meiner Hängematte befand, konnte ich nicht sehen, wer draußen war. «Ja, Bruder, es geht mir gut», antwortete ich.

Daraufhin begann die Stimme, englisch zu sprechen. «Guten Morgen, mein Freund, wie geht es dir?»

Koita! Ich sprang aus der Hängematte, um ihn in die Arme zu schließen. Wäre ich nicht sicher gewesen, daß es seine Stimme war, ich hätte meinen alten Freund Koita nicht wiedererkannt. Er trug keinen roten Lendenschurz mehr, keinen Perlengürtel, keine Armbänder aus Samen, sondern ein grün-blaues Hawaiihemd, blaue Jeans und hohe schwarze Turnschuhe.

«Wo hast du diese Sachen her?» fragte ich. «Du siehst aus wie ein *Pananakiri.*»

Koitas Lächeln schwand. «Gefällt dir meine neue Kleidung nicht?»

Ich merkte, daß ich seine Gefühle verletzt hatte, und versuchte, den Fehler wiedergutzumachen. «Nun», stammelte ich, «es ist nur... du siehst so anders aus, das ist alles. Schon gestern habe ich kaum jemanden mit Lendenschurz gesehen. Was ist während meiner Abwesenheit passiert?»

«Es hat einige Veränderungen gegeben», sagte er. «Die Missionare waren hier und brachten neue Kleider. Aber auch die Händler, bei denen wir Tiere gegen Taschenlampen und Angelhaken eintauschen, bringen uns Kleidung mit.»

«Was ist sonst noch geschehen?» fragte ich und hatte gleichzeitig Angst vor der Antwort.

«Unser Freund Yaloefuh lebt nicht mehr hier. Er wurde in der Hängematte der Ehefrau eines anderen Mannes erwischt, woraufhin ihn die Missionare und der Häuptling vor dem gesamten Dorf auspeitschen ließen. Danach wurde er verstoßen; er lebt jetzt in einem Dorf in Brasilien.»

«Und er darf nie mehr zurückkommen?» fragte ich ungläubig.

«Der Häuptling sagt nein», antwortete Koita.

«Und was ist mit seiner Frau und seinen Kindern?»

«Die sind immer noch hier.»

Ich fragte mich, ob Yaloefuhs Strafe von den Missionaren oder von den Indianern bestimmt worden war. Als die Missionare erstmals bei den Indianern Surinams auftauchten, hatten sie darauf bestanden, daß jeder Mann nur eine Frau haben dürfe. Dies führte bei einigen Stämmen, bei denen es zuvor Polygamie gegeben hatte, zu erheblichen Problemen, denn viele Frauen hatten nun plötzlich keinen Ehemann mehr, der für sie sorgte.

«Gibt es noch andere Neuigkeiten?» fragte ich.

«Ja», sagte Koita. «Der Häuptling hat uns die alten Lieder und Tänze verboten. Sie passen nicht mehr zu unserem jetzigen Leben.»

Das war eine weitere unerfreuliche Nachricht. Die Tirió waren berühmt für ihre Tänze, in denen meist Geschehnisse aus dem Alltagsleben dargestellt wurden, etwa ein Jaguar, der eine Herde von Pekaris jagte, oder ein Felsenhahn, der die Federn spreizte und herumstolzierte, um die Weibchen zu beeindrucken.

«Und was singt ihr heute?» fragte ich.

«Die Missionare haben uns neue Lieder beigebracht», antwortete Koita aufgeregt. «Hör dir dies an.» Die Melodie, die er sang, kam mir bekannt vor, aber es dauerte einige Zeit bis mir klar wurde, daß es die Tirió-Version von «Jingle Bells» war.

Der Einfluß der Missionare ging aber weit über die indianischen Tänze und Gesänge hinaus. Traditionellerweise erhielten die Indianer Namen, die aus der Natur entlehnt waren. So war der richtige Name des Jaguar-Schamanen «Knochen», während Koita nach der *Koi*-Palme benannt worden war. Jetzt erhielten die Neugeborenen Namen aus der Bibel. Auch hatten die Missionare einen Generator mitgebracht, mit dem sie einen 16-mm-Projektor betrieben und Szenen aus dem Film «Die zehn Gebote» zeigten, etwa die, in denen Moses das Rote Meer teilt. Als ich später einen der verantwortlichen Missionare darauf ansprach, rechtfertigte er sich damit, daß er großen Wert darauf gelegt habe, den Indianern zu erklären, daß es sich nicht um ein reales Ereignis handelte, sondern um eine gespielte Szene. Ein hübscher Trick: Man zeigt Menschen, die noch nie einen Film gesehen haben, eine solche Szene, erzählt ihnen, daß das, was sie sehen, nicht die Gegenwart ist, aber daß dieses Ereignis in der Vergangenheit tatsächlich stattgefunden hat, und das ist dann der Beweis, daß alles, was in der Bibel steht, der Wahrheit entspricht. Und dann behaupten die Missionare, die Indianer hätten die westliche Religion aus freien Stücken angenommen!

Daß der Häuptling die Missionare überhaupt in sein Dorf gelassen hatte, war wohl auf die Hoffnung auf westliche Güter zurückzuführen. Natürlich erhielt der Chef des Dorfes die besten Kleidungsstücke, mehr Macheten und Taschenlampen als die anderen, außerdem Konserven, Salz, und er hatte etwas, das sonst niemand besaß – ein Radio, mit dem er brasilianische Sender empfangen konnte. Außerdem brachte man ihn gelegentlich mit einem Flugzeug in die Hauptstadt, damit er dort an Bibeltreffen teilnehmen konnte.

Ein Aufruhr im Dorf unterbrach Koitas Bericht. Wir erblickten Ijuki, den alten Schamanen, der einen riesigen Ameisenbären, den er im Urwald geschossen hatte, auf seinem Rücken trug. Das Tier war so groß – etwa einen Meter achtzig von der Nasenspitze bis zum Ende des Schwanzes –, daß der leblose Körper den alten Mann fast völlig verdeckte.

Wie Koita mir versicherte, ist die Jagd auf Ameisenbären nicht ungefährlich; wenn man nicht sofort einen tödlichen Schuß anbringen kann, bleibt das Tier weiterhin sehr wehrhaft und schlägt bei Annäherung des Jägers oft mit seinen schrecklichen Klauen zu.

Der britische Entdecker Barrington Brown berichtete im letzten Jahrhundert von einer Begebenheit, bei der ein Jäger sich nicht vorsichtig genug verhielt:

Die Großen Ameisenbären sind sehr gefährliche Tiere, und es ist bekannt, daß sie sogar Männer töten können. Mein Führer erzählte mir, daß ein mit einem langen Blasrohr bewaffneter Indianer, der in der Nähe von Roraima lebte, zusammen mit anderen in den Urwäldern nördlich der Berge auf der Jagd war. Auf dem Heimweg, bei dem er sich etwas von dem Rest der Jagdgesellschaft entfernt hatte, sah er vermutlich einen jungen Ameisenbären und ergriff ihn, um ihn mit nach Hause zu nehmen. Aber die Mutter des Tieres verfolgte den Indianer, überwältigte und tötete ihn, so daß ihn seine Begleiter leblos auf dem Gesicht liegend fanden. Auf dem Mann lag der Ameisenbär, der dem Eingeborenen eine seiner großen Klauen ins Herz gestoßen hatte. Während des Kampfes hatte der Indianer es jedoch geschafft, sein Messer im Rücken des Tieres zu versenken, so daß es verblutete. Der Ameisenbär hielt den Mann so fest umklammert, daß man ihm die Vorderbeine abschneiden mußte, um den Leichnam des Indianers zu befreien.

Die gaffende Menge ignorierend, taumelte Ijuki zu seiner Hütte, wo er die schwere Last auf den Boden fallen ließ. Gleich darauf kam seine junge Frau heraus und begann, die Beute ihres Ehemannes zu häuten. Erst nachdem der Schamane sich einen ganzen Tag ausgeruht hatte, wurde bekannt, was geschehen war. Wie üblich war Ijuki allein mit seinen beiden Jagdhunden auf der Jagd im Urwald, als die Hunde plötzlich aufgeregt zu bellen begannen und den Pfad entlangliefen. Der Medizinmann hoffte, sie hätten einen Tapir aufgespürt, und rannte hinterher. Als er eine kleine Lichtung erreichte, fand er zu seiner Überraschung einen Großen Ameisenbären vor, obwohl dieser eigentlich nur in der Savanne vorkommt. Das Tier saß auf den Hinterbeinen und versuchte, die es umkreisenden Hunde mit den kräftigen Tatzen abzuwehren. Der mutigere der beiden Hunde griff an, schaffte es aber nicht, sich rechtzeitig vor den tödlichen Klauen in Sicherheit zu bringen. Der Ameisenbär umfaßte den Hals des Hundes und hielt ihn in tödlicher Umklammerung fest. Der alte Mann schoß schnell einen vergifteten Pfeil ins Herz des Ameisenbären, und innerhalb weniger Minuten fiel das Tier auf den Rücken und starb. Allerdings reichte es nicht mehr, um den Hund zu retten, dessen Kehle von den Klauen des Ameisenbären aufgerissen worden war. Ijuki wartete, bis er sicher war, daß sein Opfer ihm nicht dasselbe antun konnte, dann lud er sich das Tier auf die Schultern, um sich auf den Heimweg zu machen. Obwohl der Große Ameisenbär nicht zu den Lieblingsspeisen der Indianer gehört (sie behaupten, sein Fleisch hätte einen unangenehmen Beigeschmack), pflegte der alte Mann zu essen, was er getötet hatte, und trug das Tier die fünf oder sechs Kilometer zurück ins Dorf.

Da Ijuki der älteste der Schamanen war und als sehr mächtig galt, glaubte ich, er könne mir helfen, das Geheimnis des *Ku-pe-de-yuh* zu lüften, eines kleinen Buschs, den mir der Jaguar-Schamane auf meinen beiden ersten Expeditionen gezeigt hatte. Damals hatte der Jaguar-Schamane auf meine Frage nur geantwortet: «Wir benutzen ihn, um mit unseren Vorfahren zu sprechen.» Bisher hatte ich bei den

Tirió keine Hinweise darauf gefunden, daß sie bewußtseinsverändernde Drogen verwendeten, so daß ich begierig darauf war, mehr über diese geheimnisvolle Pflanze zu erfahren.

Als Ijuki sich erholt hatte, gingen Koita, Kamainja und ich zu ihm und fragten ihn, ob er uns den *Ku-pe-de-yuh*-Busch zeigen würde. Wie es sich gehörte, lehnte er ein solches Ansinnen zunächst ab und sagte, er wäre zu müde, zu alt, sein Kopf und seine Knie täten weh und er hätte eine Rückenverletzung, weil er den Großen Ameisenbären den weiten Weg nach Hause geschleppt hatte.

Koita erhob sich und sagte zu Kamainja und mir: «Kommt, laßt uns gehen. Der arme Großvater ist zu alt für diese Dinge. Wir wenden uns an Nahtahlah. Der ist nicht nur jünger und weiß mehr über Pflanzen, sondern es gibt auch Leute, die behaupten, seine Medizin sei sowieso viel mächtiger.»

Dem alten Schamanen fiel der Unterkiefer herunter. «Nahtahlah», schnaubte er. «Ich war es doch, der ihn ausgebildet hat. Er glaubt, mehr zu wissen als ich? Wo ist meine Machete? *Mmpah!*»

Zwei Stunden später befanden wir uns auf einer Urwaldlichtung. Der Schamane deutete auf die gegenüberliegende Seite. «Dort!» sagte er triumphierend. Am Rand der Lichtung standen mehrere *Ku-pe-de-yuh*-Büsche, nur etwa einen Meter hoch, aber voll grüngelber Früchte. Diese ähnelten Tomaten, woraus ich schloß, daß es sich bei der Pflanze um eine Art der Gattung *Brunfelsia* handelte, die im westlichen Amazonasgebiet auf die unterschiedlichste Weise angewendet wird. Ein kalter Aufguß der Wurzeln wird zur Behandlung von Gelbfieber, Schlangenbissen, Rheumatismus und Syphilis benutzt, und ein Indianerstamm verwendet eine bestimmte Art sogar als Fischgift.

«Großvater», sagte ich, «darf ich diese Pflanze sammeln?»

«Du darfst zwei mitnehmen», antwortete er, «aber nicht mehr.»

Ich grub vorsichtig zwei der Pflanzen samt den Wurzeln aus. Wenn man Proben eines Baumes sammelt, nimmt man normalerweise nur einige Zweige mit und vielleicht noch ein

Stück von der Rinde. Bei Kräutern oder kleinen Büschen gräbt man nach Möglichkeit die ganze Pflanze aus, so daß man die Wurzelstruktur und das gesamte Erscheinungsbild des Gewächses erkennen kann. Ich wollte, unabhängig davon, ob ich den halluzinogenen Stoff selbst ausprobieren konnte oder nicht, auf jeden Fall gute Proben für das Herbarium mitnehmen.

Frohgestimmt ging ich mit meinen Begleitern ins Dorf zurück. Ich fragte Ijuki, wie das *Ku-pe-de-yuh* benutzt würde. «Man nimmt Borke und Wurzeln und legt sie in kaltem Wasser ein. Am nächsten Tag wäscht man sich mit einem Teil des Wassers und trinkt den Rest. Danach muß man sich übergeben, und gleich darauf sieht man den bösen Geist. Er trägt einen roten Lendenschurz, eine Kriegskeule in der einen und Pflanzen in der anderen Hand. Du mußt so viel von dem Aufguß trinken, bis der Dämon anfängt zu sprechen. Er sagt dir dann, welche Zaubersprüche und welche Heilpflanzen du benutzen mußt. Das ist alles.»

Die halluzinogenen Eigenschaften von Brunfelsien sind zweimal untersucht worden: in den späten sechziger Jahren von Professor Schultes und dann noch einmal in den Siebzigern durch den Ethnobotaniker Tim Plowman. Beide Wissenschaftler fanden heraus, daß die Pflanzen dieser Gattung zwar Alkaloide enthalten, daß diese Substanzen aber nicht für eine halluzinogene Wirkung verantwortlich sein können.

«Großvater», fragte ich, «ist es möglich, daß ich diesen Trank probiere?»

«Nein», antwortete Ijuki. «Das ist eine sehr gefährliche Pflanze. Viele Lehrlinge haben sie probiert, und einige haben dabei den Verstand verloren. Andere haben den Versuch sogar mit dem Leben bezahlt.» Er schwieg eine Weile und fuhr dann fort. «Wenn du es versuchst, wirst du sterben.»

Etwas überrascht von der ernsten Warnung ging ich zurück in meine Hütte. Ich rekapitulierte, was ich über die Familie der Nachtschattengewächse wußte, zu der diese Art gehörte. In wirtschaftlicher Hinsicht kann man sie zweifellos zu den wichtigsten Familien des gesamten Pflanzenreiches rechnen, denn zu ihr werden eßbare Arten wie Kartoffel,

Tomate, Paprika und Aubergine gezählt. Außer diesen ungefährlichen Arten umfaßt die Familie aber auch giftige Pflanzen wie die Tollkirsche und das Bilsenkraut, die wichtige Bestandteile der mittelalterlichen Hexentränke waren. Bei der Einführung der Nachtschatten-Nutzpflanzen hatten deshalb viele Europäer kein Zutrauen zu ungiftigen Arten wie beispielsweise Tomaten. Diese wurden schon von den Engländern in die gemäßigten Gebiete Nordamerikas gebracht, aber dort anfangs nur als Zierpflanzen benutzt. Bis etwa 1800 spielten die Früchte einzig eine Rolle bei der Behandlung von Eiterpickeln. Nach einem alten Bauerntagebuch wurden die Zweifel über die Eßbarkeit der Früchte erst beseitigt, als Colonel Robert Gibbon Johnson im Jahre 1820 ankündigte, er werde am Nachmittag des 26. September einige der gefürchteten Früchte essen. Etwa 2000 Leute, von denen die meisten glaubten, der Mann sei verrückt, schauten diesem Ereignis zu. Zu ihrer Überraschung überlebte er die Demonstration.

Einige Tage später ließ mir Kamainja ausrichten, daß der Häuptling von der Jagd zurückgekehrt sei und mich sehen wolle.

Ich traf den Häuptling, der ein bedrucktes rotes Hawaiihemd und rote Baumwollhosen trug, in seiner Hütte. Ich setzte mich ihm gegenüber auf eine niedrige Bank. Koita und Kamainja nahmen zu meiner Rechten und Linken Platz.

Wie üblich war im unbewegten Gesicht des Häuptlings nicht abzulesen, was er dachte. Er schwieg einige Minuten und begann dann: «Wir begrüßen dich erneut in unserem Dorf. Ich bin sehr erfreut darüber, daß es mit dir keine Schwierigkeiten gegeben hat. Bei einigen der Leute, die hierhergekommen sind, war das anders. Sie haben Schnaps, Tabak und Marihuana mitgebracht und versucht, unsere Frauen zu verführen. Du hast nichts von alldem getan, und dafür danke ich dir.»

Seine Anerkennung freute mich, aber daß er mir für Dinge dankte, die ich nicht getan hatte, erschien mir auch ein wenig

seltsam. Ich stand auf und überreichte ihm einen Ring-
buchordner, der ein zweihundertseitiges Manuskript enthielt, in dem ich alles aufgeschrieben hatte, was ich über die
Heilpflanzen seines Stammes gelernt hatte. Wiederum zeigte
er keinerlei Regung, sondern nahm den Ordner entgegen
und dankte mir, daß ich unsere Abmachung eingehalten
hatte. Am nächsten Tag rief er alle Indianer zusammen, ohne
daß ich zu diesem Treffen eingeladen wurde. Ich war darüber
ein wenig verwundert, aber nicht besorgt.

Später kam Koita in meine Hütte. «Bist du bei dem Treffen
gewesen?» fragte ich.

«Ja.»

«Was ist geschehen?»

«Der Häuptling hat gesagt, deine Sammlung könnte sehr
wichtig für unsere Zukunft sein. Er bat mich, mit dir und den
alten Schamanen zusammenzuarbeiten und dein Werk in
unsere Sprache zu übertragen. Es soll dann in unserer kleinen Schule, die die Missionare gebaut haben, an die Kinder
weitergegeben werden.»

Endlich war ein Schamanenlehrling gefunden! Das traditionelle Wissen würde innerhalb des Stammes weitergegeben werden, von den Schamanen zu ihren Lehrlingen, von
den Lehrern zu ihren Schülern. In Zukunft würden keine
Forscher aus anderen Ländern mehr nötig sein, damit das
Wissen des Stammes erhalten blieb.

Ich war in das Amazonasgebiet gekommen, um nach Heilpflanzen zu suchen, nach magischen Arzneien, die helfen
sollten, einige unserer unheilbaren Krankheiten zu kurieren.
Bei den Indianern erfuhr ich am eigenen Leib, daß ihre
Pflanzen tatsächlich eine Wirkung hatten – sie linderten
meine Wespenstiche, heilten meine Ohreninfektion und halfen bei meiner Ellbogenverletzung. Aber dann wurde es
schwierig: Wie sollte ich weiterverfahren? Wie konnte meine
Arbeit den Menschen helfen, von deren Freundlichkeit und
Wissen ich so sehr profitiert hatte? Von all den Wundermit-
teln, die bisher aus tropischen Pflanzen gewonnen werden
und die einen Handelswert von vielen 100 Millionen Dollar

haben, ist kein einziger Pfennig an die Eingeborenen, denen wir diese Pflanzen verdanken, zurückgeflossen.

Als ich mit meiner Arbeit begann, hatte keine pharmazeutische Firma auch nur das geringste Interesse an der Ethnobotanik. Aber ich war sicher, daß sich die Situation durch die zunehmende Sorge um den Regenwald und die verstärkte Publizität ändern würde – und ich sollte recht behalten. Im Februar 1989 veröffentlichte ich im *Smithsonian*-Magazin einen Artikel, in dem ich meine Forschungen vorstellte.

Zwei Wochen nach Erscheinen des Berichts wurde ich von unternehmungslustigen Kapitalisten belagert, die in der Ethnobotanik eine Möglichkeit sahen, schnell reich zu werden. Das Problem mit diesen geldgierigen Investoren war, daß sie kein Interesse an den Menschen hatten, die mir die Pflanzen gezeigt hatten, oder am Schicksal des Urwalds, in dem diese Pflanzen wuchsen.

Als ich die Hoffnung, mit der Geschäftswelt zusammenzuarbeiten, schon fast aufgegeben hatte, suchte mich Lisa Conte auf. Sie hatte Pharmakologie und Biochemie studiert, dann aber eine vielversprechende Karriere in der Wissenschaft aufgegeben, um eine betriebswirtschaftliche Ausbildung anzuschließen. Sie war jung, kreativ und unerfahren genug, etwas zu versuchen, das sonst niemand gewagt hätte.

«Schauen Sie», sagte sie, «Sie legen Wert darauf, daß ein Teil des Geldes zu den Eingeborenen, von denen das Wissen stammt, und in die Länder, aus denen die Pflanzen kommen, zurückfließt. Warum legt man nicht einfach einen bestimmten Prozentsatz des Profits, der durch die Entwicklung neuer Pharmazeutika erwirtschaftet wird, zugunsten der Eingeborenen fest? Dieses Geld kann für die Ausbildung der Indianer, für den Ankauf von Land oder für sonstige Dinge verwendet werden. Ein weiterer Prozentsatz könnte an die Regierungen der Länder gehen, um die Einrichtung von Nationalparks und anderen Schutzgebieten zu ermöglichen. Schließlich könnte man auch noch einen Teil abzweigen, um weitere ethnobotanische Untersuchungen zu finanzieren.»

Diese Unterhaltung führte schließlich zur Gründung der Firma Shaman Pharmaceuticals in San Carlos, Kalifornien.

Es gelang Lisa, sich die Unterstützung fähiger Rechtsanwälte und risikofreudiger Geldgeber zu sichern und außerdem eine Belegschaft zu engagieren, zu der Ethnobotaniker, Biochemiker und Mediziner gehören. Zusätzlich rief sie ein Gremium wissenschaftlicher Berater ins Leben, mit Professor Schultes als ehrenamtlichem Vorsitzenden. Ein Extrakt mit dem Codenamen SP-303, der von einem Amazonasbaum stammte, erwies sich in Labortests als so außerordentlich wirksam gegen den Herpes-Virus, aber auch gegen Viren, die Grippe und Erkrankungen der Atemwege verursachen, daß der Extrakt schon 16 Monate nach Gründung der Firma an Menschen getestet wurde – eine Erfolgsgeschichte, die in der pharmazeutischen Industrie fast ohne Beispiel ist, denn normalerweise vergehen fünf Jahre, bis eine Arznei an Menschen ausprobiert werden kann.

Lisa rief auch eine gemeinnützige Organisation namens «Healing Forest Conservancy» ins Leben, die ausschließlich dafür verantwortlich ist, daß ein gewisser Prozentsatz des Gewinnes, der aus tropenpflanzlichen Medikamenten erwirtschaftet wird, zu den Eingeborenen in die Ursprungsländer zurückfließt.

Inzwischen sind auch große pharmazeutische Unternehmen auf den Zug aufgesprungen. Die Firma Merck hat der Regierung von Costa Rica eine Million Dollar zur Verfügung gestellt, um ein Projekt ins Leben zu rufen, bei dem neue Medikamente aus einheimischen Pflanzen gewonnen werden sollen. Bristol-Myers-Squibb haben im Rahmen ihrer Suche nach neuen therapeutischen Substanzen begonnen, mit der Naturschutzorganisation Conservation International über eine Zusammenarbeit mit den Amazonasindianern zu verhandeln. Der Konzern Eli Lilly, der das Alkaloid der Catharanthe vermarktet, das ein wirksames Mittel gegen bestimmte Krebserkrankungen ist, hat beschlossen, zusammen mit Shaman Pharmaceuticals nach Pflanzen zu suchen, aus denen neue Mittel gegen Pilzerkrankungen gewonnen werden sollen. Dabei hat Eli Lilly auch zugestimmt, daß ein gewisser Prozentsatz des Gewinns an die Eingeborenen zurückfließt.

Beim Umweltgipfel der Vereinten Nationen 1992 in Rio de Janeiro gehörten die «Urheberrechte» – also die Frage, wer von kommerzialisierten natürlichen, insbesondere tropischen Ressourcen profitieren soll – zu den umstrittensten Punkten. Immerhin stimmten die meisten Teilnehmer darin überein (mit Ausnahme des ehemaligen US-Präsidenten George Bush und seiner Delegation), daß ein Gesetzesrahmen geschaffen werden müsse, um sicherzustellen, daß ein Teil des Gewinns in die Länder zurückfließt, aus denen die Heilpflanzen stammen, und zu den Menschen, die die Pflanzen ursprünglich entdeckt hatten.

Aus meiner Sicht ist aber sehr viel wichtiger, was bei den Tirió selbst passiert. Da inzwischen zwei ihrer Schamanen gestorben sind – Ijuki und Tyaki –, wurden Kamainja und Koita von ihrem Häuptling zu Schamanenschülern bestimmt, die unter Führung des Jaguar-Schamanen arbeiten. Sie sind dafür verantwortlich, meine Daten zu überprüfen, meiner Sammlung neue Informationen hinzuzufügen und die jüngeren Indianer in der Anwendung von Heilpflanzen zu unterrichten. Während der letzten drei Jahre bin ich regelmäßig in ihr Dorf geflogen, um ihnen zu helfen, die Informationen, die ich gesammelt hatte, in ihre Sprache zurückzuübersetzen. Diese Arbeit ist inzwischen abgeschlossen, und während ich dieses Buch schreibe, bin ich gleichzeitig damit beschäftigt, das *«Tareno Epi Panpira»* – das «Handbuch der Tirió-Heilpflanzen» – zu verfassen, das einzige Buch in der Sprache der Tirió außer der Bibel. Ich bin überzeugt, daß meine Anstrengungen dazu beigetragen haben, bei den Indianern das Ansehen ihrer eigenen Kultur wieder zu erhöhen. Meine Forschung soll zu einer echten Partnerschaft zwischen westlichen und indianischen Kulturen führen. Wichtig ist aber auch, daß der ethnobotanische Ansatz dazu beiträgt, daß die Eingeborenen die globale Bedeutung eines fundamentalen Aspekts ihrer Kultur verstehen lernen.

Bei einem Versuch, in dem festgestellt werden sollte, ob das Schamanen-Ausbildungsprogramm der Tirió übertragbar ist, unterstützte Conservation International 1991 ein Projekt bei den Bribri-Indianern im südlichen Costa Rica.

Die Ergebnisse übertrafen unsere kühnsten Erwartungen. Vier Schamanen unterrichten dort inzwischen eine Gruppe von jeweils vier Schülern und führen ein auf vier Jahre angelegtes Programm durch. Noch wichtiger ist aber der Umstand, daß dieser Versuch eine kulturelle Wiederbelebung verursacht hat, denn Gebräuche, die schon fast verschwunden waren oder die man sogar absichtlich verschwinden lassen wollte, sind wieder lebendig. Weitere Ausbildungsprogramme sind inzwischen in Panama und Bolivien geplant. Wenn die Projekte erst einmal angelaufen sind und funktionieren – vermutlich im Lauf des Jahres 1994 –, werden sie von den Indianern größtenteils selbst verwaltet. Trotz dieses Erfolgs gibt es eine gewisse Resignation in der Naturschutzbewegung. Giftige Abfälle, das Ozonloch, die Abholzung der Wälder – manchmal erscheinen die Probleme so unüberwindlich, daß man leicht die Hoffnung verliert. Dennoch bleibt es eine Tatsache, daß diese Probleme von Menschen verursacht werden, und ich glaube, es müßte möglich sein, daß die Menschen sie auch wieder beseitigen. Es ist zweifellos richtig, daß die Fläche der Urwälder tagtäglich abnimmt, daß Tier- und Pflanzenarten verschwinden und daß Kulturen zerstört werden, aber es ist noch nicht alles verloren. Kreative Lösungsansätze können und werden schließlich den entscheidenden Unterschied ausmachen.

Während der meisten Zeit, die ich bei den Tirió verbrachte, glaubte ich, ihre kulturelle Integrität hätte keine Überlebenschance. Aber mein Pessimismus war wohl unangebracht. Koita, Kamainja und ihr Lehr-Schamane sind lebende Beweise, daß es eine Hoffnung gibt.

Pflanzenglossar

Aciotis – *Aciotis sp.*, Melastomataceae (Schwarzmundgewächse): Die 30 Arten dieser Gattung findet man ausschließlich in den Tropen Amerikas.

Agrobigi – *Parkia nitida*, Leguminosae (Hülsenfrüchtler): Bäume aus der Gattung *Parkia* werden normalerweise über 30 Meter hoch und haben gewaltige Brettwurzeln. Die Rinde ist angeblich reich an Gerbstoffen; das könnte der Grund dafür sein, daß Menschen aus den verschiedensten Regionen des Amazonasgebietes ein Gebräu aus dieser Rinde als Mittel gegen die Ruhr benutzen. Am Amazonas gibt es etwa 25 Arten dieser Gattung.

Ah-ku-de-tu-mah – *Theobroma sp.*, Sterculiaceae (Sterkuliengewächse): Zu dieser Gattung, die nur im tropischen Amerika vorkommt und deren Name «Speise der Götter» bedeutet, gehören etwa 30 Arten, von denen der Kakaobaum, aus dessen Samen das Kakaopulver gewonnen wird, sicher der bekannteste ist. Eine andere Art ist der *Cupuacu (T. grandiflorum)*, der besonders in Brasilien sehr beliebt ist.

Ah-lah-ku-pah-ne – *Piper sp.*, Piperaceae (Pfeffergewächse): Diese kleine Kletterpflanze wächst meist in der Nähe von Bächen. Die brasilianischen Tirió verwenden sie häufig als Beimischung für Kurare, behaupten aber, daß diese Art selbst auch giftig sei. Mischt man sie unter ein Getränk, beispielsweise Maniokbier, soll sie einschläfernd wirken und schließlich einen schmerzlosen Tod herbeiführen.

Ah-lah-wah-ta-wah-ku – *Piper sp.*, Piperaceae (Pfeffergewächse): Die Gattung *Piper* umfaßt schätzungsweise 2000 Arten, bei denen es sich meist um Kletterpflanzen handelt. Die Wurzeln einiger Arten werden im nordöstlichen Amazonasgebiet als Zahnschmerzmittel verwendet, wobei die zerdrückte Wurzel direkt auf die Zähne gerieben wird. Vermutlich sind die Pflanzenwurzeln reich an ätherischen Ölen, wodurch sich die schmerzstillende Wirkung erklären ließe.

Ah-tuh-ri-mah – *Gurania sp.*, Cucurbitaceae (Kürbisgewächse): Diese Gattung umfaßt 75 Arten, die alle in den Tropen der Neuen Welt heimisch sind.

Ama-asi – *Elisabetha princeps*, Leguminosae (Hülsenfrüchtler): Die Yanomami benutzen die Asche der Rinde für eine ihrer Schnupfdrogen.

Ananas – *Ananas comosus*, Bromeliaceae (Ananasgewächse): Diese Pflanze ist im Amazonasgebiet heimisch und wurde von den Portugiesen schon 1502 in andere tropische Gebiete gebracht. Heute ist Thailand der Hauptproduzent von Ananasfrüchten, nachdem Hawaii sehr lange das größte Anbaugebiet war. Dorthin gelangten die Pflanzen von Französisch-Guayana aus.

Assaí – *Euterpe oleracea*, Arecaceae (Palmen): Die purpurfarbenen Beeren dieser Palme stellen im Mündungsgebiet des Amazonas eine wichtige Nahrungsquelle dar. Sie werden dort nicht nur mit Wasser und Zucker zu einer Art Schleimsuppe verarbeitet und von vielen Bauern dieser Gegend bis zu dreimal täglich gegessen, sondern sind auch Bestandteil in Kuchen, Speiseeis und Likör.

Avocadobirne – *Persea americana*, Lauraceae (Lorbeergewächse): Die Früchte dieser in Zentralamerika heimischen Pflanze können sehr unterschiedliche Größe erreichen. Manche sind nur so groß wie Hühnereier, andere wiegen dagegen fast zwei Kilogramm. Man unterscheidet drei verschiedene Typen: den mexikanischen, den westindischen und den Guatemala-Typ.

Ay-ah-e-yah – *Lonchocarpus sp.*, Leguminosae (Hülsenfrüchtler): Diese Liane mit dem typischen gelben Holz wird von den Indianern des nordöstlichen Amazonasgebietes als Fischgift benutzt. Die darin enthaltene, aktive Substanz heißt *Rotenon* und wird weltweit als leicht abbaubares Insektizid verwendet.

Babussupalme – *Attalea maripa*, Arecaceae (Palmen): Die Früchte dieses Baumes, der in der Uferregion des nordöstlichen Amazonasgebietes häufig vorkommt, sind bei den Indianern sehr begehrt.

Balatabaum – *Manilkara bidentata*, Sapotaceae (Sapotengewächse): Dieser häufige Baum liefert nicht nur hochwertiges Holz, sondern auch ausgezeichneten Latex. Da er sich (im Gegensatz zum Kautschuk) nicht dehnt, verwendete man ihn vorzugsweise zur Herstellung von Keilriemen. Inzwischen wurde er allerdings weitgehend durch synthetische Stoffe ersetzt.

Bambus – *Bambusa sp.*, Poaceae (Süßgräser): Diese Gattung umfaßt etwa sieben Arten, die sowohl in der Alten als auch in der Neuen Welt beheimatet sind. Da Bambus nicht nur leicht, sondern auch widerstandsfähig ist, gehört er zu den wertvollsten Nutzpflanzen der Erde.

Banane – *Musa paradisica*, Musaceae (Bananengewächse): Die aus Südostasien stammende Banane gibt es in sehr unterschiedlicher Form, Farbe, Geschmacksrichtung und Konsistenz. Allein auf den Philippinen findet man 70 verschiedene Varietäten.

Banisteriopsis – *Banisteriopsis caapi*, Malpighiaceae (Malpighiengewächse): Siehe *Caapipflanze*.

Batate – *Ipomea ssp.*, Convolvulaceae (Windengewächse): Siehe *Prunkwinde*.

Batibati – *Ambelania acida*, Apocynaceae (Hundsgiftgewächse): Diesen Baum findet man im tropischen Regenwald häufig als Unterbewuchs. Seine Früchte sind eßbar.

Baumwolle – *Gossypium ssp.*, Malvaceae (Malvengewächse): Baumwolle wird heute in weiten Gebieten der Tropen und Subtropen angebaut. Bei der «Wolle» handelt es sich um die Samenhaare.

Bergibita – *Geissospermum argenteum*, Apocynaceae (Hundsgiftgewächse): Die bittere Rinde dieses Urwaldbaumes ist reich an Alkaloiden. Sowohl die Marons als auch die Indianer des nordwestlichen Amazonasgebietes wenden diese Pflanze bei der Behandlung von Fieber und Magenschmerzen an.

Bilsenkraut – *Hyoscyamus ssp.*, Solanaceae (Nachtschattengewächse): Die Arten dieser in Europa heimischen Pflanze enthalten die Alkaloide Atropin, Hyascyamin, Scopolamin.

Bitterholzbaum – *Quassia amara*, Simaroubaceae (Bittereschengewächse): Dieser kleine Baum oder Strauch ist von Brasilien bis zu den Antillen verbreitet. Eine Brühe seines Holzes, das reich an Bitterstoffen ist, wurde früher zur Insektenbekämpfung eingesetzt.

Boegroe-maka – *Astrocaryum sciophilum*, Arecaceae (Palmen): Diese im tropischen Amerika heimische Gattung umfaßt etwa 50 Arten, von denen einige außerordentlich hochwertige Fasern und wertvolle Öle produzieren. Die hier genannte Art bildet im südlichen Surinam manchmal große monotypische Bestände.

Caapipflanze – *Banisteriopsis caapi*, Malpighiaceae (Malpighiengewächse): Aus dieser Liane mit halluzinogenen Inhaltsstoffen bereiten die Stämme des westlichen Amazonasgebiets ein berauschendes Getränk zu, das *Ayahuasca* genannt wird (aus der Sprache der Quechua-Indianer übersetzt, heißt das etwa «Wein für die Seele»).

Camu-camu – *Myrciaria dubia*, Myrtaceae (Myrtengewächse): In dieser Pflanze findet sich die höchste bekannte Vitamin-C-Konzentration, so daß sie sicherlich in Zukunft eine wirtschaftliche Bedeutung erhalten wird. In Peru wird bereits heute ein beliebtes Speiseeis daraus hergestellt.

Caraná – *Mauritia carana*, Arecaceae (Palmen): Die Blätter dieses Baumes werden im Gebiet des Rio Negro zum Bau der Hütten verwendet.

Catharanthe – *Catharanthus roseus*, Apopynaceae (Hundsgiftgewächse): Dieses aus Madagaskar stammende Kraut ist der Lieferant für mehrere Alkaloide, die zur Krebsbehandlung eingesetzt werden. Eine verwandte Art, *C. coriaceous*, aus Zentralmadagaskar steht kurz vor dem Aussterben.

Chinarindenbaum – *Chinona officinalis*, Rubiaceae (Rötegewächse): Die Rinde dieses Baumes, deren Heilwirkung einst von Indianern entdeckt wurde, enthält das Alkaloid Chinin, das lange Zeit unser wirkungsvollstes Mittel gegen die Malaria war. Obwohl sich inzwischen Erregerstämme entwickelt haben, die gegen Chinin resistent sind, spielt diese Arznei aber weiterhin eine wichtige Rolle bei der Bekämpfung dieser Krankheit.

Copaiba – *Copaifera sp.*, Leguminosae (Hülsenfrüchtler): Im tropischen Amerika existieren etwa 25 Arten dieser Gattung, deren als «Kopal» bezeichnete bernsteinfarbene Harze im Amazonasgebiet zur Behandlung zahlreicher Beschwerden verwendet werden, etwa von Husten, Schuppenflechte und Gonorrhö.

Duroia – *Duroia aquatica*, Rubiaceae (Rötegewächse): Diese Gattung besteht ausschließlich aus Bäumen, die nur in Südamerika vorkommen. Viele von ihnen gehören zu den Ameisenpflanzen, leben also in einer Gemeinschaft mit diesen Insekten, die die Bäume gegen Freßfeinde schützen.

Eh-ru-ku-ku – *Dracontium aspersum*, Araceae (Aronstabgewächse): Im tropischen Amerika kommen 13 zu dieser Gattung gehörende Arten vor, von denen mindestens drei als Gegenmittel bei Schlangenbissen eingesetzt werden.

Erdnuß – *Arachis hypogaea*, Leguminosae (Hülsenfrüchtler): Diese aus Südamerika stammende Pflanze produziert ihre Früchte unter der Erdoberfläche. Sie wurde schon im 17. Jahrhundert durch portugiesische Seefahrer in den gesamten Tropen verbreitet.

Fliegenpilz – *Amanita muscaria*, Amanitaceae (Freiblättler): Dieser halluzinogene Substanzen enthaltende Pilz hat besonders in der Volksmedizin Sibiriens eine große Rolle gespielt. Möglicherweise wurde er aber in vorgeschichtlicher Zeit auch schon in Indien verwendet.

Gelbe Mombinpflaume – *Spondias mombin*, Anacardiaceae (Sumachgewächse): Die Mombinpflaume ist in den Neotropen weit verbreitet und gilt allgemein als eine der schmackhaftesten Früchte. In Brasilien wird daraus Eiscreme und Schnaps hergestellt.

Ginkgobaum – *Ginkgo biloba*, Ginkgoaceae (Ginkgogewächse): Dieser aus China stammende Baum ist die älteste lebende Pflanze der Erde. Sie wird schon seit langem in der asiatischen Volksmedizin angewendet, inzwischen aber auch sehr viel in Europa verkauft. Behandelt werden damit die verschiedensten Leiden, wenngleich die genaue Wirkung auf den menschlichen Körper noch nicht vollständig verstanden ist.

Goebaja – *Jacaranda copaia*, Bignoniaceae (Bignoniengewächse): Dieser bis zu 30 Meter hohe Baum ist in den Guyanaländern sehr häufig. Einige Arten dieser Gattung werden wegen ihrer hübschen Blüten überall in den Tropen kultiviert.

Go-lo-be – *Gloeoporus sp.*, Poriaceae (Porlinge): Pilze dieser Gattung findet man sowohl in den Tropen als auch in den Subtropen. Aus Pilzen dieser Gruppe wurden bereits Alkaloide isoliert.

Gongora – *Gongora sp.*, Orchidaceae (Orchideengewächse): Die 20 Arten der nach einem spanischen Bischof benannten Orchideengattung kommen ausschließlich in den Tropen Amerikas vor.

Großfruchtige Guayave – *Psidium guayava*, Myrtaceae (Myrtengewächse): Diese aus den Tropen der Neuen Welt stammende Guayave wird heute auch in weiten Teilen Asiens und Afrikas angebaut. Angeblich enthalten die Früchte mehr Vitamin C als Zitronen.

276

Guttapercha – *Palaquium gutta*, Sapotaceae (Sapotengewächse): Der Latex des aus den asiatischen Tropen stammenden Guttaperchabaumes wurde einst in der Zahnheilkunde, für Golfbälle und zur Abdichtung von Unterwasserkabeln verwendet. Inzwischen wurde er weitgehend durch synthetische Stoffe ersetzt.

Heuschreckenbaum – *Hymenea courbaril*, Leguminosae (Hülsenfrüchtler): Dieser Baum, der über 30 Meter hoch werden kann, ist in den Guyanaländern sehr häufig. Er enthält ein Harz, das für Lackfarben und als Weihrauch verwendet wird.

Hisiomi – *Anadenanthera peregrina*, Leguminosae (Hülsenfrüchtler): Die beiden zur Gattung *Anadenanthera* gehörenden Arten kommen nur im tropischen Amerika vor. Die Indianer zermahlen die Samen, die reich an halluzinogenen Alkaloiden sind, und stellen daraus eine sehr wirkungsvolle Schnupfdroge her.

Ilex guayusa, Aquifoliaceae (Stechhülsengewächse): Die Blätter dieser in Südamerika heimischen Stechhülsenart sind reich an Koffein.

Ingabaum – *Inga edulis*, Leguminosae (Hülsenfrüchtler): Die über 100 Arten der Gattung *Inga* kommen nur in den Tropen Amerikas vor. Die hier genannte Art wird vielerorts kultiviert.

Ixora – *Ixora coccinea*, Rubiaceae (Rubiazeen): Diese Art stammt eigentlich aus Indonesien, ist aber seltsamerweise die Wappenblume Surinams.

Jaboticaba – *Myrciaria cauliflora*, Tamaricaceae (Tamariskengewächse): Dieser etwa zehn Meter hohe Baum produziert süße, schwarze Früchte, die in Brasilien zu einer beliebten Marmelade verarbeitet werden.

Jará – *Leopoldinia pulchra*, Arecaceae (Palmen): Die Früchte dieser Palme lassen sich zu einer eßbaren Paste verarbeiten. Die nahe verwandte *L. pissaba* liefert eine der besten Palmfasern.

Jarakopi – *Siparuna guianensis*, Monimiaceae (Monimiengewächse): Dieser bis zu zehn Meter hohe Baum ist im Amazonasgebiet recht häufig. Sowohl die Marons als auch die Indianer stellen aus den Blättern einen fiebersenkenden Tee her.

Jeajeamadou – *Virola sp.*, Myristicaceae (Muskatnußgewächse): Es gibt in Süd- und Zentralamerika 60 Arten dieser Gattung, von denen einige ein ausgezeichnetes Nutzholz liefern, während andere ein halluzinogenes Harz enthalten, das von verschiedenen Indianerstämmen des Amazonasgebietes in ihren Zeremonien verwendet wird.

Kah-lo-she-wuh – *Rollinia exsucca*, Annonaceae (Annonengewächse): Dieser fünf bis sechs Meter hohe Baum ist im tropischen Regenwald der Guayanaländer weit verbreitet. Andere Arten der Gattung sollen eßbare Früchte tragen.

Kah-mah-ke – *Ambelania acida*, Apocynaceae (Hundsgiftgewächse): Siehe *Batibati*.

Kakabroekoe – *Swartzia benthamiana*, Leguminosae (Hülsenfrüchtler): Dieser Baum, der etwa 20 Meter hoch wird, ist in den Guyanaländern sehr häufig.

Kakaobaum – *Theobroma cacao*, Sterculiaceae (Sterkuliengewächse): Der Kakaobaum stammt aus dem Amazonasgebiet und gelangte lange vor der Entdeckung des Kontinents durch Kolumbus nach Zentralamerika. Die Amazonasindianer essen meist nur die weiße Samenschale, wogegen der uns bekannte Kakao aus den gerösteten und fermentierten Samen gewonnen wird.

Kam-hi-det – *Syngonium sp.*, Araceae (Aronstabgewächse): Die 20 Arten dieser Gattung kommen nur in den Tropen Amerikas vor. Es handelt sich um große, krautige Kletterpflanzen.

Kanahyeh – *Triplaris surinamensis*, Polygonaceae (Knöterichgewächse): Alle 20 Arten der Gattung *Triplaris* werden von Ameisen bewohnt. Die hier genannte Art wächst gern in der Nähe von Flüssen.

Kapokbaum – *Ceiba pentandra*, Bombacaceae (Wollbaumgewächse): Siehe *Ku-mah-kah*.

Kartoffel – *Solanum tuberosum*, Solanaceae (Nachtschattengewächse): Die Kartoffel stammt aus den Anden und wurde im 16. Jahrhundert nach Europa gebracht, wo sie schnell zum Hauptnahrungsmittel der bäuerlichen Bevölkerung wurde.

Kaschubaum – *Anacardium occidentale*, Anacardiaceae (Sumachgewächse): Aus der Frucht des auch Akajou- oder Nierenbaum genannten Baums, der Cashewnuß, wird eine ölige Flüssigkeit gewonnen, aus der Kunstharze hergestellt werden. Aus dem Stamm wird Latex gewonnen, und der Kern der Nuß ist eßbar.

Kassie – *Cassia alata*, Leguminosae (Hülsenfrüchtler): Dieser weniger als zwei Meter hohe Strauch kommt in den Guayaaländern häufig als Unterwuchs vor oder säumt die Flußufer. Die Marons behandeln mit den zerriebenen Blättern Hautinfektionen.

Kaugummibaum – *Manilkara zapota*, Sapotaceae (Sapotengewächse): Diese auch Breiapfelbaum oder Sapotillbaum genannte Pflanze bringt Früchte hervor, die in Lateinamerika *Nispero* genannt werden und außerordentlich süß und wohlschmeckend sind. Sein Holz verwendeten die Mayas zum Bau ihrer Tempel, und den Latex benutzten sie als eine Art Kaugummi.

Kautschukbaum – *Hevea brasiliensis*, Euphorbiaceae (Wolfsmilchgewächse): Dieser aus dem Amazonasgebiet stammende Baum produziert einen Milchsaft, der auch heute noch zu den wichtigsten Rohstoffen gehört.

Koi – *Mauritia flexuosa*, Arecaceae (Palmengewächse): Dies ist die hübscheste, wertvollste und häufigste Palme des Amazonasgebietes. In Brasilien gewinnt man aus diesen Bäumen Holz für Boote und Hütten, Material zum Dachdecken, eßbare Früchte, Stärke und hochwertige Fasern zur Herstellung von Hängematten.

Kokastrauch – *Erythroxylum coca*, Erythroxylaceae (Erythroxylazeen): Die Blätter dieser im westlichen Südamerika heimischen Pflanze gehören zu den wirkungsvollsten Naturheilmitteln und werden besonders gegen Magenschmerzen und Luftkrankheit angewendet. Leider ist das Alkaloid *Kokain*, wenn es in reiner Form eingenommen wird (was die Indianer allerdings niemals tun), stark suchterregend.

Ko-no-lo-po-kan – *Piper sp.*, Piperaceae (Pfeffergewächse): Siehe *Ah-lah-wah-ta-wah-ku.*

Ko-noy-uh – *Renealmia exaltata*, Zingiberaceae (Ingwergewächse): Die etwa 75 Arten der Gattung *Renealmia* sind auf das tropische Amerika und auf Westafrika beschränkt. In den Guyanaländern werden einige von den Marons, aber auch von den Indianern zur Senkung von Fieber verwendet.

Konsaka wiwiri – Peperomia pellucida, Piperaceae (Pfeffergewächse): Diese in Südamerika häufige Pflanze wird von den Kreolen, den Marons und den Indianern für erstaunlich viele Zwecke verwendet, etwa zur Behandlung von wundem Zahnfleisch, bei zu niedrigem Blutdruck und sogar zur Austreibung böser Geister.

Kopal – *Copaifera sp.* Siehe *Copaiba.*

Ku-deh-deh – *Cecropia sciadophylla*, Moraceae (Maulbeergewächse): Die etwa 100 Arten dieser Gattung sind auf das tropische Amerika beschränkt. Die hier genannte Art gehört zu den wenigen, die nicht in Gemeinschaft mit aggressiven Ameisen leben.

Ku-mah-kah – *Ceiba pentandra*, Bombacaceae (Wollbaumgewächse): Die Samen dieses riesigen Baumes, der auch als Kapokbaum bekannt ist und bis zu 60 Meter hoch werden kann, sind in eine baumwollähnliche Fasermasse eingebettet, die einst zur Herstellung von Schwimmwesten verwendet wurde. In den Wipfeln findet man häufig die Nester von Harpyien, die von dort nach Faultieren Ausschau halten.

Ku-mu – *Oenocarpus bacaba*, Arecaceae (Palmen): Diese bis zu 20 Meter hohe Palme gehört zu den häufigen Arten im Amazonasgebiet. Die Früchte enthalten ein Öl, das an Olivenöl erinnert.

Ku-nah-ne-mah – *Mikania sp.*, Asteraceae (Korbblütler): Diese Gattung umfaßt rund 250 Arten, von denen bis auf zwei afrikanische Vertreter alle im tropischen Amerika heimisch sind.

Ku-neh-beh-beh – *Marcgravia sp.*, Marcgraviaceae (Schlauchlianen): Die etwa 50 Arten dieser Gattung sind alle auf das tropische Amerika beschränkt. Der Name der Tirió für die hier erwähnte Art ist «Hundertfüßler», da diese Kletterpflanze, wenn sie sich an einem Baum nach oben windet, an ein solches Tier erinnert.

Ku-pe-de-yuh – *Brunfelsia guianensis*, Solanaceae (Nachtschattengewächse): Die Blüten von Arten dieser Gattung können mit dem Alter ihre Farbe ändern. Ich habe in Ecuador Bäume gesehen, die Blüten in drei verschiedenen Farben trugen.

Kurare – Die Einteilung dieses Pfeilgiftes erfolgt seltsamerweise nach der Art der Aufbewahrung durch die Indianer, so daß man zwischen Calebassen- und Tubocurare unterscheidet. Ersteres ist vornehmlich im östlichen Amazonasgebiet verbreitet und wird hauptsächlich aus *Strychnos*-Arten (Loganiaceae = Brechnußgewächse) gewonnen, während das Tubocurare, dessen Verbreitungsgebiet weiter westlich liegt, in erster Linie aus *Chondrodendron-*

Arten (Menispermaceae = Mondsamengewächse) hergestellt wird. In der Medizin werden hauptsächlich Alkaloide aus der letzteren Gruppe angewendet, beispielsweise das *Tubocurarin*.

Ku-run-yeh – *Rinorea sp.*, Violaceae (Veilchengewächse): Dieser anmutige, meist weniger als zwei Meter hohe Busch ist in den Regenwäldern der Guyanaländer in erster Linie an Bächen zu finden.

Ku-tah-de – *Swartzia sp.*, Leguminosae (Hülsenfrüchtler): Siehe *Kakabroekoe*.

Kuwato – *Caryocar villosum*, Caryocaraceae (Butternußgewächse): Dieser Baum, der eine Höhe von bis zu 50 Metern erreicht, trägt Nüsse, die von den Indianern noch mehr geschätzt werden als Paranüsse.

Kwatta kama – *Parkia pendula*, Leguminosae (Hülsenfrüchtler): Der volkstümliche Name dieses großen Baumes bedeutet «Klammeraffenbett» und bezieht sich auf die flachen Kronen, die sich die Klammeraffen angeblich gern für ihre Nachtruhe aussuchen. Ein Tee aus seiner Rinde gilt bei den Marons als Allheilmittel bei Magenbeschwerden. In der Nähe der Siedlungen sind die Bäume daher bis zu einer Höhe von etwa zwei Metern völlig abgeschält – eine Praxis, die häufig zu ihrem Absterben führt.

Kwe-i-ah-ku-wah-nu-puh – *Gnetum urens*, Gnetaceae (Gnetazeen): Die Liane wächst gern in der Nähe von Flüssen und Bächen. Die Früchte enthalten eßbare Samen, die etwa halb so groß wie eine Zigarette sind und ein wenig wie geröstete Walnüsse schmecken.

Macis – *Myristica fragrans*, Myristicaceae (Muskatnußgewächse): Muskatnuß und Macis sind die beiden einzigen im Handel befindlichen Gewürze, die aus unterschiedlichen Teilen derselben Frucht hergestellt werden. Als Muskatnuß werden die getrockneten Samen bezeichnet, wogegen die getrocknete, den Samen umgebende Hülle unter der Bezeichnung «Macis» oder «Muskatblüte» verkauft wird.

Mahot cochon – *Sterculia excelsa*, Sterculiaceae (Sterkuliengewächse): Diesen bis zu 30 Meter hohen Baum findet man in den Guayanaländern normalerweise in der Nähe von Dschungelflüssen.

Mammiäpfel – *Mammea americana*, Hyperiaceae (Hartheugewächse): Dieser auf den Westindischen Inseln heimische Baum wird heute von Florida bis Brasilien kultiviert. Die Früchte werden nicht nur frisch gegessen, sondern auch zu Marmelade und Speiseeis verarbeitet.

Mamukure – *Strychnos guianensis*, Loganiaceae (Loganiazeen): Dies ist eine der häufigsten Arten der Gattung *Strychnos* im Amazonasgebiet. Im Nordosten dieser Region wird sie von den Tirió, Waiwai und Yanomami zur Herstellung von Kurare verwendet.

Mangobaum – *Mangifera indica*, Anacardiaceae (Sumachgewächse): Wenngleich in Südostasien heimisch, werden die zahlreichen Varietäten des Mangobaums heute überall in der Welt angebaut.

Mangostanen – *Garcinia mangostana*, Hyperiaceae (Hartheugewächse): Dieser in Asien heimische Baum wird in weitaus geringerem Ausmaß als der

Mangobaum angepflanzt. Von einer einzigen Pflanze können jährlich über 1000 Früchte geerntet werden.

Maniballi – *Moronobea coccinea*, Hyperiaceae (Hartheugewächse): Diesen bis zu 30 Meter hohen Baum findet man häufig an regenwaldbedeckten Hängen in den Guayanaländern.

Maniok – *Manihot esculenta*, Euphorbiaceae (Wolfsmilchgewächse): Der Maniok gehört zu den weltweit wichtigsten Nutzpflanzen. Er stammt aus dem Amazonasgebiet, wird aber auch in Afrika sehr häufig angebaut.

Maripa – *Attalea maripa*, Arecaceae (Palmen): Siehe *Babussupalme.*

Mashohara – *Justicia pectoralis*, Acanthaceae (Akanthusgewächse): Die Blätter dieses aromatischen Krautes mischen die Yanomami häufig unter ihre Schnupfdrogen. Ob die Pflanze halluzinogene Substanzen enthält oder ob die Indianer nur die Geschmacksstoffe lieben, die in diesem Kraut vorhanden sind, ist ungeklärt.

Masoesa – *Renealmia exaltata*, Zingiberaceae: Siehe *Ko-noy-uh.*

Maveve – *Solanum surinamense*, Solanaceae (Nachtschattengewächse): Dieser in Surinam häufige Busch wächst an den Stellen besonders gut, an denen die alte Vegetation zuvor gerodet wurde.

Melonenbaum – *Carica papaya*, Caricaceae (Melonenbaumgewächse): Dieser aus Südamerika stammende Baum wird inzwischen überall in den Tropen angebaut. Er kann bereits im ersten Jahr Früchte (die sogenannten Papayas) tragen. In Surinam werden gekochte, unreife Papayas manchmal als Gemüse gegessen.

Mokomoko – *Montrichardia arborescens*, Araceae (Aronstabgewächse): Eine im Amazonasgebiet weit verbreitete Pflanze mit pfeilförmigen Blättern, die besonders an Flußufern zu finden ist.

Montjoly – *Cordia macrostachya*, Boraginaceae (Borretschgewächse): Diese Gattung umfaßt über 200 Arten, die in allen tropischen und subtropischen Gebieten vorkommen. Die hier genannte Art findet man in den Guayanaländern häufig in der Nähe von Flüssen.

Mo-pa – *Spondias mombin*, Anacardiaceae (Sumachgewächse): Siehe *Gelbe Mombinpflaume.*

Mu-ru-mu-ru – *Astrocaryum sciophilum*, Arecaceae (Palmen): Siehe *Boegroe-maka.*

Muskatnuß – *Myristica fragrans*, Myristicaceae (Muskatnußgewächse): Siehe *Macis.*

Nah-puh-de-ot – *Heisteria sp.*, Oleaceae (Ölbaumpflanzen): Die 50 Arten dieser Gattung sind sowohl in Westafrika als auch im tropischen Amerika verbreitet. Die hier erwähnte Art wächst gern in der Nähe von Urwaldbächen.

No-lo-e-muh – *Piper augustum*, Piperaceae (Pfeffergewächse): Diese Art ist im nördlichen Südamerika weit verbreitet.

Nyakwana – *Virola sp.*, Myristicaceae (Muskatnußgewächse): Siehe *Jeajeamadou.*

O-ko-ne-de-kuh – *Lacunaria jenmanni*, Quiinaceae (Quiinazeen): Die elf Arten der Gattung *Lacunaria* sind in ihrer Verbreitung auf das tropische

Südamerika beschränkt. Die hier genannte Pflanze ist in den Guayanaländern recht häufig.

Pah-nah-rah-pah-nah – *Phytolacca americana*, Phytolaccaceae (Kermesbeerengewächse): In Surinam und Guyana werden die Blätter dieser krautigen Pflanze gekocht und wie Spinat gegessen. Einige Arten besitzen erwiesenermaßen antivirale Eigenschaften.

Papaya – *Carica papaya*, Caricaceae (Melonenbaumgewächse): Siehe *Melonenbaum*.

Paprika – *Capsicum annuum*, Solanaceae (Nachtschattengewächse): Von dieser Pflanze existieren zahlreiche Varietäten, etwa der Gemüse-, Tomaten- oder Gewürzpaprika.

Paranußbaum – *Bertholletia excelsa*, Lycthidaceae (Topffruchtbaumgewächse): Die Früchte dieser Bäume, die bis zu 50 Meter hoch werden können, erinnern an Kokosnüsse und wiegen manchmal über eineinhalb Kilogramm. Darin befinden sich maximal 24 Samen, die als «Paranüsse» bezeichnet werden.

Pashiúba – *Socratea exorrhiza*, Arecaceae (Palmen): Diese Pflanze ist auch als «Stelzenpalme» bekannt, da sie gewaltige Stelzwurzeln besitzt, so daß die Stämme häufig erst zwei Meter über dem Boden beginnen. Diese Art und Vertreter aus der verwandten Gattung *Iriartea* gehören zu den seltsamsten Pflanzen in Amazonien.

Pashiúba barriguda – *Iriartea ventricosa*, Arecaceae (Palmen): Siehe *Pashiúba*.

Passionsblume – *Passiflora edulis*, Passifloraceae (Passionsblumengewächse): Der hier genannte Baum, der sehr leckere Früchte (Maracuja) hervorbringt, stammt eigentlich aus dem Amazonasgebiet, wird aber heute auch in Kenia und Südafrika angebaut.

Pekannußbaum – *Carya illinoinensis*, Juglandaceae (Walnußgewächse): Dieser in Nordamerika heimische Baum kann bis zu 50 Meter hoch werden. Er ist, von wenigen Plantagen in Australien und Südafrika abgesehen, fast ausschließlich auf die Vereinigten Staaten beschränkt.

Peyote – *Lophora williamsii*, Cactaceae (Kaktusgewächse): Dieser in Mexiko und im Süden von Texas heimische kleine Kaktus enthält mehr als 25 Alkaloide. Er wird von den Indianern schon seit Urzeiten zu religiösen Zwecken verwendet.

Philodendron – *Philodendron sp.*, Araceae (Aronstabgewächse): Die etwa 300 Arten dieser Gattung stammen alle aus den Neotropen.

Piripiri – *Cyperus ssp.*, Cyperaceae (Riedgräser): *Piripiri* ist ein Riedgras (wahrscheinlich sind es sogar verschiedene Arten), das zur Geburtenkontrolle und zur Einleitung von Wehen verwendet wird.

Poi-fuh – *Piper sp.*, Piperaceae (Pfeffergewächse): Siehe *Ah-lah-wah-ta-wah-ku*.

Pom-weh – *Capsium sp.*, Solanaceae (Nachtschattengewächse): Siehe *Paprika*.

Po-no – *Couratari guianensis*, Lecythidaceae (Topffruchtbaumgewächse):

Dieser bis zu 60 Meter hohe Urwaldbaum ist in den Guayanaländern recht häufig. In der Sranangtongosprache heißt er *Ingi pipa*, was soviel wie «Indianerpfeife» bedeutet und daher rührt, daß indianische Schamanen die kegelförmigen Früchte manchmal als Pfeifen verwenden, in denen sie während ihrer Heilzeremonien spezielle Kräuter rauchen.

Pritjari – *Zanthoxylum rhoifolium*, Rutaceae (Rautengewächse): Die etwa 100 Arten dieser Familie findet man hauptsächlich in den Tropen, aber auch in den gemäßigten Gebieten Asiens und Amerikas. Die hier genannte Pflanze ist ein kleiner Baum mit stachliger Rinde.

Prunkwinde – *Ipomea ssp.*, Convolvulaceae (Windengewächse): Die etwa 500 Arten dieser Gattung wachsen in den Tropen und in den wärmeren Zonen gemäßigter Gebiete. Eine ist die Süßkartoffel *(I. batata)*, eine andere die Ziegenfuß-Prunkwinde, die man häufig an tropischen Stränden findet. Eine mit den Prunkwinden verwandte Pflanze *(Rivea corymbosa)* wurde in prähistorischer Zeit in Mexiko als Rauschdroge verwendet.

Puh-nah-tah-wah – *Cassia quinquangulata*, Caesalpiniaceae (Johannisbrotgewächse): Der Stiel dieser Liane hat einen auffälligen, fünfeckigen Querschnitt; sie wächst in den Guayanaländern häufig dort, wo zuvor die Vegetation zerstört wurde.

Pupunha – *Bactris gasipaes*, Arecaceae (Palmen): Diese auch als Pfirsichpalme bekannte Art bringt sehr nahrhafte Früchte hervor, die wie Eßkastanien schmecken. In Costa Rica gibt es inzwischen Plantagen, auf denen diese Palme kultiviert wird. Das schwarze Holz verwandter Arten wird überall im Amazonasgebiet verwendet, um Jagdbogen und Blasrohre herzustellen.

Purpurgranadille – *Passiflora edulis*, Passifloraceae (Passionsblumengewächse): Siehe *Passionsblume*.

Rasha – *Bactris gasipaes*, Arecaceae (Palmen): Siehe *Pupunha*.

Rosenholz – *Aniba rosaedora*, Lauraceae (Lorbeergewächse): Dieser bis zu 30 Meter hohe Baum wird kommerziell zur Gewinnung von Rosenöl genutzt. Dazu wird er normalerweise gefällt, damit man mühelos an die Rinde gelangen kann. Das hat dazu geführt, daß das Rosenholz in vielen Regionen des Amazonasgebietes bereits ausgerottet ist.

Sandpapierbaum – *Curatella americana*, Dilleniaceae (Dilleniengewächse): Dieser bis zu vier Meter hohe Baum ist die häufigste verholzte Pflanze in den Savannen der Guayanaländer.

Sauersack – *Annona muricata*, Annonaceae (Annonengewächse): Die Früchte dieses in den Neotropen heimischen Baumes haben eine grüne Schale und ein milchiges weißes Fruchtfleisch. In Spanien, Israel, Thailand und Brasilien werden diese Bäume in Plantagen angepflanzt.

Sharabe – *Oenocarpus bacaba*, Arecaceae (Palmen): Siehe *Ku-mu*.

She-mah-ne – *Hymenophyllum sp.*, Hymenophyllaceae (Hymenophyllazeen): Die meisten der 25 Arten dieser Farn-Gattung sind auf die Tropen und Subtropen beschränkt.

Shetebahre – *Jacaranda copaia*, Bignoniaceae (Bignoniengewächse): Siehe *Goebaja*.

Sho – *Caryocar villosum*, Caryocaraceae (Butternußgewächse): Siehe *Kuwato*.

Soropo – *Momordica charantia*, Cucurbitaceae (Kürbispflanzen): Alle 45 Arten, die zur Gattung der Balsambirnen oder Springgurken gehören, stammen aus den Tropen der Alten Welt. An den Geschmack der sehr bitteren Früchte der hier erwähnten Echten Balsambirne muß man sich allerdings erst gewöhnen.

Steinnußpalme – *Phytelephas macrocarpa*, Arecaceae (Palmen): Um die Jahrhundertwende wurden die meisten der in den Vereinigten Staaten und in Deutschland verkauften Knöpfe aus den Früchten dieser Palme hergestellt. Das änderte sich jedoch, als in den dreißiger Jahren Kunststoffe entwickelt wurden. Heute versuchen Drittwelt- und Naturschutzorganisationen dieses Schnitzgewerbe in Lateinamerika wiederzubeleben, um den dortigen Bauern durch die Ernte der Steinpalmenfrüchte und die Vermarktung anderer, nichthölzerner Produkte eine neue Verdienstmöglichkeit zu schaffen.

Strychnos – *Strychnos sp.*, Loganiaceae (Loganiazeen): Siehe *Mamukure*.

Süßkartoffel – *Ipomea batatas*, Convolvulaceae (Windengewächse): Siehe *Prunkwinde*.

Swartzia (mit schwarzer Rinde) – *Swartzia arborescens*, Leguminosae (Hülsenfrüchtler): Die etwa 100 Arten dieser Gattung sind in Afrika und Amerika beheimatet. Die hier genannte Art, die in den Guayanaländern sehr häufig ist, kann über sechs Meter hoch werden.

Swartzia (mit grauer Rinde) – *Swartzia benthamiana*, Leguminosae (Hülsenfrüchtler): Siehe *Kakabroekoe*.

Tabak – *Nicotiana tabacum*, Solanaceae (Nachtschattengewächse): Aus dieser Tabakart, die in Südamerika heimisch ist, wird der käufliche Tabak hergestellt.

Tah-mo – *Coccoloba sp.*, Polygonaceae (Knöterichgewächse): Diese Gattung kommt nur in den Tropen und Subtropen Amerikas vor. Die hier erwähnte Art, die buschig wächst, aber auch an anderen Pflanzen hochklettern kann, gedeiht vornehmlich in der Nähe von Bächen und Flüssen. Eine verwandte Art *(C. uvifera)* ist auch unter dem Namen Seetraube bekannt, und ihre Früchte werden in Florida zu einer beliebten Marmelade verarbeitet.

Tah-mo-ko ah-nu – *Mucuna urens*, Leguminosae (Hülsenfrüchtler): Die 120 Arten der Gattung *Mucuna* sind über die gesamten Tropen und Subtropen verbreitet. Die hier genannte Art ist eine Liane, die in den Guayanaländern sehr häufig ist.

Te-da-te-da – *Palicourea sp.*, Rubiaceae (Rötegewächse): Die rund 200 Arten dieser Gattung findet man nur in den Tropen Amerikas. In den Guayanaländern wächst dieser Busch vornehmlich an bewaldeten Hängen.

Tollkirsche – *Atropa belladonna*, Solanaceae (Nachtschattengewächse): Diese Pflanze enthält eine pupillenerweiternde Substanz (Atropin), die im Mittelalter von vielen Frauen benutzt wurde, um dunkle, glänzende Augen zu bekommen (daher auch der Artname «bella-donna», was soviel wie «schöne Frau» bedeutet).

284

Tomate – *Lycopersicon esculentum*, Solanaceae (Nachtschattengewächse): Die Tomate stammt aus Mexiko, doch gibt es auch in Südamerika verwandte Arten.

Tonkabohnenbaum – *Dipteryx odorata*, Leguminosae (Hülsenfrüchtler): Dieser bis zu 90 Meter hohe Baum kommt in den Guyanaländern sehr häufig vor. Die Kreolen in Surinam stellen aus seinen Früchten ein Shampoo her.

Tow-tow – *Rapatea paludosa*, Rapataceae (Rapateagewächse): Die 20 Arten der Gattung *Rapatea* kommen ausschließlich im tropischen Amerika vor. Die hier genannte Art ist gerade in den Guayaländern sehr häufig, wo sie zumeist an Bächen wächst und ihre Wurzeln direkt ins Wasser streckt.

Tucúm – *Astrocaryum tucuma*, Arecaceae (Palmen): Diese Palme liefert hochwertige Fasern, aus denen im nordwestlichen Amazonasgebiet häufig Hängematten gefertigt werden.

Tut-pwa-muh – *Duroia aquatica*, Rubiaceae (Rötegewächse): Siehe *Duroia*.

Uh-pe – *Bidens sp.*, Asteraceae (Korbblütler): Die über 200 Arten dieser Gattung wachsen sowohl in tropischen als auch in subtropischen Gebieten.

U-shuh – *Bixa orellana*, Bixaceae (Orleansbaumgewächse): Die Früchte dieser im Amazonasgebiet sehr häufigen Pflanze, die auch als Achotestrauch bekannt ist, werden von den Indianern benutzt, um einen roten Farbstoff herzustellen, mit dem sie ihren Körper bemalen oder Lendenschurze färben. Auch Nahrungsmitteln wie Butter und Margarine kann man damit eine andere Farbe verleihen; in Mexiko wird die Frucht dagegen als Gewürz verwendet.

Vanille – *Vanilla planifolia*, Orchidaceae (Orchideengewächse): Obwohl es etwa 90 Vanillearten gibt, liefern nur zwei von ihnen das wirtschaftlich genutzte Gewürz, nämlich die oben genannte Pflanze und *V. pompona*. Letztere, aus der die meiste Vanille gewonnen wird, stammt aus Mexiko und wird heute noch von den Totonac-Indianern angebaut. Sie waren es möglicherweise auch, die die Vanille einst domestizierten.

Virola – *Virola sp.*, Myristicaceae (Muskatnußgewächse): Siehe *Jeajeamadou*.

Wah-kah-gah-mu – *Macfadyena uncata*, Bignoniaceae (Bignoniengewächse): Die Kreolen Surinams nennen diese Art «Vogelfußliane», was sich auf die klauenartigen Ranken bezieht, die es dieser Pflanze erlauben, sich an anderen Gewächsen emporzuwinden.

Wah-kah-pu – *Voucapoua americana*, Leguminosae (Hülsenfrüchtler): Dieser bis zu 30 Meter hohe Baum ist in den Guayaländern recht häufig.

Wah-kah-pwe-mah – *Visma sp.*, Hyperiaceae (Hartheugewächse): Der gelbe Saft dieser Art wird überall in den Guayaländern verwendet, um Hautinfektionen zu behandeln. Der Baum wächst dort besonders gern, wo die Vegetation zuvor zerstört wurde.

Wah-me-do – *Myrciaria sp.*, Myrtaceae (Myrtengewächse): Siehe *Camucamu*.

Wah-pu – *Euterpe oleracea*, Arecaceae (Palmen): Siehe *Assaí*.

Wah-ruh-mah – *Ischnosiphon arouma*, Marantaceae (Pfeilwurzgewächse): Diese krautige Pflanze liefert sehr brauchbare Fasern, die von vielen Stämmen der Guayanaländer benutzt werden, um Körbe und Maniokpressen herzustellen.

Walaba – *Eperua falcata*, Leguminosae (Hülsenfrüchtler): Dieser etwa 30 Meter hohe Baum ist in den Guayanaländern recht häufig an den Ufern kleiner Bäche zu finden.

Wapa – *Eperua falcata*, Leguminosae (Hülsenfrüchtler): Siehe *Walaba*.

Wy-a-na-tu-de – *Talisia sp.*, Sapindaceae: Die etwa 50 Arten dieser Gattung sind über das gesamte tropische Amerika verbreitet.

Yagé – *Banisteriopsis caapi*, Malpighiaceae (Malpighiengewächse): Siehe *Caapipflanze*.

Yamswurzel – *Dioscorea sp.*, Dioscoreaceae (Yamsgewächse): Die meisten *Dioscorea*-Arten wachsen in den Tropen. Extrakte aus dieser Wurzel gehörten zu den wichtigsten Bestandteilen der ersten Anti-Baby-Pillen.

Literaturhinweise

Bodley, J., 1983: *Der Weg der Zerstörung. Stammesvölker und die industrielle Zivilisation.* München, Trickster.

Caufield, C., 1985: *In the Rainforest.* New York, Knopf.

Chagnon, N., 1992: *Yanomamo: The Last Days of Eden.* New York, Harcourt Brace, Jovanovich.

Donner, F., 1983: *Shabono. Eine Frau in der magischen Welt der Iticoteri.* Wien, Zsolnay.

Eliade, M., 1975: *Schamanismus und archaische Ekstasetechnik.* Frankfurt/M., Suhrkamp.

Forsyth, A., und Miyata, K., 1984: *Tropical Nature.* New York, Scribner's.

Jacobs, M., 1988: *The Tropical Rain Forest.* Berlin, Springer-Verlag.

Lizot, J., 1986: *Tales of the Yanomamo.* New York, Cambridge Press.

Maxwell, N., 1961: *Witch Doctor's Apprentice.* Boston, Houghton-Mifflin.

Middleton, J., (Hrsg.) 1982: *Magic, Witchcraft, and Curing.* Austin, University of Texas Press.

Plotkin, M., Mittermeier, R., und Constable, I., 1980: Psychotomimetic Use of Tobacco in Surinam and French Guiana. In: *J. Ethnopharm* 2 (S. 295–297).

Plotkin, M., Medem, F., Mittermeier, R., und Constable, I., 1983: Distribution and Conservation of the Black Caiman. In: A. Rhodin und K. Miyata (Hrsg.), *Advances in Herpetology and Evolutionary Biology* (S. 695–705). Cambridge, MA, Museum of Comparative Zoology.

Plotkin, M. J., 1988: The Search for New Jungle Medicines. In: *The Futurist* 25 (S. 9–14).

–, 1988: Ethnobotany and conservation in the Guianas: The Indians of Southern Suriname. In: F. Almeda and C. Pringle (Hrsg.), *Tropical Rainforests: Diversity and Conservation* (S. 87–109). San Francisco, California Academy of Sciences.

–, 1990: *Strychnos medeola*: A New Arrow Poison from Suriname. In: D. A. Posey (Hrsg.), *Ethnobiology: Implications and Applications* (S. 3–9). Belem, Brasilien, Museu Goeldi.

Plotkin, M., and Famolare, L., (Hrsg.), 1992: *Sustainable Harvest and Marketing of Rain Forest Products*. Washington, DC, Island Press.

Schomburgk, O. A., 1941: *Robert H. Schomburgk's Reisen in Guiana und am Orinoco während der Jahre 1835–1839 nach seinen Berichten und Mittheilungen an die Geographische Gesellschaft in London*. Leipzig, Georg Wigand.

Schomburgk, R., 1923: *Travels in British Guiana 1840–1844*. Georgetown, British Guiana, Daily Chronicle Office.

Schultes, R. E., und Hofmann, A., 1987: *Pflanzen der Götter. Die magischen Kräfte der Rausch- und Giftgewächse*. Bern, Hallwag.

Schultes, R. E., und Raffauf, R., 1988: *Where the Gods Reign*. Oracle, AZ, Synergetic Press.

–, 1990: *The Healing Forest*. Portland, OR, Dioscorides Press.

Thomas, K., 1963: *Curare*. Philadelphia, Lippincott.

Waterton, C., 1984: *Wanderings in South America*. London, Century Publishing.

Wilson, E. O., 1992: *Ende der biologischen Vielfalt?* Heidelberg, Spektrum der Wissenschaft.

Karibisches Meer

Caracas

VENEZUELA

Panare

Hoti

Yanomami

SÚDAMERIKA

Äquator